用友ERP供应链
管理实务
(U8.72 版)

李静宜　　张琳　编著

清华大学出版社

北　京

内 容 简 介

本书以机械行业为例，采用一个企业的真实经营业务原型，在 2007 年新会计准则的基础上，详细介绍了企业供应链各环节的业务处理方法与流程，以期达到提高学员实际业务处理能力的目的。本书共为学员设计了十多个实验，并提供了相应的准备数据、操作步骤与结果账套，使学员的学习既可连续进行，又可根据实际情况加以选择，适应了不同层次的教学与学习的需要。

本书共包括 6 章，第 1 章介绍了机械行业的特点、所用案例企业的基本状况；第 2 章介绍了用友 ERP-U8.72 管理软件的系统概况及系统管理和基础设置的方法；第 3 章至 6 章分别介绍了 ERP 供应链管理系统中最重要和最基础的采购、销售、库存、存货 4 个子系统的基本功能，并通过实验的方式阐述了这些子系统的使用方法及其期末业务处理的流程。

本书不仅可以作为高校财务会计、物流管理、企业管理、软件技术等相关专业的教学用书，也可以作为企业信息化管理人员及相关业务人员的培训教材。

图书在版编目(CIP)数据

用友 ERP 供应链管理实务：U8.72 版/李静宜，张琳 编著. —北京：清华大学出版社，2015(2023.7重印)
(用友 ERP 实验中心精品教材)

ISBN 978-7-302-38034-4

I. ①用…　Ⅱ. ①李…　②张…　Ⅲ. ①企业管理-供应链管理-计算机管理系统-教材　Ⅳ. ①F274-39

中国版本图书馆 CIP 数据核字(2014)第 219918 号

责任编辑：刘金喜
封面设计：牛艳敏
版式设计：孔祥峰
责任校对：成凤进
责任印制：曹婉颖

出版发行：清华大学出版社
　　　网　　　址：http://www.tup.com.cn，http://www.wqbook.com
　　　地　　　址：北京清华大学学研大厦 A 座　　　　邮　　编：100084
　　　社 总 机：010-83470000　　　　　　　　　　　邮　　购：010-62786544
　　　投稿与读者服务：010-62776969，c-service@tup.tsinghua.edu.cn
　　　质 量 反 馈：010-62772015，zhiliang@tup.tsinghua.edu.cn
　　　课 件 下 载：http://www.tup.com.cn，010-62794504
印 装 者：三河市君旺印务有限公司
经　　销：全国新华书店
开　　本：185mm×260mm　　　印　　张：17.75　　　字　　数：410 千字
　　　　　（附光盘 1 张）
版　　次：2015 年 1 月第 1 版　　　印　　次：2023 年 7 月第 8 次印刷
定　　价：68.00 元

产品编号：059496-04

前　　言

供应链管理是企业的有效性管理，体现了企业在战略和战术上对企业整个作业流程的优化，整合并优化了供应商、制造商、零售商的业务效率，使商品以正确的数量、正确的品质，在正确的地点、正确的时间，以最佳的成本进行生产和销售。供应链管理把公司的制造过程、库存系统和供应商产生的数据合并在一起，从一个统一的视角展示产品建造过程的各种影响因素。而ERP为供应链管理中数据的集中和共享提供了信息平台，成为企业实现精细管理、敏捷经营的有效利器。

用友ERP是中国用户量最大的企业管理软件，在国内很多行业得到了广泛的应用。为帮助企业提升管理水平，用友新道科技有限公司致力于ERP人才的培养与教育工作，与相关行业专家、高校合作开发系列实验用书与相关课程，训练与提升学员的实际业务处理能力，共同为企业培养ERP应用人才，本书即为相关课程教材之一。

本书以机械行业为背景，操作业务均采用企业的真实经营业务。书中的每一章节都按照"理论—操作—总结"这样的顺序进行讲解，为学习者提供了全面的理论知识和操作知识，力求达到使学习者全面深入了解企业管理、掌握实际业务操作的目的。

本书共包括 6 章，分别介绍了机械行业的特点、案例企业的基本状况及 ERP 供应链管理系统中基本的采购、销售、库存、存货 4 个子系统的应用方法。从第 3 章到第 6 章的实验中，每个实验均包含实验目的、实验准备、实验内容、实验资料、实验方法与步骤，并对实验中可能遇到的问题给予特别提示。

为便于教学，本实验教程附带教学光盘，包含用友 ERP-U8.72 版教学软件、各实验的备份数据、教学课件，以方便读者学习和使用。

本书不仅可以作为高校财务会计、物流管理、企业管理、软件技术等相关专业的教学用书，同时也可以作为企业信息化管理人员及相关业务人员的培训教材。

本书由李静宜、张琳编写，其中第 1、2、4 章由张琳编写，第 3、5、6 章由李静宜编写，综合实验由王秀举编写。本书编写过程中得到了用友软件股份有限公司、烟台川林有限公司的大力支持和帮助，王新玲为教材进行了整体规划与设计，李冬梅为第 1 章的编写做出了很大的贡献，刘学、邢容、吴非凡为教材的编写进行了大量的资料收集、整理工作，同时我们也借鉴了一些企业管理和信息化建设的相关资料与文献，在此表示衷心的感谢。

由于编者水平有限，书中难免存在不足之处，欢迎广大读者批评指正。

编　者

2014 年 1 月

目 录

第 1 章

走近《用友 ERP 供应链管理实务》

ERP 是 Enterprise Resource Planning(企业资源计划)的简称,是 20 世纪 90 年代美国一家 IT 公司根据当时计算机信息、IT 技术的发展及企业对供应链的需求,预测在今后信息时代企业管理信息系统的发展趋势和即将发生的变革,而提出的概念。ERP 是针对物资资源管理(物流)、人力资源管理(人流)、财务资源管理(财流)、信息资源管理(信息流)集成一体化的企业管理软件,是一个由 Gartner Group 开发的概念,描述下一代制造商业系统和制造资源计划(MRP II)的软件。在 ERP 管理系统的建设中,供应链系统是软件的重要组成部分。ERP 供应链管理系统可以帮助企业规范与优化采购、仓储与销售的各项业务流程,收集、汇总并处理业务进行中发生的各种数据,并根据企业的需求提供相关分析,为企业的管理决策提供依据,从而实现企业各项资源的有效运用,提高企业的运营效率和市场竞争能力。

1.1 实务教程使用导航

1.1.1 设计思想

本教材是为贯彻教育部"把创新创业教育有效纳入专业教育和文化素质教育教学"的指导思想,满足经管类各学科拓宽专业基础、强化实验教学、优化整体教学体系的教学改革形势,面向应用型高校财经类人才的 ERP 管理系统通识教育需要而编写的。本教材共包括 6 章,每一章节的实验均包含实验目的、实验准备、实验内容、实验资料及实验方法与步骤,上机实验部分是本教材的重点。

实验目的部分明确了通过实验应掌握的知识和应达到的预期效果。

实验准备部分对实验中用到的前期账套数据、理论知识和专业术语进行提示或简明扼要的介绍，以便于学生了解和熟悉。

实验内容部分简要地介绍了每个实验应完成的主要工作。

实验资料部分提供了企业发生的真实业务状况与数据。

实验方法和步骤则根据企业发生的经济业务进行具体的操作指导，并对实验中可能遇到的问题给予特别提示。

为便于教学，本实验教程附带教学光盘，其中包含用友 ERP-U8.72 版新准则演示版软件、各实验的备份数据、教学课件、实验资料和练习题，以方便读者学习和使用。

1.1.2 编写特色

1. 体系完整、数据真实

实验教材中的实验数据以一个真实的机械行业核算主体原型为背景，以企业真实经营业务过程为主线贯穿始终。上机实验则阐述 ERP 供应链管理系统的业务处理流程与系统的操作，使企业的整个管理与流程反映得更加清晰和完整。

2. 资料齐备、使用便捷

实验教材中对每个实验结果都保留了一个标准账套。这样，学生既可通过它对照自己的实验结果，也可以在实验数据不完备的情况下，按照实验中"实验准备"内容的要求，把基础数据引入系统，以开始下一内容的实验，从而有效地利用教学时间。

3. 实验项目自主选择

考虑到不同教学对象的基础、课程学时不同，因此实验设计为"拼板"方式，既可以由上至下顺序进行，也可以由教师根据教学条件的限制，考虑到学生基础和教学目标，任意选择其中的若干实验，给予教学最大限度的自由度。

4. 学习方式灵活

考虑到在一定的教学条件下，很多实验在规定的教学学时内无法安排，需要由学生在课外自行完成，因此对每个实验的方方面面都做了周密考虑。在实验准备部分，将使用理论知识进行提示或简要概述；在操作指导部分，针对不同业务提供非常详尽的操作步骤，以此为对照，学生便可以按部就班地完成全部实验，掌握管理软件的精要。

5. 在实践中学习理论

本教材立足于创新创业人才的培养，在实践中学习供应链管理中的采购管理、销售管理及库存管理的相关理论知识，让学生更直观地了解供应链管理的相关信息搜集过程以及数据处理的流程和结果。

1.1.3 学习建议

本教材旨在让学习者了解供应链管理的原理，体验供应链与其他业务一体化管理的优势，熟悉和掌握采购、销售与库存业务处理各模块的基本操作。因此在学习时，可采用以下两种学习路线。

1. 理论——实践

在每个实验开始之前，通过实验的介绍，让学习者了解实验相关理论知识和原理，通过实验进行验证，再回到理论。其优点是在掌握基本理论的基础上，通过实验检验理论的有效性，从而更好地理解相关理论知识。

2. 实践——理论

先根据实验操作指导进行实验操作，再根据实验结果分组讨论和总结，最后上升至相关理论知识。其优点是从实践到理论更直观、易懂，更符合理论来源于实践的原则，对学习者创新性思维和能力培养有着积极的推动作用。

本教材的实验课时应根据学习者的不同层次、不同需求进行灵活安排，建议每个实验约 2 学时。

1.2 认识机械行业原型企业

1.2.1 机械行业特色认知

机械制造业是历史悠久的工业形式，在现代化的今天，机械制造业依旧是我国最主要的工业之一，是我国国民经济的核心，具体可分为石化机械行业、机床工具行业、农业机械行业、工程机械行业、机械基础行业、汽车工业、仪器仪表工业、重型矿山机械行业等。随着中国加入世界贸易组织(WTO)和经济全球化，中国正在成为制造业的中心，同时也正面临国内外市场的激烈竞争。竞争要求企业产品更新换代快、产品质量高、价格低、交货及时、服务好。掌握市场竞争的武器又与企业管理的模式、方法、手段、组织结构、业务流程密切相关。因此，追求精细化管理、提高经营管理效率，从而全面提升企业的核心竞争力，在机械设备行业中显得尤为重要。这也是中国从机械制造大国迈向机械制造强国的关键因素之一。

机械制造行业经营模式多样，产品结构和制造工艺相对复杂，主要是通过对金属原材料物理形状的改变、加工组装进而成为产品。其生产的主要特点是：离散为主、流程为辅、装配为重点。工业生产基本上分为两大方式：离散型与流程型。

(1) 离散型是指以一个个单独的零部件组成最终产成品的方式。因为其产成品的最终形成是以零部件的拼装为主要工序，所以装配自然就成了重点。

(2) 流程型是指通过对于一些原材料的加工，使其形状或化学属性发生变化最终形成新形状或新材料的生产方式，诸如冶炼就是典型的流程型工业。

机械制造业传统上被认为是离散型工业，虽然其中诸如压铸、表面处理等是属于流程型的范畴，不过绝大部分的工序还是以离散为特点的。所以，机械制造业并不是绝对的离散型工业，其中还是具有以下部分的流程型的特点：

(1) 机械制造业的加工过程基本上是把原材料分割，然后逐一经过车、铣、刨、磨等加工工艺，部件装配，最后装配成成品出厂。

(2) 生产方式以按订单生产为主，按订单设计和按库存生产为辅。

(3) 产品结构(BOM)复杂，工程设计任务很重，不仅新产品开发要重新设计，而且生产过程中也有大量的设计变更和工艺设计任务，设计版本在不断更新。

(4) 制造工艺复杂，加工工艺路线具有很大的不确定性，生产过程所需机器设备和工装夹具种类繁多。

(5) 物料存储简易方便。机械制造业企业的原材料主要是固体(如钢材)，产品也为固体形状，因此存储多为普通室内仓库或室外露天仓库。

(6) 机械制造业企业由于主要是离散加工，产品的质量和生产率很大程度依赖于工人的技术水平，而自动化程度主要在单元级，例如数控机床、柔性制造系统等。因此机械制造业也是一个人员密集型行业，自动化水平相对较低。

(7) 产品中各部件制造周期长短不一和产品加工工艺路线的复杂性造成在制品管理复杂。且在生产过程中经常有边角料产生，部分边角料还可回收利用，边角料管理复杂。

(8) 生产计划的制订与车间任务工作繁重。由于产品种类多，零件材料多，加工工艺复杂，影响生产过程的不确定因素多，导致制订生产、采购计划困难。

(9) 产品零部件一般采用自制与委外加工相结合的方式。一般电镀、喷漆等特殊工艺会委托外协厂商加工。

1.2.2 原型企业现状呈现

1. 企业概况

烟台川林有限公司是生产经营各种密封垫片、内燃机气缸垫片为主的专业厂家，是国内最大的生产密封产品的企业之一。独家引进日本技术和生产流水线，引进技术在消化吸收的基础上，已形成十几条密封垫片生产线的生产能力，从产品开发设计、生产、检测到销售、服务采取一条龙生产经营模式。该公司为一汽大柴、重汽潍柴等主机和石化企业配套，并出口日本、韩国、澳大利亚、东南亚及中东地区。

2. 公司组织结构

公司的组织结构如图 1-1 所示。

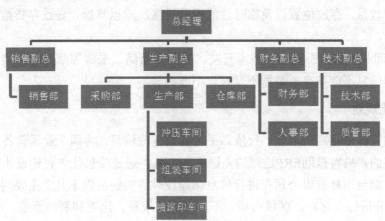

图 1-1 烟台川林有限公司组织结构图

3. 公司管理中存在的问题

由于机械行业固有的特点，烟台川林有限公司生产经营以及管理等方面面临诸多难题。具体包括以下几个方面：

(1) 产品交货率低、客户及市场信息反馈不及时。由于市场和客户对产品交货期的要求越来越短，订单变化快、生产周期又相对较长，公司在生产制造的各个环节上不能快速有效地响应客户对订单的变更要求、灵活调整生产计划、准确预测订单交货期，从而出现了产品交货不及时、对客户的需求变化以及对客户应收账款等信息掌握不及时的现象。

(2) 销售预测数据不准。销售预测的准确程度对企业整个全面预算的科学和管理起着至关重要的作用。由于销售预测数据的不准确，导致生产预算以及直接材料预算、直接人工预算、制造费用预算不准确，从而很难对资金和成本进行全面预算。

(3) 产能不足，未能考虑产能安排生产。由于车间或工作中心的产能不能满足订单的交货期要求，公司不能及时了解各车间、班组、工序的产能情况，没有合理地在现有总产能的基础上进行分配，从而造成生产安排不合理。

(4) 生产计划靠人为手工管理，未能充分考虑在产和在途情况，导致生产计划和采购计划混乱。在手工或传统管理模式下，生产计划由生产部门编制，采购计划由采购部门根据生产计划、材料定额和产品配套清单，编制采购计划；生产计划分级管理，企业生产部门下达各生产车间的产品项目，生产车间再根据企业下达的计划分解到本车间需要配套的下级产品，车间用料无定额控制，浪费严重，导致生产成本过高。

(5) 车间生产过程无跟踪控制，无法掌握生产进度。由于制造工艺复杂，从第一道工艺开始到最后一道工艺完成，期间所需要经过的时间通常为数天甚至数周。众多的零部件分布于多个车间，各道工艺分别已经完成多少数量，还要花多长时间才能完成、各道工序当前在制品数量为多少、目前进行到哪一道工艺等信息无法准确及时得到，造成在制品数量过多，账务不准。

(6) 库存占用资金严重。由于公司产品零件及辅料较多，对于仓管人员来说，对各类零部件的存货数量、存放位置以及临时性的领退料情况难以掌握，导致存货数量过多，占用大量的资金。

(7) 部门间业务衔接不顺畅。技术研发、生产、仓储、采购等部门的衔接非常困难，导致部门之间信息不能共享，数据不及时、不准确等。

4. 信息化规划

针对上述管理中存在的问题，只依靠手工处理这些信息，协调企业运营各环节中出现的矛盾是不够的，只有借助ERP这样的先进管理工具，通过信息化平台建设才能更好地解决这些问题。烟台川林有限公司在进行信息化建设时需要解决以下几个主要问题：

(1) 如何分析每个客户、区域市场、不同产品的规模、比重和利润贡献。

(2) 如何能随时了解订单发货情况、生产完工状态、应收账款情况。

(3) 如何根据销售需求制定可行、高效的生产计划。

(4) 如何根据客户的需求变更快速进行生产计划的调整，并将生产计划调整的信息快速导入到相关的作业部门，包括生产车间、供应部门、仓储部门和质量部门，以实现一个体系的供需平衡。

(5) 如何对已经下达的作业计划进行跟踪控制，保证计划按时、保质、保量地正常进行，实现对客户订单的适时交付。

(6) 如何在生产执行过程中实现对物料、设备、人员等信息的准确记录，实现精细成本核算和对象量化考核管理需要。

(7) 如何准确掌握客户和供应商的应收账款、应付账款信息。

为实现以上管理目的，该企业选择了用友 ERP-U8 企业管理软件。它面向离散型和半离散型的制造企业资源管理的需求，遵循以客户为中心的经营战略，以销售订单及市场预测需求为导向，以计划为主轴，覆盖了面向订单采购、订单生产、订单装配和库存生产四种制造业生产类型，并广泛应用于机械、电子、食品、制药等行业。

1.2.3 认识信息化平台用友 ERP-U8

1. 用友 ERP-U8 功能特点

用友 ERP-U8 以精确管理为基础，以规范业务为先导，以改善经营为目标，提出"分步实施、应用为先"的实施策略，帮助企业"优化资源、提升管理"。用友 ERP-U8 为企业提供一套企业基础信息管理平台解决方案，满足各级管理者对不同信息的需求：为高层经营管理者提供决策信息，以衡量收益与风险的关系，制定企业长远发展战略；为中层管理人员提供详细的管理信息，以实现投入与产出的最优配比；为基层管理人员提供及时准确的成本费用信息，以实现预算管理、控制成本费用。其功能特点如下。

(1) 及时发现问题

为适应外在环境的快速变化，管理者应具有高敏感度的意识，借助有效的决策支持工具，以体验组织内外部环境的变化，进而突显问题点。

(2) 正确做出决策

在市场变化迅速、竞争异常激烈的时代，任何依赖于经验的决策都是非常危险的。科学决策是在全面、及时掌握信息的基础上，从全局角度出发，把握关键问题，快速应对变化。

(3) 严密制订计划

从决策到计划的过程必须反复推敲其严密性，寻求最佳业务实践，将能帮助用户确定更加有效的计划。一个具有明晰的流程设计和明确的角色分工的计划，是达成预先设定目标的保障。

(4) 有效执行控制

必须实现数据的自动运算和按流程自动流转，减少人为干预；建立预警机制，反馈异常情况；实现业务追溯，发现问题根源，才能保障严格按计划执行，有效控制变化。

(5) 快速分析评估

经过量化的分析和论证才能正确、全面地评估经营状况。通过实时、多角度的查询与分析，全面的指标体系监控，从而快速掌控整体业务运转情况，实现有效的预测。

2. 用友 ERP-U8 总体结构

用友 ERP-U8.72 根据业务范围和应用对象的不同，划分为财务管理、集团应用、客户关系管理、供应链管理、生产制造、分销管理、零售管理、决策支持、人力资源等系列产品(如图 1-2 所示)，各系统之间信息高度共享。各系列产品的详细功能模块如表 1-1 所示。

表 1-1　用友 ERP-U8.72 模块构成及功能表

	明 细 模 块
财务管理	总账、出纳管理、应收管理、应付管理、固定资产、UFO 报表、网上银行、票据通、网上报销、现金流量表、预算管理、成本管理、项目管理、资金管理、报账中心
集团财务	结算中心、网上结算、集团财务、合并报表、集团预算、行业报表
客户关系管理	客户关系管理(客户管理、商机管理、活动管理、费用管理、市场管理、统计分析、调查管理)、服务管理
供应链管理	合同管理、售前分析、销售管理、采购管理、委外管理、库存管理、存货核算、质量管理、GSP 质量管理、进口管理、出口管理、序列号、VMI

（续表）

	明 细 模 块
生产制造	物料清单、主生产计划、需求规划、产能管理、生产订单、车间管理、工序委外、工程变更、设备管理
零售管理	零售管理端：价格管理、折扣管理、VIP 管理、统计查询、门店业务管理、基础设置、数据准备、数据交换、系统管理
	门店客户端：零售管理、店存管理、日结管理、基础设置、系统管理、联营管理
决策支持	专家财务评估、商业智能
人力资源	HR 基础设置、人事管理、薪资管理、计件工资(集体计件)、人事合同、考勤管理、保险福利、招聘管理、培训管理、绩效管理、员工自助、经理自助
系统管理与应用集成	系统管理、应用平台、企业门户、EAI 平台、金税接口、零售接口、远程接入
移动 ERP	重要消息及待办审批事项、业务管理、领导信息查询及经营分析

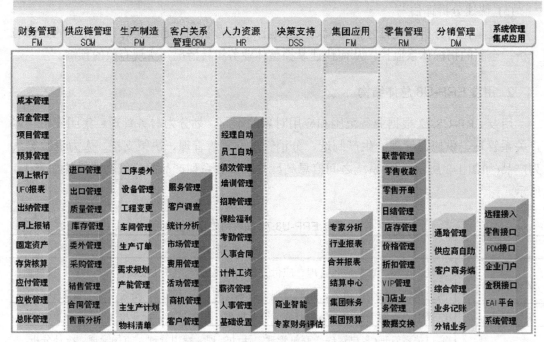

图 1-2   用友 ERP-U8.72 产品范围

3. 数据关联

用友 ERP-U8 采用了将管理软件中各个模块一体化的设计模式，各子系统高度集成，数据做到了融会贯通，有机地结合成一个整体，满足用户经营管理的整体需要。各模块与企业物流、资金流、信息流的关系如图 1-3 所示，各功能模块之间的数据关联如图 1-4 所示。

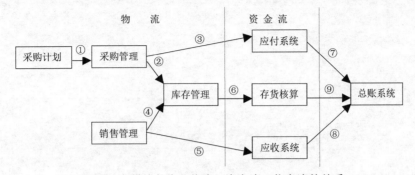

图 1-3　各模块与企业物流、资金流、信息流的关系

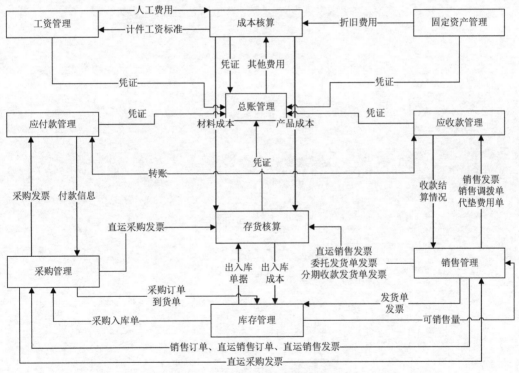

图 1-4　各功能模块之间的数据关联

第 **2** 章

系 统 构 建

2.1 系统概述

系统是为实现特定功能以达到某一目标而构成的相互关联的一个集合体或装置(部件)。一个系统由多个子系统组成,各个子系统服务于企业的不同层面,为不同的管理需要服务。子系统本身既具有相对独立的功能,彼此之间又具有紧密的联系,它们共用一个企业数据库,拥有公共的基础信息、相同的账套和年度账,为实现企业财务、业务的一体化管理提供了基础条件。在财务、业务一体化管理应用模式下,系统平台为各个子系统提供了一个公共平台,用于对整个系统的公共任务进行统一管理,如基础信息及基本档案的设置、企业账套的管理、操作员的建立、角色的划分和权限的分配等,企业管理系统中任何产品的独立运行都必须以此为基础。

2.1.1 功能概述

系统管理是用友ERP-U8.72管理软件中一个非常特殊的组成部分。它的主要功能是对用友ERP-U8.72管理软件的各个产品进行统一的操作管理和数据维护,具体包括账套管理、年度账管理、操作员及权限的集中管理、设立统一的安全机制等方面。只有系统管理员和账套主管才能登录系统管理。

1. 账套管理

账套指的是一组相互关联的数据。一般来说,可以为企业中每一个独立核算的单位建立一个账套,也可以同时为多个企业(或企业内多个独立核算的部门)分别建账。用友

ERP-U8.72 管理软件中最多允许建立 999 个账套。不同的账套数据之间彼此独立，没有丝毫关联。账套是由年度账组成的，每个账套中一般存放不同年度的会计数据。为方便管理，不同年度的数据存放在不同的数据表中，即为年度账。采用账套和年度账两层结构便于企业的管理，如进行账套的上报，跨年的数据结构调整等；方便数据输出和引入；减少数据的负担，提高应用效率。账套管理功能一般包括账套的建立、修改、删除、引入和输出等。引入和输出即通常所指的数据的恢复和备份。

(1) 引入账套功能是指将系统外某账套数据引入本系统中。对集团公司来说，可以将子公司的账套数据定期引入母公司系统中，以便进行有关账套数据的分析和合并工作。

注意：

- 如果需要定期将子公司的账套数据引入总公司系统中，最好预先在建立账套时就进行规划，为每一个子公司设置不同的账套号，以免引入子公司数据时因为账套号相同而覆盖其他账套的数据。
- 账套输出时，输出两个文件。UfErpAct.Lst 为账套信息文件；UFDATA 是账套数据文件。

(2) 输出账套功能是指将所选的账套数据做一个备份。

2. 年度账管理

年度账不同于账套。一个账套中包含了企业所有的数据。把企业数据按年度划分，称为年度账。用户不仅可以建立多个账套，而且每个账套中还可以存放不同年度的年度账。这样对不同核算单位、不同时期的数据，就可以方便地进行操作。

年度账管理包括年度账的建立、清空、引入、输出和结转上年数据等。对年度账数据来说，也有引入和输出操作，其含义和操作方法与账套的引入和输出是相同的；所不同的是年度账引入和输出的操作对象不是针对整个账套，而是针对账套中某一年度的年度账。

3. 操作员及其权限管理

为了保证系统及数据的安全与保密，系统管理提供了操作员及操作权限的集中管理功能。通过对系统操作分工和权限的管理，一方面可以避免与业务无关的人员进入系统；另一方面可以对系统所含的各个模块的操作进行协调，以保证各负其责，流程顺畅。操作员管理包括操作员的增加、修改、删除等操作。操作员权限的管理包括操作员权限的增加、修改、删除等操作。

(1) 角色与用户

角色是指在企业管理中拥有某一类职能的组织，这个角色组织可以是实际的部门，也可以是由拥有同一类职能的人构成的虚拟组织。例如，实际工作中最常见的会计和出纳两个角色(他们既可以是同一个部门的人员，也可以分属不同的部门，但工作职能是一样的)。在设置了角色后，就可以定义角色的权限，当用户归属某一角色后，就相应地拥有了该角色的权限。设置角色的方便之处在于可以根据职能统一进行权限的划分，方便授权。

用户是指有权限登录系统、对系统进行操作的人员，即通常意义上的"操作员"。每次注册登录系统，都要进行用户身份的合法性检查。只有设置了具体的用户之后，才能进行相关的操作。用户和角色的设置可以不分先后顺序，但对于自动传递权限来说，应该首先设定角色，然后分配权限，最后进行用户的设置。这样在设置用户的时候，选择其归属哪一个角色，则其自动具有该角色的权限，包括功能权限和数据权限。一个角色可以拥有多个用户，一个用户也可以分属多个不同的角色。

(2) 系统管理员与账套主管

系统允许以两种身份注册进入系统管理：一种是以系统管理员的身份，另一种是以账套主管的身份。系统管理员负责整个系统的总体控制和数据维护工作，他可以管理该系统中所有的账套。以系统管理员身份注册进入，可以进行账套的建立、引入和输出；设置角色和用户；指定账套主管；设置和修改用户的密码及其权限等。账套主管负责所选账套的维护工作，主要包括对所选账套参数进行修改，对年度账的管理(包括年度账的建立、清空、引入、输出和结转上年数据)，以及该账套操作员权限的设置。

4. 设立统一的安全机制

对企业来说，系统运行安全、数据存储安全是必须的。设立统一的安全机制包括设置系统运行过程中的监控机制，设置数据自动备份，清除系统运行过程中的异常任务等。

2.1.2　系统构建的操作流程

企业账套系统的构建由系统管理员全权负责，因此需要以系统管理员的身份注册进入系统管理。新系统的构建流程如下：启动系统管理→以系统管理员 Admin 身份登录→新建账套→增加角色、用户→设置角色、用户权限→启用各相关系统→录入期初余额。具体建账流程如图 2-1 所示。

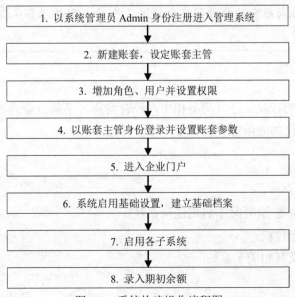

图 2-1　系统构建操作流程图

2.2 应用实务

实验一 系统管理

【实验目的】

(1) 系统地学习系统管理的主要功能和操作方法;

(2) 理解系统管理在用友 ERP-U8.72 系统中的重要地位;

(3) 掌握在系统管理中设置系统操作员、建立企业账套和设置用户权限的方法;

(4) 掌握账套的备份、输出的方法。

【实验准备】

1. 软件与企业管理模式分析准备

已安装用友 ERP-U8.72 管理软件,将系统日期修改为"2014 年 1 月 1 日"。

操作步骤

① 执行"开始"|"设置"|"控制面板"命令,进入"控制面板"窗口。

② 双击其中的"时间和日期"图标,进入"时间和日期"窗口。

③ 将系统日期修改为"2014-01-01"。

④ 单击"确定"按钮返回。

> **注意:**
> • 如果操作日期与账套建账时间跨度超过 3 个月,则该账套在演示版状态下不能再执行任何操作。

2. 理论知识准备

分析本企业所在的行业、经济类型和生产经营特点,了解企业的核算和业务管理要求,确定本企业个性化的应用方案。

【实验内容】

(1) 增加操作员;

(2) 建立核算单位账套(暂时不启用任何系统);

(3) 对操作员进行授权;

(4) 启用供应链及其相关子系统;

(5) 备份账套。

【实验资料】

1. 建账信息

账套号：888；账套名称：供应链账套；启用会计期间：2014 年 1 月 1 日。

2. 单位信息

单位名称：烟台川林有限公司。

3. 核算类型

该企业记账本位币为人民币(RMB)；企业类型为工业；行业性质为 2007 年新会计制度科目；账套主管张华、李燕和周东；按行业性质预设会计科目；每月末结账。

4. 基础信息

该企业无外币核算，进行经济业务处理时，需要对存货、客户、供应商进行分类。

5. 分类编码方案

科目编码级次：4-2-2-2-2

部门编码级次：2-2

客户分类编码级次：2

供应商分类编码级次：2

存货分类编码级次：2-2-2

收发类别编码级次：1-2

结算方式编码级次：1-2

地区编码级次：2-2

6. 设置数据精度

该企业对存货数量、存货单价、开票单价、件数、换算率等小数位数约定为 2 位。

7. 角色分工及其权限

0101 张华(口令 zh)，角色：账套主管。

0201 李燕(口令 ly)，角色：账套主管。

0301 周东(口令 zd)，角色：账套主管。

0102 李丽(口令 ll)，角色：销售业务员。负责销售业务，具有销售管理操作权限，还拥有总账、应收系统、应付系统、库存管理、存货核算的全部操作权限(此处授予如此多的权限是便于操作，实际工作中需要根据本单位实际情况授权)。

0202 刘东(口令 ld)，角色：采购业务员。负责采购业务，具有采购管理操作权限，还拥有库存管理、存货核算、总账、应收系统、应付系统的全部操作权限。

8. 启用的系统和启用日期

2014 年 1 月 1 日分别启用 888 账套的"采购管理"、"销售管理"、"库存管理"、"存货核算"、"总账"、"应收"和"应付"系统。

【实验方法与步骤】

1. 注册系统管理

操作步骤

① 执行"开始" | "程序" | "用友 ERP-U8" | "系统服务" | "系统管理"命令, 进入"用友 ERP-U8〖系统管理〗"窗口。

② 执行"系统" | "注册"命令, 打开"登录"系统管理对话框。

③ 系统中预先设定了一个系统管理员 admin, 第一次运行时, 系统管理员密码为空, 如图 2-2 所示。单击"确定"按钮, 以系统管理员身份进入系统管理。

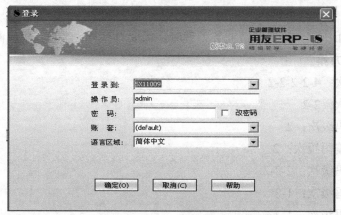

图 2-2 以系统管理员身份登录系统管理

 注意:

- 系统管理员是用友 ERP-U8 管理系统中权限最高的操作员, 他对系统数据安全和运行安全负责。因此, 企业安装用友 ERP-U8 管理系统后, 应该及时更改系统管理员的密码, 以保障系统的安全性。用友 ERP-U8 默认系统管理员密码为空。

- 设置或更改系统管理员密码的方法是: 在系统管理的"登录"对话框中输入操作员密码后, 选中"改密码"复选框, 单击"确定"按钮, 打开"设置操作员密码"对话框, 在"新密码"文本框中输入系统管理员的新密码, 在"确认"文本框中再次输入相同的新密码, 如图2-3所示。单击"确定"按钮进入"用友 ERP-U8〖系统管理〗"窗口。

- 鉴于系统管理在用友 ERP-U8 管理系统中的重要地位, 系统只允许两种角色登录系统管理, 一是系统管理员, 二是账套主管。如果是初次使用本系统, 第一次必须以系统管理员 admin 的身份注册系统管理, 建立账套和指定相应的账套主管之后, 才能以账套主管的身份注册系统管理。

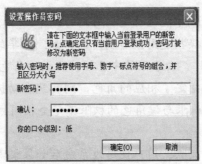

图 2-3　为系统管理员设置密码

2. 增加操作员

操作步骤

① 以系统管理员的身份注册进入系统管理后，执行"权限"|"用户"命令，进入"用户管理"窗口。

② 单击工具栏上的"增加"按钮，打开增加操作员对话框。

③ 输入编号：0101；姓名：张华；认证方式为"用户+口令(传统)"，口令和确认口令均为"zh"；并在所属角色列表中选择"账套主管"角色，如图 2-4 所示。

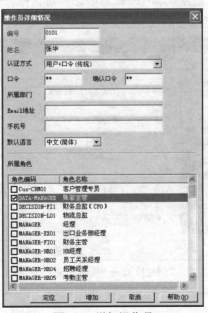

图 2-4　增加操作员

④ 单击"增加"按钮，保存设置。

⑤ 同理，增加操作员"李燕"、"周东"、"李丽"和"刘东"，然后保存设置。

注意：

● 如果列表框中不显示新增用户，则单击"刷新"按钮进行页面更新。

● 如果修改了用户的所属角色，则该用户对应的权限也会随着角色的改变而相应改变。

- 只有系统管理员(admin)才能进行增加用户的操作。
- 在增加用户时可以直接指定用户所属角色。如：张华的角色为"账套主管"，李丽的角色为"销售员"。由于系统中已经为预设的角色赋予了相应的权限，因此，如果在增加用户时就指定了相应的角色，则其就自动拥有了该角色的所有权限。如果该用户所拥有的权限与该角色的权限不完全相同，可以在"权限"|"权限"功能中进行修改。
- 用户启用后将不允许删除。用户使用过系统后如果调离单位，应在用户管理窗口中单击"修改"按钮，在"修改用户信息"对话框中单击"注销当前用户"按钮，再单击"修改"按钮返回系统管理。此后该用户无权再进入系统。

3. 建立账套

只有系统管理员可以建立企业账套。建账过程在建账向导引导下完成。

操作步骤

① 以系统管理员身份注册进入"系统管理"，在"系统管理"窗口中，执行"账套"|"建立"命令，打开"创建账套——账套信息"对话框。

② 按实验资料录入新建账套的账套信息，如图 2-5 所示。

图 2-5 "创建账套——账套信息"对话框

注意：

- 账套号是账套的唯一内部标识，由三位数字构成，必须唯一，不允许与已存账套的账套号重复，账套号设置后将不允许修改。如果所设置的账套号与已存账套的账套号重复，则无法进入下一步的操作。
- 账套名称是账套的外部标识，它将与账套号一起显示在系统正在运行的屏幕上。账套名称可以自行设置，并可以由账套主管在修改账套功能中进行修改。
- 系统默认的账套路径是用友 ERP-U8 的安装路径，可以进行修改。

- 建立账套时，系统启用会计期将自动默认为系统日期，应注意根据实验资料进行修改，否则将会影响企业的系统初始化和日常业务处理等内容的操作。
- 如果选择"是否集团账套"复选框，则此账套为启用"集团财务"模块后的汇总分子公司数据的账套，不作企业之应用。

③ 单击"下一步"按钮，打开"创建账套——单位信息"对话框。

④ 按实验资料输入单位信息，如图 2-6 所示。

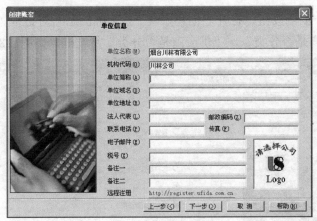

图 2-6　设置单位信息

注意：

- 单位信息中只有"单位名称"是必须输入的。
- 单位名称应录入企业的全称，以便打印发票时使用。

⑤ 单击"下一步"按钮，打开"创建账套——核算类型"对话框。选择"工业"企业业类型，行业性质默认为"2007 年新会计制度科目"，科目预置语言选择"中文(简体)"，从"账套主管"下拉列表中选择"[0101]张华"，如图 2-7 所示。

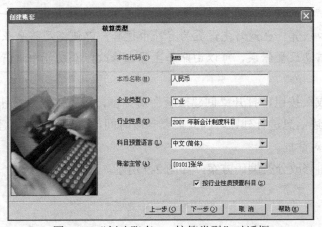

图 2-7　"创建账套——核算类型"对话框

注意：

- 系统默认企业类型为"工业"，可以修改。只有选择"工业"企业类型，供应链管理系统才能处理产成品入库、限额领料等业务。只有选择"商业"企业类型，供应链管理系统才能处理受托代销业务。
- 行业性质将决定系统预置科目的内容，必须选择正确。
- 系统默认按行业性质预置科目。

⑥ 单击"下一步"按钮，打开"创建账套——基础信息"对话框。分别选中"存货是否分类"、"客户是否分类"、"供应商是否分类"复选框，如图 2-8 所示。

图 2-8 设置基础信息

 注意：

- 本企业要求对存货、客户以及供应商进行分类，无外币核算。
- 是否对存货、客户及供应商进行分类将会影响其档案的设置。有无外币核算将会影响基础信息的设置和日常业务处理的有无外币的核算内容。一般来说，即使暂时没有外币核算，也最好先设置为有外币核算，以便满足将来业务扩展的需要。
- 如果基础信息设置错误，可以由账套主管在修改账套功能中进行修改。

⑦ 单击"完成"按钮，打开"创建账套"对话框，单击"是"按钮。由于系统需要按照用户输入的上述信息进行建账，因此需要一段时间，请耐心等候。建账完成后，自动打开"编码方案"对话框。

⑧ 按所给资料修改分类编码方案，如图 2-9 所示。

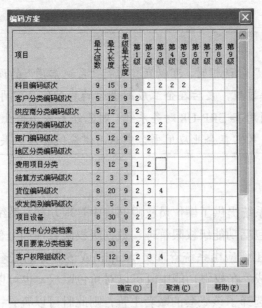

图 2-9　"编码方案"对话框

 注意：

- 编码方案的设置将会直接影响基础信息设置中其相应内容的编码级次和每级编码的位长。
- 删除编码级次时，必须从最后一级向前依次删除。

⑨ 单击"确定"按钮后，再单击"取消"按钮，进入"数据精度"对话框，默认系统预置的数据精度，如图 2-10 所示。

图 2-10　"数据精度"对话框

⑩ 在"数据精度"对话框中单击"确定"按钮后，打开"创建账套"对话框。单击"否"按钮，结束建账过程，暂时不启用任何系统。

- 出现"创建账套"对话框时，可以直接进行"系统启用"的设置，也可以单击"否"按钮先结束建账过程，之后在企业应用平台的基础信息中再进行系统启用设置。
- 如果企业已使用用友 ERP-U8 财务系统，则已经完成了企业的建账过程，此处无 X 需要再次建账，只需在企业应用平台中启用供应链管理相关模块即可。

4. 设置操作员权限

用友 ERP-U8 管理系统提供了操作员权限的集中管理功能。系统提供了用户对所有模块的操作权限的管理，包括功能级权限管理、数据级权限管理和金额级权限管理。

设置操作员权限的工作应由系统管理员(Admin)或该账套的账套主管通过执行"系统管理"|"权限"命令完成。在权限功能中既可以对角色赋权，也可以对用户赋权。如果在建立账套时已经正确地选择了该账套的账套主管，则此时可以查看；否则，可以在权限功能中重新选择账套主管。如果在设置用户时已经指定该用户的所属角色，并且该角色已经被赋权，则该用户已经拥有了与该角色相同的权限；如果经查看后发现该用户的权限并不与该角色完全相同，则可以在权限功能中进行修改；如果在设置用户时并未指定该用户所属的角色，或虽已指定该用户所属的角色，但该角色并未进行权限设置，则该用户的权限应直接在权限功能中进行设置，或者应先设置角色的权限后再设置用户并指定该用户所属的角色，这样该用户的权限就可以事先确定了。

(1) 查看张华、李燕和周东是否为 888 账套的账套主管。

操作步骤

① 在"系统管理"窗口中，执行"权限"|"权限"命令，打开"操作员权限"对话框。

② 在"操作员权限"对话框中选择 888 账套，时间为 2014 年，从窗口左侧操作员列表中选择"0101 张华"，可以看到"账套主管"复选框为选中状态。同理，查看李燕和周东是否为账套主管。

- 系统管理员(Admin)才有权设置或取消账套主管。而账套主管只能分配所辖账套操作员的权限。
- 设置权限时应注意分别选中"用户"和相应的"账套"。
- 如果此时查看到当前操作员账套主管前的复选框为未选中状态，则可以将其选中，设置该用户为选中账套的账套主管。
- 账套主管拥有该账套的所有权限，因此无需为账套主管另外赋权。
- 一个账套可以有多个账套主管。

（2）为操作员李丽和刘东赋权。

操作步骤

① 在"操作员权限"窗口中，选中"0102 李丽"，选择账套主管右侧下拉列表框中的"888 供应链账套"。

② 单击"修改"按钮，在右侧对话框中进行修改。

③ 选中"销售管理"、"库存管理"、"存货核算"、"应付款管理"、"应收款管理"和"总账"复选框，如图 2-11 所示，单击"保存"按钮。

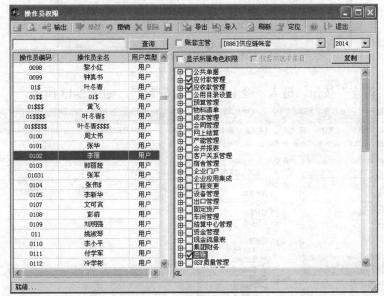

图 2-11　增加和调整权限

④ 同理为操作员刘东赋权。

5. 启用供应链及其相关子系统

系统启用是指设定用友 ERP-U8 管理系统中各个子系统的开始使用日期。各个子系统必须先启用才能登录操作。系统启用的方法有两种：一种是在系统管理中创建账套时启用；另一种是建立账套后，在企业应用平台中启用。

按照本企业业务流程的要求，需要启用供应链管理系统中的采购管理模块、销售管理模块、库存管理模块和存货核算模块；同时启用与供应链管理系统存在数据传递关系的相关模块，主要包括总账模块、应收款管理模块和应付款管理模块。

操作步骤

① 执行"开始"|"程序"|"用友 ERP-U8"|"企业应用平台"命令，以账套主管张华的身份注册进入企业应用平台，如图 2-12 所示。在"操作员"文本框中可以输入操作员编码，也可以输入操作员姓名。此处输入编码 0101，密码 zh，选择 888 账套，操作日期为 2014 年 1 月 1 日。

图 2-12 登录账套

② 单击"确定"按钮，进入"企业应用平台"窗口，如图 2-13 所示。

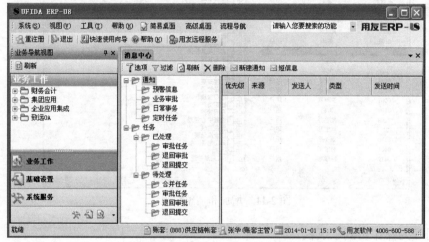

图 2-13 "企业应用平台"窗口

③ 在窗口左侧的工作列表中单击"基础设置"标签。

④ 执行"基本信息"命令，打开"基本信息"对话框。

⑤ 执行"系统启用"命令，打开"系统启用"对话框。

⑥ 选中"采购管理"系统前的复选框，弹出"日历"对话框。

⑦ 选择启用会计期间，本实验为"2014 年 1 月 1 日"。系统弹出提示"是否启用当前系统"。

⑧ 单击"是"按钮，确认并完成采购管理系统的启用。

⑨ 参照第⑥～⑧步，分别启用"销售管理"、"库存管理"、"质量管理"、"存货核算"、"总账"、"应收"和"应付"系统，完成供应链管理系统及其相关子系统的启用，如图 2-14 所示。

图 2-14　启用系统

 注意：

- 采购系统的启用月份必须大于等于应付系统的未结账月。
- 销售系统的启用月份必须大于等于应收系统的未结账月，并且应收系统未录入当月发票。如果已经录入发票，则必须先删除发票。
- 采购系统先启用，库存系统后启用时，如果库存系统启用月份已有根据采购订单生成的采购入库单，则库存系统不能启用。
- 库存系统启用之前，必须先审核库存系统启用日期之前未审核的发货单和先开具但未审核的发票，否则库存系统不能启用。
- 销售系统先启用，库存系统后启用时，如果库存系统启用日期之前的发货单有对应的库存系统启用日期之后的出库单，则必须先删除此类出库单，并在库存系统启用日期之前生成这些出库单，然后才能启用库存系统。

6. 账套备份

操作步骤

① 在 C 盘建立"供应链账套备份"文件夹。

② 在 C:\"供应链账套备份"文件夹中新建"888-2-1 建立供应链账套"文件夹。

③ 将账套输出至 C:\"供应链账套备份"\"888-2-1 建立供应链账套"文件夹中。

④ 由系统管理员(Admin)注册系统管理，在"系统管理"窗口中，执行"账套"|"输出"命令，打开"账套输出"对话框。

⑤ 在"账套号"文本框中选择 888 供应链账套。

⑥ 单击"确定"按钮，打开"选择账套备份路径"对话框。

⑦ 在"选择账套备份路径"对话框中，打开 C:\"供应链账套备份"\"888-2-1 建立供应链账套"文件夹，单击"确定"按钮。

⑧ 系统弹出"输出成功"对话框，单击"确定"按钮，备份完成。

 注意：

- 利用账套输出功能还可以进行"删除账套"的操作。方法是，在"账套输出"对话框中，选中"删除当前输出账套"复选框，单击"确认"按钮，系统在删除账套前同样要进行账套输出，当输出完成后系统提示"真要删除该账套吗？"，单击"是"按钮则可以删除该账套。
- 备份账套时应先建立一个备份账套的文件夹，以便将备份数据存放在目标文件夹中。
- 账套输出功能可以分别进行"账套备份"和"删除账套"的操作。
- 只有系统管理员(Admin)有权进行账套输出。
- 正在使用的账套可以进行"账套备份"但不允许进行"删除账套"操作。

实验二　基础档案设置

【实验目的】

(1) 理解企业应用平台在用友 ERP-U8 管理软件中的作用；

(2) 在分析企业业务流程、管理要求和会计核算要求的基础上，理解各项基础档案在系统中所起的作用及各项目的含义；

(3) 掌握合理设计企业基础信息分类和建立基础档案的方法。

【实验准备】

1. 前期账套数据准备

已经完成第 2 章实验一的操作，或者从光盘引入已完成实验一操作的 888-2-1 账套备份数据。

2. 理论知识准备

了解本企业供应商管理、客户管理、仓库管理相关情况以及企业与供应商及客户进行财务结算的基本方式，并运用相关的理论知识分析企业所采用的管理方式的利弊。

【实验内容】

(1) 建立部门档案；

(2) 建立职员档案；

(3) 建立客户及供应商分类；

(4) 建立客户档案；

(5) 建立供应商档案;

(6) 建立存货分类、计量单位和存货档案;

(7) 建立仓库档案;

(8) 设置收发类别;

(9) 设置采购类型;

(10) 设置销售类型;

(11) 设置费用项目;

(12) 设置结算方式;

(13) 设置开户银行;

(14) 备份账套。

【实验资料】

1. 部门及人员档案(表 2-1、表 2-2)

表 2-1　部门档案

序　号	部 门 编 码	部 门 名 称
1	01	销售部
2	02	采购部
3	03	财务部
4	04	技术部
5	05	生产部
6	0501	冲压车间
7	0502	组装车间
8	0503	喷滚印车间
9	06	仓库部
10	07	质管部
11	08	总经理办

表 2-2　人员档案

人 员 编 码	姓　名	行政部门编码	人 员 类 别	性　别	职　务
0101	张　华	01	在职人员	男	销售经理
0102	李　丽	01	在职人员	女	销售员
0201	李　燕	02	在职人员	女	采购经理
0202	刘　东	02	在职人员	男	采购员
0301	周　东	03	在职人员	男	财务经理
0302	王　林	03	在职人员	男	总账会计
0303	田　蕾	03	在职人员	女	出纳员
0401	赵　刚	04	在职人员	男	技术经理
0402	王　伟	04	在职人员	男	工艺管理员

(续表)

人员编码	姓 名	行政部门编码	人员类别	性别	职 务
0403	杨 华	04	在职人员	男	设备管理员
0501	方 杰	05	在职人员	男	生产经理
0502	高 菲	05	在职人员	女	计划主管
0511	王 建	0501	在职人员	男	工人
0512	刘 军	0501	在职人员	男	工人
0513	高 强	0501	在职人员	男	工人
0521	宋建军	0502	在职人员	男	工人
0522	王 龙	0502	在职人员	男	工人
0531	夏 雪	0503	在职人员	女	工人
0532	王 丽	0503	在职人员	女	工人
0601	欧 阳	06	在职人员	男	仓库经理
0602	欧 雪	06	在职人员	女	保管员
0701	张 丽	07	在职人员	女	质管经理
0702	张 强	07	在职人员	男	质检员
0801	林 川	08	在职人员	男	总经理
0802	林 江	08	在职人员	男	销售副总
0803	林 海	08	在职人员	男	生产副总
0804	林 湖	08	在职人员	男	技术副总
0805	林 霞	08	在职人员	女	财务副总

2. 客户分类及客户档案(表2-3、表2-4)

表2-3 客户分类

分 类 编 码	分 类 名 称
01	重要
02	一般

表2-4 客户档案

客户编码	客 户 名 称	税 号	开户银行	银行账号
0101	北京广种福缘汽车配件销售中心	111111111111	招商银行	11111111
0102	北京恒达亿重型汽车配件公司	222222222222	招商银行	22222222
0103	河北石家庄市汽车配件公司	333333333333	招商银行	33333333
0104	东风汽车有限公司商用车发动机厂	444444444444	招商银行	44444444
0105	安徽江淮汽车股份有限公司发动机分公司	555555555555	招商银行	55555555
0106	陕西康明斯发动机有限公司	666666666666	招商银行	66666666

3. 供应商分类及档案(表 2-5、表 2-6)

表 2-5　供应商分类

分 类 编 码	分 类 名 称
01	省内
02	省外
03	国外

表 2-6　供应商档案

供应商编码	供应商名称
0101	烟台市牟平区物资金属材料有限公司
0102	蓬莱解宋营镇赵庄树圣包装箱厂
0201	北京长阳带钢厂
0202	北京化工厂
0203	北京大兴县肖庄粘合剂厂

4. 存货分类、计量单位及存货档案(表 2-7、表 2-8、表 2-9)

表 2-7　存货分类

存货分类编码	存货分类名称
01	原材料
02	半成品
03	产成品
04	劳务费用

 说明：

　　存货分类的目的是方便对某一类物料进行查询、统计分析及在进行产成品成本分配时可以按分类逐步分配，并可按存货分类对应存货科目。

表 2-8　计量单位

单位编码	单位名称	单位组编码	计量单位组名称	主计量单位	换算率
01	个	00	单位		
02	件	00	单位		
03	台	00	单位		
04	公斤	00	单位		
05	次	00	单位		

 说明：

　　计量单位组类别为无换算。

表 2-9　存货档案

序号	存货编码	存货名称	存货分类	计量单位	生产部门	存货属性	固定提前期	单价/元
1	0101	不锈钢带 304	原材料	公斤		外购	5	35
2	0102	不锈钢带 301	原材料	公斤		外购	5	30
3	0110	油脂	原材料	公斤		外购	2	25
4	0111	染料	原材料	公斤		外购	2	50
5	0112	涂饰助剂	原材料	公斤		外购	2	75
6	0201	冲压上板	半成品	件	冲压车间	自制	1	25
7	0202	冲压中板	半成品	件	冲压车间	自制	1	21
8	0203	冲压下板	半成品	件	冲压车间	自制	1	25
9	0210	组装半成品	半成品	件	组装车间	自制	1	80
10	0301	垫成品	产成品	件	喷滚印车间	自制	2	100
11	0401	运输费	劳务费用	次		外购、应税劳务、外购		

说明:

　　存货属性设置中"采购件"必须选择"外购"、"生产耗用"的属性;"产成品"必须选择"内售"和"自制"属性;"半成品"必须选择"内售"、"生产耗用"、"自制"属性。

5. 仓库档案及收发类别(表 2-10、表 2-11)

表 2-10　仓库档案

仓库编码	仓库名称	计价方法	是否参与 MRP 运算	是否货位管理
01	材料库	全月平均法	是	否
02	冲压半成品库	全月平均法	是	否
03	流水线半成品库	全月平均法	是	否
04	成品库	全月平均法	是	否
05	废品库	全月平均法	否	否

表 2-11　收发类别

收发类别编码	收发类别名称	收 发 标 志
1	出	发
101	生产领用	发
102	销售出库	发
103	盘亏出库	发

(续表)

收发类别编码	收发类别名称	收 发 标 志
104	调拨出库	发
105	其他出库	发
0	入	收
001	采购入库	收
002	生产入库	收
003	半成品入库	收
004	盘盈入库	收
005	调拨入库	收
006	其他入库	收

6. 采购类型(表2-12)

表2-12 采购类型

代 码	名 称	入 库 类 别	是否默认值	是否委外	MPS/MRP
01	普通采购	采购入库	是	否	是
02	委外采购	半成品入库	否	是	是

7. 销售类型(表2-13)

表2-13 销售类型

销售类型编码	销售类型名称	对应出库类别	是否默认值
01	普通销售	销售出库	是

8. 费用项目(表2-14)

表2-14 费用项目

费用项目编码	费用项目名称
01	运输费
02	装卸费
03	包装费
04	业务招待费

9. 结算方式及开户银行(表2-15)

表2-15 结算方式

结算方式编码	结算方式名称	票 据 管 理
1	现金结算	否
2	支票结算	否
201	现金支票	是
202	转账支票	是
3	电汇	否

本单位开户银行相关信息如下。

编码：1；银行账号：000000000000；开户银行：招商银行；税号：000000000000。

【实验方法与步骤】

在"企业应用平台"窗口中，在"设置"选项卡的"基础档案"中进行系统基础信息的设置，设置结果都是为其他模块所共享的。

1. 建立部门档案

部门档案用于设置部门相关信息，包括部门编码、名称、负责人、编码属性等。

操作步骤

执行"机构人员"|"部门档案"命令，打开"部门档案"窗口，按实验资料输入部门信息，结果如图2-15所示。

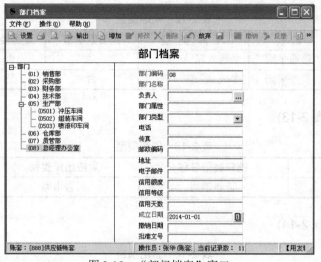

图2-15 "部门档案"窗口

注意：

- "部门编码"、"部门名称"和"成立日期"必须录入，其他信息可以为空。"成立日期"一般默认输入时的系统时间，可修改。
- "负责人"必须在设置职员档案之后，在"修改"状态下才能参照输入。
- 在部门档案设置中，如果存在多级部门，必须先建立上级部门，才能增加其下级部门。下级部门编码应包含上级部门编码。
- 修改部门档案时，部门编码不能修改。
- 已经使用的部门不允许删除。

---

2. 建立职员档案

此处的职员是指企业的各个职能部门中参与企业的业务活动，并且需要对其核算业绩、考核业绩的人员，并非企业的全体职员，如图2-16所示。

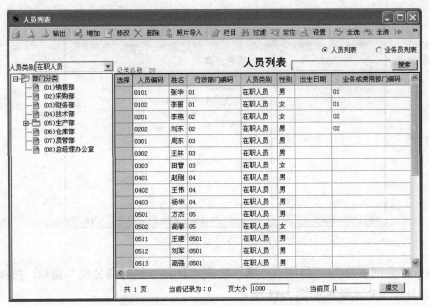

图 2-16   "人员列表"窗口

操作步骤

执行"机构人员"|"人员档案"命令,打开"人员列表"窗口。按实验资料录入职员信息,结果如图 2-16 所示。

注意:

- "人员编码"、"姓名"、"行政部门编码"、"人员类别"和"性别"必须输入,其他信息可以为空。
- 人员编码可以由用户自行定义编码规则,但必须唯一,不能重复。
- "行政部门编码"、"人员类别"和"性别"一般应选择录入。如果要修改,需要先将原先显示的部门档案删除,才可以重新选择。

3. 设置客户/供应商分类

供应链管理不局限于企业内部的采购、生产、销售等生产经营活动,它还包括企业下游的供应商和上游的客户。如果企业的供应商和客户较多,分布较广,则不仅需要对供应商和客户进行分类,还需要对其地区进行分类,以便管理。

客户或供应商分类是指按照客户或供应商的某种属性或某种特征,将客户或供应商进行分类管理。如果建账时选择了客户/供应商分类,则必须先进行分类,才能增加客户/供应商档案。如果建账时没有选择客户/供应商分类,则可以直接建立客户/供应商档案。

操作步骤

① 执行"客商信息"|"客户分类"命令,打开"客户分类"窗口。按实验资料输入客户分类信息,结果如图 2-17 所示。

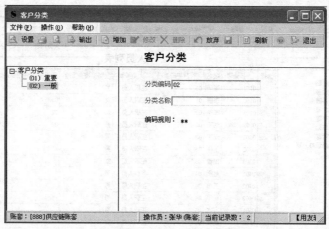

图 2-17 "客户分类"窗口

② 执行"客商信息"|"供应商分类"命令,打开"供应商分类"窗口。按实验资料输入供应商分类信息,结果如图 2-18 所示。

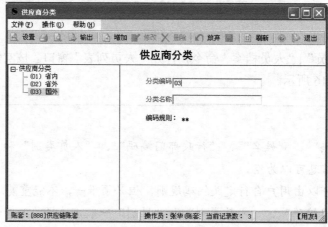

图 2-18 "供应商分类"窗口

注意:

● 分类编码必须符合编码方案中定义的编码规则。
● 分类中如果已经录入客户档案,则该客户分类资料不能修改、删除。
● 建立下级分类时,其上级分类必须存在,且下级分类编码中要包含其上级分类编码。

4. 建立客户档案

客户档案主要用于设置往来客户的基本信息,便于对客户及其业务数据进行统计和分析。

操作步骤

① 执行"客商信息"|"客户档案"命令,打开"客户档案"窗口。窗口分为左右两

部分，左窗口显示已经设置的客户分类，选中某一客户分类，则在右窗口中显示该分类下所有的客户列表。

② 单击"增加"按钮，打开"增加客户档案"窗口。窗口中共包括 4 个选项卡，即"基本"、"联系"、"信用"、"其他"。对客户不同的属性分别归类记录。

③ 按实验资料输入客户信息，如图 2-19 所示。

图 2-19　"客户档案"窗口

④ 选中窗口右侧的第一条记录，即北京广种福缘汽车配件销售中心的那一条记录，使其底色变蓝，然后单击工具栏中的"修改"按钮，系统弹出"修改客户档案"窗口，如图 2-20 所示。

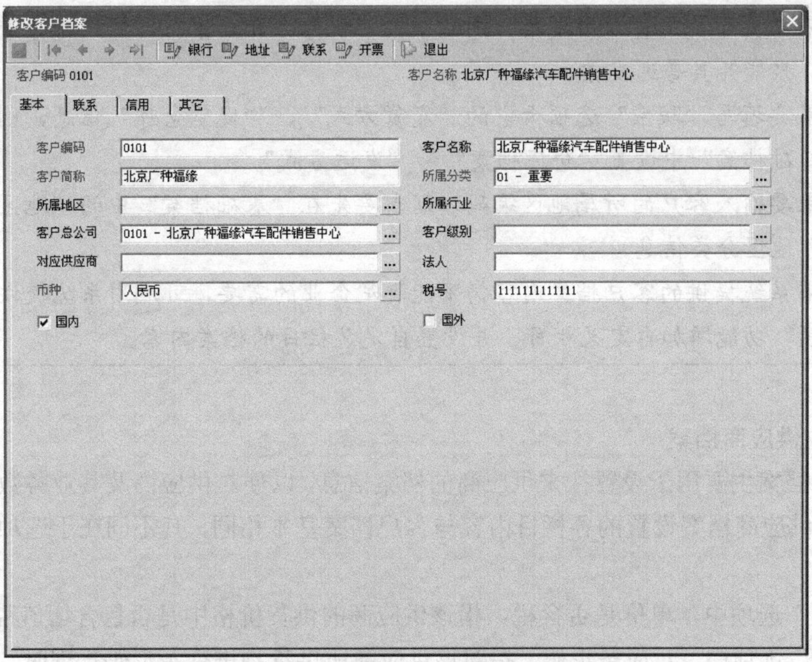

图 2-20　"修改客户档案"窗口

⑤ 单击图 2-20 中的"银行"按钮，系统弹出"客户银行档案"窗口。单击"增加"按钮，将实验资料中的"所属银行"、"开户银行"、"银行账号"输入到上述窗口中，其中"所属银行"和"默认值"是参照录入的，如图 2-21 所示。

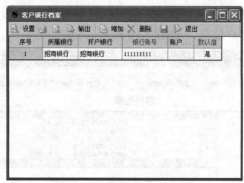

图 2-21 "客户银行档案"窗口

 注意:

- 客户编码、客户简称、所属分类和币种必须输入。
- 客户编码必须唯一，一旦保存，不能修改。尚未使用的客户编码可以删除后重新增加。
- "对应供应商编码"的作用是设置客户档案和供应商档案的对应关系，这种对应关系必须是一对一的，主要是为了处理既是客户又是供应商的往来单位。
- 如果需要开具销售专用发票，则必须输入税号、开户银行、银行账号等信息，否则，只能开具普通发票。
- 如果要填写"联系"选项卡中的"发货方式"、"发货仓库"信息，则需要先在"基础档案"中设置"仓库档案"和"发运方式"。
- 如果要输入客户的所属地区编码，则需要先在"基础档案"中的"地区分类"里设置地区分类信息。
- 如果系统提供的客户档案内容仍不能满足企业的需要，可利用系统提供的"自定义项"功能增加自定义栏目，并设置自定义栏目的档案内容。

---

5. 建立供应商档案

供应商档案主要用于设置往来供应商的档案信息，以便对供应商及其业务数据进行统计和分析。供应商档案设置的各栏目内容与客户档案基本相同，其不同在于选项卡中的两项内容:

"信用"选项中，单价是否含税，指该供应商的供货价格中是否包含增值税。

"其他"选项中，对应条形码，指对该供应商所供货物进行条形码管理时，在存货条形码中需要输入对应的供应商信息。

操作步骤

① 执行"客商信息"|"供应商档案"命令，打开"供应商档案"窗口。窗口分为左右两部分，左窗口显示已经设置的供应商分类，选中某一供应商分类，则在右窗口中显示该分类下所有的供应商列表。

② 单击"增加"按钮，打开"增加供应商档案"窗口。

③ 按实验资料输入供应商信息，如图 2-22 所示。

6. 设置存货分类、计量单位和存货档案

存货是企业的一项重要经济资源，涉及企业供应链管理的整个流程，是企业物流管理和财务核算的主要对象。

(1) 存货分类。

如果企业存货较多，可以按一定方式对存货进行分类管理。存货分类是指按照存货固有的特征或属性，将存货划分为不同的类别，以便分类核算和统计。

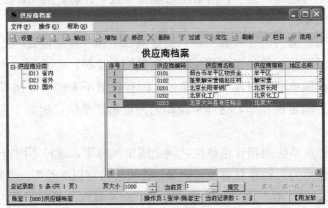

图 2-22　"供应商档案"窗口

操作步骤

执行"存货"|"存货分类"命令，打开"存货分类"窗口。按实验资料输入存货分类信息，如图 2-23 所示。

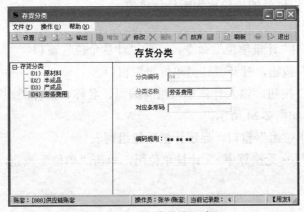

图 2-23　"存货分类"窗口

注意：

- 存货分类编码必须符合编码规则。
- 存货分类编码和存货分类名称必须输入。
- 在企业购销业务中，经常会发生一些劳务费用，如"运输费"、"装卸费"、"包装费"等，这些费用也将构成企业存货成本的一个组成部分，并且它们一般具有与其他存货不同的税率。为了正确反映和核算这些劳务费用，应该在存货分类中单独设置一类"劳务费用"或"应税劳务"存货。

(2) 计量单位。

企业的存货种类繁多，不同的存货具有不同的计量单位；同一种存货用于不同业务，其计量单位也可能不同。例如，对于某种药品，采购、批发销售可能用"箱"作为计量单位，而库存和零售则可能是"盒"，财务上可能按"板"计价。因此，在基础设置中，需要定义好存货的计量单位。

存货计量单位可以分为"无换算"、"固定换算"和"浮动换算"3 类。

"无换算"计量单位一般是指自然单位、度量衡单位等。

"固定换算"计量单位是指各个计量单位之间存在着不变的换算比率，这种计量单位之间的换算关系即为固定换算率，这些单位即为固定换算单位。例如 1 盒＝4 板，1 箱＝20 盒等。

"浮动换算"计量单位则指计量单位之间无固定换算率，这种不固定换算率称为浮动换算率，这些单位也称为浮动换算单位。例如，透明胶带可以"卷"、"米"为计量单位，1 卷大约等于 10 米，则"卷"与"米"之间存在浮动换算率关系。

无论是"固定换算"还是"浮动换算"关系的计量单位之间，都应该设置其中一个单位为"主计量单位"，其他单位以此为基础，按照一定的换算率进行折算。一般来说，将最小的计量单位设置为主计量单位。上述固定换算单位"板"、"盒"、"箱"，可以将"板"设置为主计量单位；浮动换算单位"卷"、"米"，则应将"米"设置为主计量单位。每组中主计量单位以外的单位称为辅计量单位。

操作步骤

① 执行"存货"|"计量单位"命令，打开"计量单位"窗口。

② 单击"分组"按钮，打开"计量单位组"窗口。

③ 单击"增加"按钮，输入计量单位组的编码、名称、换算类别等信息。输入全部计量单位组后，窗口如图 2-24 所示。

④ 退出"计量单位组"窗口，显示计量单位组列表。

⑤ 选中"(00)单位<无换算率>"计量单位组，单击"单位"按钮，打开"计量单位"对话框。

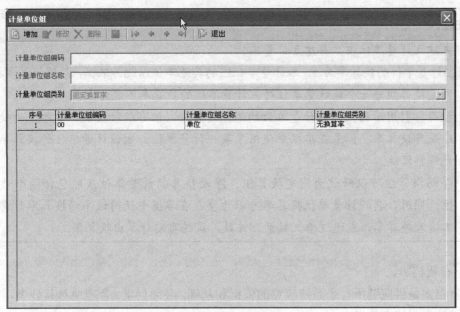

图 2-24 "计量单位组"窗口

⑥ 单击"增加"按钮，输入计量单位编码、名称、所属计量单位组等信息。

⑦ 单击"保存"按钮，保存计量单位信息，如图 2-25 所示。

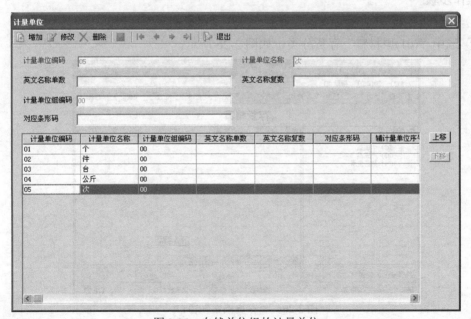

图 2-25 自然单位组的计量单位

⑧ 单击"退出"按钮，退出自然单位组计量单位的设置。

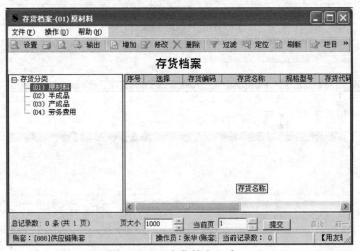

注意：

- 先建立计量单位组，再建立计量单位。
- 主计量单位的换算率为1，本计量单位组的其他单位以此为依据，按照换算率折合。
- 固定换算组每一个辅计量单位对主计量单位的换算率不能为空。
- 被存货引用后的主、辅计量单位均不允许删除，但可以修改辅计量单位的使用顺序及其换算率。如果在单据中使用了某一计量单位，则该计量单位的换算率就不允许再修改。
- 浮动换算组可以修改为固定换算组。浮动换算的计量单位只能包括两个计量单位；同时，其辅计量单位换算率可以为空，在单据中使用该浮动换算率时需要手工输入换算率，或通过输入数量、件数，系统自动计算出换算率。

(3) 存货档案。

存货档案是供应链所有子系统核算的依据和基础，必须科学、合理地对其分类，准确、完整地提供存货档案数据。

存货档案主要是对企业全部存货目录的设立和管理，包括随同发货单或发票一起开具的应税劳务，也应设置在存货档案中。存货档案可以进行多计量单位设置。

操作步骤

① 执行"存货"|"存货档案"命令，打开"存货档案"窗口。

② 选中"(01)原材料"存货分类，如图 2-26 所示。

图 2-26 "存货档案"窗口

③ 单击"增加"按钮，打开"增加存货档案"窗口。

④ 根据所给资料填制"0101 不锈钢带 304"存货档案的"基本"选项卡，如图 2-27 所示。

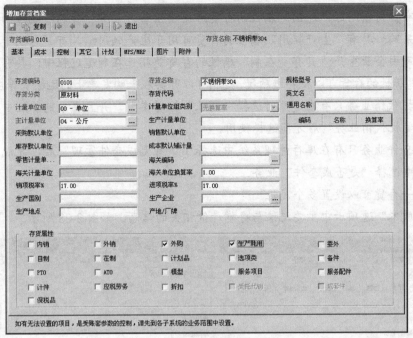

图 2-27 "增加存货档案"窗口

注意:

- "增加存货档案"窗口中有 8 个选项卡,即"基本"、"成本"、"控制"、"其他"、"计划"、MPS/MRP、"图片"、"附件",对存货不同的属性分别归类。
- "基本"选项卡中主要记录企业存货的基本信息。其中"蓝色字体"项为必填项。
- 存货编码:存货编码必须唯一且必须输入。最大长度 30 个字符,可以用 0~9 或字符 A~Z 表示。
- 存货代码:必须唯一,最大长度 30 个字符,非必填项。可以用"存货分类码+存货编码"构成存货代码。
- 存货名称:存货名称必须输入。
- 计量单位组和主计量单位:可以参照输入。根据已选的计量单位组,带出主计量单位。如果要修改,则需要先删除该主计量单位,再输入其他计量单位。
- 采购、销售、库存默认单位和成本默认辅计量单位:设置各子系统默认时使用的计量单位。
- 税率:指该存货的增值税税率。销售该存货时,此税率为专用发票或普通发票上该存货默认的销项税税率;采购该存货时,此税率为专用发票、运费发票等可以抵扣的进项发票上默认的进项税税率。税率不能小于零。
- 是否折扣:即折让属性。若选择"是",则在采购发票和销售发票中输入折扣额。
- 是否成套件:选择"是",则该存货可以进行成套件管理业务。
- 存货属性:系统为存货设置了 18 种属性,其目的是在参照输入时缩小参照范围。

具有"内销"、"外销"属性的存货可用于出售；具有"外购"属性的存货可用于采购；具有"生产耗用"属性的存货可用于生产领用；具有"自制"属性的存货可由企业生产；具有"在制"属性的存货是指正在制造过程中；具有"应税劳务"属性的存货可以抵扣进项税，是指可以开具在采购发票上的运输费等应税劳务。

- 受托代销业务只有在建账时选择"商业"核算类型，并且在采购管理中确定"是否受托代销业务"后才能选择使用。
- 成套件业务只有在库存管理系统中选择了"有无成套件管理"后，才能在存货档案中选择"是否成套件"业务。
- 同一存货可以设置多个属性。
- "成本"选项卡中主要记录与存货计价相关的信息，如图 2-28 所示。

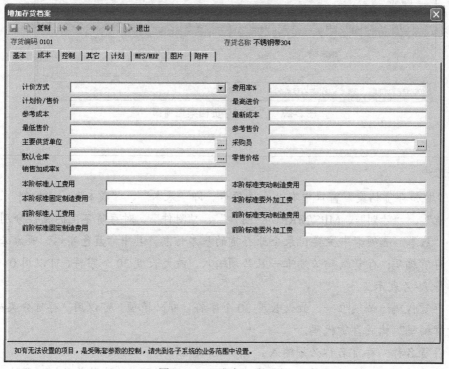

图 2-28　"成本"选项卡

注意：

- 计划价/售价是指工业企业使用计划价核算存货，商业企业使用售价核算存货，通过仓库、部门、存货设置计划价/售价核算。在单据录入时显示存货的计划价或售价。
- 如果在存货系统中选择"按存货"核算，则此处必须对每一个存货记录设置计价方式。计价方式一经使用，不能修改。

- 如果需要选择"主要供货单位"和"默认仓库"，则应该先建立"供应商档案"和"仓库档案"。
- "控制"选项卡中主要记录与生产、库存相关的信息。
- "是否批次管理"选项和"是否保质期管理"选项需要在"库存系统"中设置了"是否有批次管理"和"是否有保质期管理"后才可以选择。
- 如果企业有零出库业务，则不能选择"出库跟踪入库"。
- "其他"选项卡中主要记录与业务环节无关的一些辅助信息。

⑤ 单击"保存"按钮，保存存货档案信息。

⑥ 重复上述步骤，输入全部存货档案。存货档案列表如图 2-29 所示。

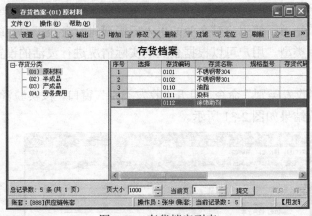

图 2-29　存货档案列表

7. 建立仓库档案

　　仓库是用于存放存货的场所，对存货进行核算和管理，首先应对仓库进行管理。因此，设置仓库档案是供应链管理系统的重要基础工作之一。此处设置的仓库可以是企业实际拥有的仓库，也可以是企业虚拟的仓库。全部仓库档案的设置结果如图 2-30 所示。

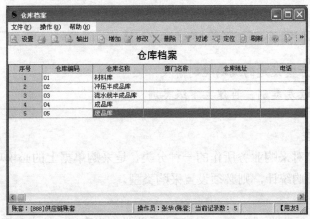

图 2-30　仓库档案

操作步骤

执行"业务"|"仓库档案"命令，打开"仓库档案"窗口，按实验资料设置企业仓库。

 注意：

- 仓库编码、仓库名称必须输入。
- 仓库编码必须唯一，最大长度为10个字符。
- 每个仓库必须选择一种计价方式。系统提供6种计价方式，工业企业为计划价法、全月平均法、移动平均法、先进先出法、后进先出法和个别计价法；商业企业为售价法、全月平均法、移动平均法、先进先出法、后进先出法和个别计价法。

8. 设置收发类别

设置收发类别，是为了使用户对企业的出入库情况进行分类汇总、统计而设置的，用以标识材料的出入库类型。用户可以根据企业的实际情况进行灵活的设置。

操作步骤

执行"业务"|"收发类别"命令，打开"收发类别"窗口，按实验资料输入收发类别。全部收发类别的设置结果如图2-31所示。

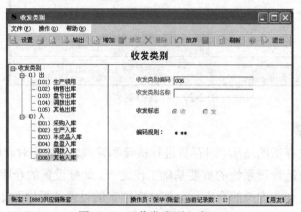

图2-31 "收发类别"窗口

 注意：

- 必须按编码方案设定的编码规则输入。
- 先建立上级收发类别，再建立下级类别。

9. 设置采购类型

采购类型是用户对采购业务所作的一种分类，是采购单据上的必填项。如果企业需要按照采购类别进行采购统计，则必须设置采购类型。

操作步骤

执行"业务"|"采购类型"命令，打开"采购类型"窗口，按实验资料输入采购类型。

采购类型的设置结果如图 2-32 所示。

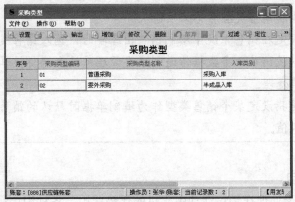

图 2-32　"采购类型"窗口

 注意:

- 采购类型编码和采购类型名称必须输入。编码位数视采购类型的多少设定。
- 入库类别是指设定在采购系统中填制采购入库单时,输入采购类型后,系统默认的入库类别。
- 是否默认值是指设定某个采购类型作为填制单据时默认的采购类型,只能设定一种类型为默认值。

10. 设置销售类型

销售类型是用户自定义销售业务的类型,其目的在于可以根据销售类型对销售业务数据进行统计和分析。

操作步骤

执行"业务"|"销售类型"命令,打开"销售类型"窗口,按实验资料输入销售类型。全部销售类型的设置结果如图 2-33 所示。

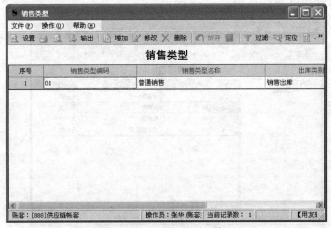

图 2-33　"销售类型"窗口

> **注意:**
> - 销售类型编码和销售类型名称必须输入。
> - 出库类别是设定在销售系统中填制销售出库单时,输入销售类型后,系统默认的出库类别。以便销售业务数据传递到库存管理系统和存货核算系统时进行出库统计和财务制单处理。
> - 是否默认值是指设定某个销售类型作为填制单据时默认的销售类型,只能设定一种类型为默认值。

11. 设置费用项目

费用项目主要用于处理在销售活动中支付的代垫费用、各种销售费用等业务。

操作步骤

① 执行"业务"|"费用项目分类"命令,打开"费用项目分类"窗口。设置一个"无分类",结果如图 2-34 所示。

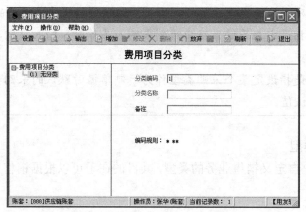

图 2-34 "费用项目分类"窗口

② 执行"业务"|"费用项目"命令,打开"费用项目"窗口,按实验资料输入费用项目。全部费用项目的设置结果如图 2-35 所示。

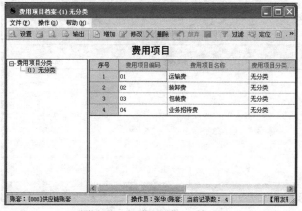

图 2-35 "费用项目"窗口

12. 设置结算方式

为了便于提高银行对账的效率，系统提供了设置银行结算方式的功能。该功能主要用来建立和管理用户在经营活动中所涉及的结算方式，其设置应该与财务结算方式一致。

操作步骤

执行"收付结算"|"结算方式"命令，打开"结算方式"窗口。按实验资料输入结算方式，如图 2-36 所示。

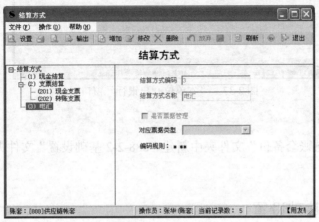

图 2-36　结算方式

注意：

- 结算方式编码和名称必须输入。编码要符合编码规则。
- 票据管理标志是为出纳对银行结算票据的管理而设置的功能，需要进行票据登记的结算方式需要选择此项功能。

13. 设置开户银行信息

"开户银行"用于设置本企业在收付结算中对应的各个开户银行信息。系统支持多个开户银行和账号。在供应链管理系统中，如果需要开具增值税专用发票，则需要设置开户银行信息；同时，在客户档案中还必须输入客户的开户银行信息和税号信息。

操作步骤

执行"收付结算"|"本单位开户银行"命令，打开"本单位开户银行"窗口。按实验资料输入开户银行信息，结果如图 2-37 所示。

注意：

- 开户银行编码必须唯一，最大长度为 3 个字符。
- 银行账号必须唯一，最大 20 个字符。
- "暂封标识"用于标识银行的使用状态。如果某个账号临时不用，可以设置暂封标识。

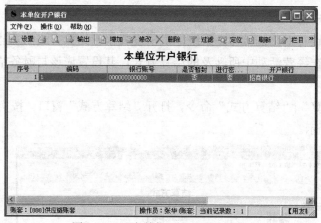

图 2-37 "本单位开户银行"窗口

14. 账套备份

在 C:\"供应链账套备份"文件夹中新建"888-2-2 基础设置"文件夹，将账套输出至该文件夹中。

实验三 财务基础设置

【实验目的】

(1) 理解财务基础设置与企业管理要求、企业业务流程和会计核算要求之间的关系及其在 ERP 系统中的作用；

(2) 掌握总账系统参数、会计科目和凭证类别设置的方法与步骤。

【实验准备】

1. 前期账套数据准备

已经完成本章实验二的操作，或者从光盘引入已完成实验二操作的 888-2-2 账套备份数据。

2. 理论知识准备

回顾与掌握企业财务管理的相关知识，如会计科目的含义、会计凭证的制作及资产负债表的编制等。

【实验资料】

1. 888 账套总账系统的参数

设置为不允许修改、作废他人填制的凭证。

2. 设置会计科目

修改会计科目"应收账款"、"应收票据"和"预收账款"辅助核算为"客户往来"，受控于"应收系统"；修改会计科目"应付票据"和"预付账款"辅助核算为"供应商往来"，受控于"应付系统"；增加"220201 应付货款"科目，设置为"供应商往来"；增加"220202 暂估应付款"科目。

3. 设置凭证类别(表 2-16)

表 2-16　凭证类别

类 别 字	类 别 名 称	限 制 类 型	限 制 科 目
收	收款凭证	借方必有	1001,1002
付	付款凭证	贷方必有	1001,1002
转	转账凭证	凭证必无	1001,1002

4. 总账系统期初余额(表 2-17)

表 2-17　总账系统期初余额　　　　　　　　　　　　单位：元

科 目 名 称	辅助核算	方 向	币 别	累计借方	累计贷方	期 初 余 额
库存现金(1001)	日记	借				8 570
银行存款(1002)	银行日记	借				1 357 116.58
招行存款(100201)	银行日记	借				707 116.58
中行存款(100202)	银行日记	借				650 000
应收账款(1122)	客户往来	借				541 800
其他应收款(1221)	个人往来	借				10 000
坏账准备(1231)		贷				
预付账款(1123)	供应商往来	借				49 530
材料采购(1401)		借				-369 180
生产用材料采购(140101)		借				-356 000
其他材料采购(140102)		借				-13 180
原材料(1403)		借				332 404.06
生产用原材料(140301)		借				300 200
其他原材料(140302)		借				32 204.06
包装物及低值易耗品 (1412)		借				271 106
材料成本差异(1404)		借				1 000
库存商品(1405)		借				1 144 000
委托加工物资(1408)		借				
固定资产(1601)		借				1 192 000
累计折旧(1602)		贷				200 847.60
在建工程(1604)		借				
人工费(160401)		借				
材料费(160402)		借				
其他(160403)		借				

(续表)

科 目 名 称	辅助核算	方 向	币 别	累计借方	累计贷方	期 初 余 额
待处理财产损溢(1901)		借				
无形资产(1701)		借				117 000
短期借款(2001)		贷				2 191 462.66
应付账款(2202)	供应商往来	贷				83 300
预收账款(2203)	客户往来	贷				
应付职工薪酬(2211)		贷				4 800
应付福利费(2153)		贷				
应交税费(2221)		贷				54 399.64
应交增值税(222101)		贷				54 399.64
进项税额(22210101)		贷				-52 000
销项税额(22210102)		贷				106 399.64
其他应付款(2241)		贷				93 830.60
实收资本(4001)		贷				2 409 052
本年利润(4103)		贷				0
利润分配(4104)		贷				-265 180.12
未分配利润(410415)		贷				-265 180.12
生产成本(5001)		借				117 165.74
材料(500101)		借				100 000
人工(500102)		借				10 000.74
费用(500103)		借				7 165
制造费用(5101)		借				
主营业务收入(6001)		贷				
其他业务收入(6051)		贷				
主营业务成本(6401)		借				
营业税金及附加(6403)		借				
其他业务支出(6402)		借				
销售费用(6601)		借				
管理费用(6602)		借				
工资(660201)	部门核算	借				
福利费(660202)	部门核算	借				
办公费(660203)	部门核算	借				
差旅费(660204)	部门核算	借				
招待费(660205)	部门核算	借				
折旧费(660206)	部门核算	借				
其他(660207)	部门核算	借				
财务费用(6603)		借				
利息支出(660301)		借				
投资收益(6111)		贷				

5. 辅助科目明细余额(表2-18、表2-19、表2-20、表2-21)

表2-18 应收账款

客 户 编 码	客 户 名 称	方 向	金 额
0101	北京广种福缘汽车配件销售中心	借	85 000
0102	北京恒达亿重型汽车配件公司	借	113 000
0103	河北石家庄市汽车配件公司	借	72 900
0104	东风汽车有限公司商用车发动机厂	借	270 900

表2-19 应付账款

供应商编码	供应商名称	方 向	金 额
0102	蓬莱解宋营镇赵庄树圣包装箱厂	贷	62 000
0202	北京化工厂	贷	21 300
	合计	贷	83 300

表2-20 预付账款

供应商编码	供应商名称	方 向	金 额
0203	北京大兴县肖庄粘合剂厂	借	49 530
	合计	借	49 530

表2-21 其他应收款

人员编码	部 门	姓 名	方 向	金 额
0101	销售部	张华	借	6 000
0201	采购部	李梅	借	4 000

【实验内容】

(1) 设置总账系统参数;

(2) 设置会计科目;

(3) 设置凭证类别;

(4) 录入期初余额;

(5) 备份账套。

【实验方法与步骤】

1. 设置总账系统参数

操作步骤

① 在"企业应用平台"窗口中,打开"业务工作"选项卡,执行"财务会计"|"总账"命令,打开"总账"系统。

② 在"总账"系统中,执行"总账"|"设置"|"选项"命令,打开"选项"对话框。

③ 单击"权限"标签，然后再单击"编辑"按钮。

④ 取消"允许修改、作废他人填制的凭证"复选框。

⑤ 单击"确定"按钮。

2. 设置会计科目辅助核算类别

操作步骤

① 在"企业应用平台"窗口中，打开"基础设置"选项卡，执行"基础档案"|"财务"|"会计科目"命令，打开"会计科目"对话框。

② 在"会计科目"对话框中，双击"1122 应收账款"，或在选中"1122 应收账款"后单击"修改"按钮，打开"会计科目_修改"对话框。

③ 在"会计科目_修改"对话框中，单击"修改"按钮。

④ 选中"客户往来"复选框，默认"受控系统"为"应收系统"，如图 2-38 所示。

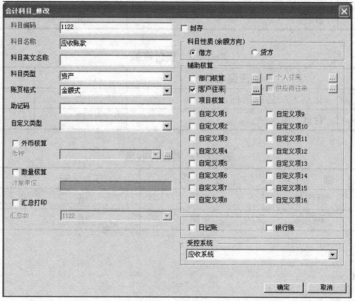

图 2-38 "会计科目_修改"对话框

⑤ 单击"确定"按钮。以此方法修改其他的会计科目。

3. 设置凭证类别

操作步骤

① 在"企业应用平台"窗口中，打开"基础设置"选项卡，执行"基础档案"|"财务"|"凭证类别"命令，打开"凭证类别"对话框。

② 在"凭证类别"对话框中，选中"收款凭证"、"付款凭证"、"转账凭证"单选按钮。

③ 单击"确定"按钮，打开"凭证类别"对话框。

④ 单击"修改"按钮，根据所给资料设置各种凭证类别的限制内容，如图 2-39 所示。

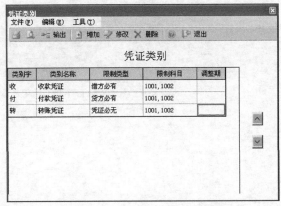

图 2-39 "凭证类别"对话框

4. 录入期初余额

操作步骤

① 在"企业应用平台"窗口中，打开"业务工作"选项卡，执行"财务会计"|"总账"|"设置"|"期初余额"命令，打开"期初余额录入"对话框。

② 在"期初余额录入"对话框中，依次录入每一个会计科目的期初余额。

③ 单击"试算"按钮，生成"期初试算平衡表"，如图 2-40 所示。

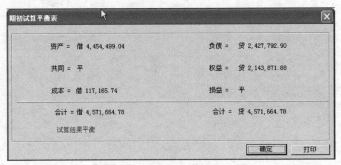

图 2-40 期初试算平衡表

5. 账套备份

在 C:\"供应链账套备份"文件夹中新建"888-2-3 财务基础设置"文件夹，将账套输出至该文件夹中。

第**3**章

采 购 管 理

3.1 系统概述

采购管理系统是用友 ERP-U8.72 供应链系统中的重要子系统,该系统帮助用户对采购业务的全部流程进行管理,提供请购、订货、到货、入库、开票、采购结算的完整采购流程,用户可根据实际情况进行采购流程的定制。

该系统适用于各类工业企业和商业批发、零售企业、医药、物资供销、对外贸易、图书发行等商品流通企业的采购部门及采购核算财务部门。

3.1.1 采购管理业务的操作流程

一个完整的采购业务流程通常包括以下 6 个环节。

采购申请→采购订货→采购到货→采购入库→财务记账→支付应付款

(1) 采购申请:企业的计划部门根据生产计划、销售计划编制物料采购计划,采购部门根据采购计划生成请购单,准备向供应商采购。

(2) 采购订货:采购申请经相关部门审核后(如采购经理审核采购价格,高层审核采购总金额,财务部审核资金的可用度等),由采购人员在采购系统中编制采购订单,并下达给供应商。

(3) 采购到货:供应商将采购的物料送来后,由采购部门填写采购到货单。

(4) 采购入库:仓库的仓管员将到货合格的物料及时入库,填写采购入库单。

(5) 财务记账：当采购入库并收到供应商开具的增值税专用发票后，需要编制发票，作为后续支付货款的依据。在采购管理系统中录入或生成专用发票或普通发票，并进行结算。采购入库商品的采购成本核算和凭证的处理应在存货核算系统中完成。

(6) 支付应付款：当应付款到期后，企业的出纳人员将货款支付给供应商，付款在应付管理系统中进行。

综上可见，一项采购业务的完成涉及用友 ERP-U8.72 软件的多个子系统，图 3-1 描述了采购业务的流程和涉及的软件各个子系统的对应关系。

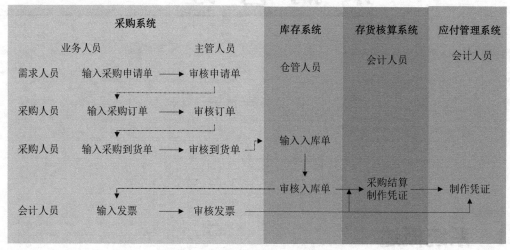

图 3-1　采购业务流程在系统中的实现

从图 3-1 可以看出，采购系统关键的操作是单据的录入、审核及结算，最终制作的凭证传递给财务总账系统，进行财务核算。

3.1.2　采购管理系统与其他系统的关系

采购管理系统是对企业全部的生产和销售提供采购的管理系统，其他的很多系统都是通过采购订单和该系统对接的。采购管理系统和其他系统的关系如图 3-2 所示。

(1) 采购订单可以根据销售订单生成，从而处理以销代购业务。

(2) 采购订单是MPS/MPR计算预计入库量的重要单据之一，并且主生产计划和物料需求计划系统的计划订单可以成为请购单。

(3) 采购入库单是库存系统中的一种重要库存交易单据，它会更新相应仓库的即时库存。

(4) 采购发票和采购入库单核对后，可以在存货核算系统中进行采购成本的核算处理，计算出的采购成本可以反填到采购入库单中，并进行会计凭证的处理。

(5) 采购系统中的采购发票可以直接传递到应付系统，制作会计凭证，作为确认应付的依据。

此外，还有很多模块也是通过采购订单和采购系统对接的，这里不再逐一介绍。由此可见采购管理系统是用友 ERP-U8.72 供应链系统重要的子系统。

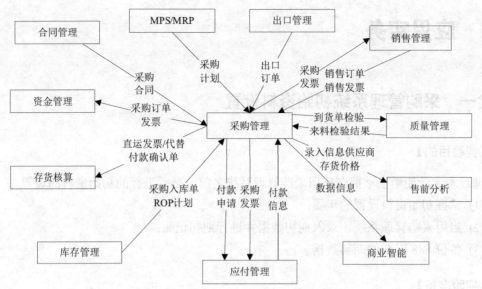

图 3-2　采购管理系统与其他系统关系图

3.1.3　采购管理系统的功能概述

采购管理系统的主要功能包括：

(1) 对供应商进行有效管理。通过对供应商进行分类管理，维护供应商档案信息和供应商存货对照表，便于企业与供应商建立长期稳定的采购渠道。同时，系统还可以对供应商的交货时间、货物质量、供应价格等进行分析评价，确定审查合格的供应商，并调整供应商档案。

(2) 严格管理采购价格。供应链管理系统可以对采购价格进行严格管理，为企业降低采购成本提供依据。

(3) 可以选择采购流程。企业根据采购计划、请购单、销售订单生成采购订单，也可以手工输入请购单、采购订单；采购业务可以从请购开始，也可以直接从采购开始，还可以在收到采购货物时直接输入采购到货单，或者根据采购订单复制采购到货单；质量检验部门对货物验收后，还要输入采购入库单，或者根据采购到货单生成采购入库单。可以选择的采购流程，为企业对不同采购业务进行不同管理提供了方便。

(4) 及时进行采购结算。接收供应商开具的采购发票后，直接将采购发票与采购入库单进行采购结算，并将结算单直接转给财务部门进行相应的账务处理，便于及时支付货款。

(5) 采购执行情况分析。可以对采购订单的执行情况进行分析，便于分清责任，及时发现、解决采购过程中出现的问题，以便及时组织采购，保证生产顺利进行，并能保持较低的库存，为降低成本提供保证。

3.2 应用实务

实验一 采购管理系统初始资料设置

【实验目的】

通过本实验使学生掌握在应用采购管理系统之前，必须进行的初始资料的设置。

(1) 掌握初始资料设置的步骤；

(2) 启用采购管理系统，录入期初数据并进行期初记账；

(3) 备份 888 账套的期初数据。

【实验准备】

1. 前期账套数据准备

已经完成第 1 和 2 章的全部操作，或者从光盘中引入 888-2-3 账套备份的数据。以"李燕"账套主管、编码 0201、密码 ly 的身份，业务日期为 2014 年 1 月 1 日，登录 888 账套的"企业应用平台"。

2. 理论知识准备

(1) 期初暂估入库，是指采购的货物入库了，但是还没有收到供应商发票的业务情况，就是常说的货到票未到。

(2) 期初在途库存，是指采购货物的发票已经送到，但是货物由于其他原因还没有送到的业务情况，就是常说的票到货未到。

【实验内容】

(1) 系统启用；

(2) 录入期初数据，采购期初记账；

(3) 手工修改发票编号；

(4) 采购管理系统参数设置，不同的采购选项是由企业业务处理方式决定的；

(5) 账套备份。

【实验资料】

1. 期初暂估入库单

(1) 2013 年 12 月 18 日，购原材料 304 不锈钢带 300 公斤，单价 35 元，材料已验收入材料库，购自北京长阳带钢厂，至今尚未收到发票。

(2) 2013 年 12 月 6 日，购原材料 301 不锈钢带 350 公斤，单价 30 元，材料已验收入原材料库，购自北京长阳带钢厂，至今尚未收到发票。

2. 期初在途存货

2013 年 12 月 24 日，购原材料染料 100 公斤，不含税单价 50 元，购自北京化工厂，发票已收到(发票号：ZY00023)，材料至今尚未收到。

【实验方法与步骤】

1. 系统启用

操作步骤

① 执行"开始"|"程序"|"用友 ERP-U8"|"企业应用平台"命令，以账套主管"李燕"的身份注册进入企业应用平台，如图 3-3 所示。在"操作员"文本框中可以输入操作员编码，也可以输入操作员姓名。此处输入编码 0201，密码为 ly，选择 888 账套，操作日期为 2014 年 1 月 1 日。

图 3-3 登录账套

② 单击"确定"按钮，进入"企业应用平台"窗口，如图 3-4 所示。

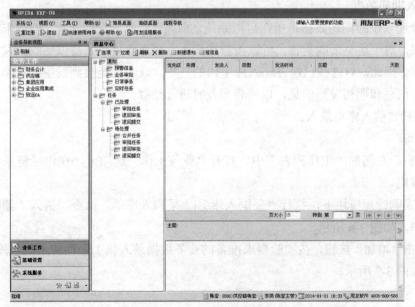

图 3-4 "企业应用平台"窗口

③ 在窗口左侧的"工作列表"中，打开"基础设置"选项卡。执行"基本信息"|"系统启用"命令，打开"系统启用"对话框。

④ 选中"采购管理"系统前的复选框，弹出"日历"对话框。

⑤ 选择启用会计期间，本实验为"2014年1月1日"。系统弹出提示"是否启用当前系统"。

⑥ 单击"是"按钮，确认并完成采购管理系统的启用，如图3-5所示。

图3-5　系统启用

 注意：

● 执行"系统启用"操作，一定是进入企业应用平台后不能进行任何操作的前提下，才能启用相应模块的。

2. 录入期初数据

采购管理系统的期初数据是指在启用系统之前，已经收到采购货物，但尚未收到对方开具的发票，对于这类采购货物，可以按暂估价先办理入库手续，待以后收到发票，再进行采购结算。因此，对这些已经办理入库手续的货物，或者已经收到发票的货物，必须录入期初入库信息和期初发票信息，以便将来及时进行结算。

(1) 期初暂估入库单录入。

操作步骤

① 在窗口左侧的"工作列表"中，打开"业务工作"选项卡，在供应链系统中打开采购管理模块。

② 在采购管理模块下，执行"采购入库"|"采购入库单"命令，进入"期初采购入库单"窗口，如图3-6所示。

③ 单击"增加"按钮，按实验要求准备的业务数据录入第1张期初采购入库单信息。具体信息如图3-7所示。

图 3-6　期初暂估入库单

图 3-7　期初暂估入库单信息

④ 单击"保存"按钮，保存期初采购入库单信息。

⑤ 单击"增加"按钮，录入第 2 张采购暂估入库单信息。单击"保存"按钮。

⑥ 如果需要修改期初暂估入库单的信息，先打开"入库单列表"，再双击打开需要修改的暂估单，单击"修改"按钮；修改完毕，再单击"保存"按钮即可。如果需要删除暂估单，则双击打开需要删除的暂估单，单击"删除"按钮即可。

(2) 手工修改发票编号。

期初在途存货的录入，实际上就是先录入期初发票。采购发票编号既可以由系统统一编号，也可以由用户自行编号。本书中的发票编号是用户自行编写的，因此在录入前，需要把专用发票设置成"允许手工修改发票编号"。

操作步骤

① 在窗口左侧的"工作列表"中，打开"基础设置"选项卡，执行"单据设置"|"单据编号设置"命令，打开"单据编号设置"对话框。

② 选择"单据类型"|"采购管理"|"采购专用发票"选项，单击"修改"按钮，选中"手工改动，重号时自动重取"复选框，如图 3-8 所示。

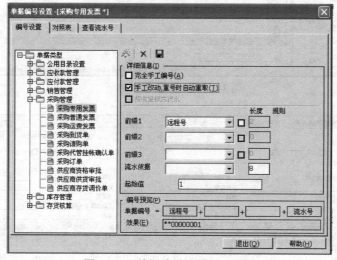

图 3-8　"单据编号设置"对话框

③ 单击"保存"按钮，再单击"退出"按钮退出。

④ 如果需要修改其他单据编号的设置，可以重新选中需要修改的单据类型，选中"手工改动，重号时自动重取"复选框，并保存修改设置。

(3) 期初在途存货——期初发票的录入。

操作步骤

① 在窗口左侧的"工作列表"中，打开"业务工作"选项卡，在供应链系统中打开采购管理模块。

② 在采购管理模块下，执行"采购发票"|"采购发票"|"专用采购发票"命令，进入"期初专用发票"窗口，如图 3-9 所示。

③ 单击"增加"按钮，按实验资料要求录入期初专用发票。具体信息如图 3-10 所示。

④ 单击"保存"按钮，保存期初专用发票信息。

⑤ 如果需要修改期初专用发票的信息，先打开"采购发票列表"，再双击打开需要修改的发票，单击"修改"按钮；修改完毕，再单击"保存"按钮即可。如果需要删除发票，则双击打开需要删除的发票，单击"删除"按钮即可。

图 3-9　期初专用发票

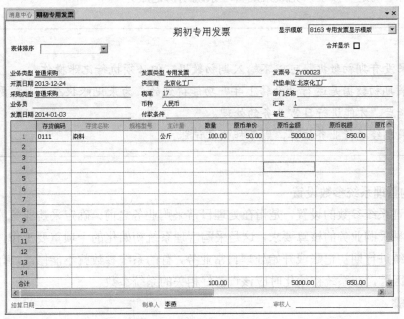

图 3-10　期初专用发票信息

注意：

- 在采购管理系统期初记账前，采购管理系统的"采购入库"，只能录入期初入库单。期初记账后，采购入库单需要在库存系统录入或生成。
- 采购管理系统期初记账前，期初入库单可以修改、删除，期初记账后，不允许修改和删除。

3. 采购期初记账

期初记账是指将相关期初数据记入相应的账表中，它标志着供应链管理系统各个子系统的初始工作全部结束，相关的参数和期初数据不能修改、删除。

操作步骤

① 在窗口左侧的"工作列表"中，打开"业务工作"选项卡，在供应链系统中打开采购管理模块。

② 执行"设置"|"采购期初记账"命令，打开"期初记账"对话框，如图 3-11 所示。

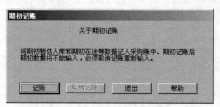

图 3-11　采购管理系统期初记账

③ 单击"记账"按钮，弹出"期初记账完毕"信息提示框。

④ 单击"确定"按钮，完成采购管理系统期初记账。

注意：

- 如果没有期初数据，可以不输入期初数据，但必须执行记账操作。
- 如果期初数据是运行"结转上年"功能得到的，为未记账状态，则需要执行记账功能后，才能进行日常业务的处理。
- 如果已经进行业务核算，则不能恢复记账。

4. 采购管理系统参数设置

采购管理系统参数的设置，是指在处理日常采购业务之前，确定采购业务的范围、类型以及对各种采购业务的核算要求，这是采购管理系统初始化的一项重要工作。因为一旦采购管理系统进行期初记账或开始处理日常业务，有的系统参数就不能修改，有的也不能重新设置。因此，在系统初始化时应该设置好相关的系统参数。

操作步骤

① 在窗口左侧的"工作列表"中，打开"业务工作"选项卡，在供应链系统中打开采购管理模块。

② 执行"采购管理"|"设置"|"采购选项"命令，弹出"采购选项设置"对话框，如图 3-12 所示。

③ 打开"业务及权限控制"选项卡，对本单位需要的参数进行选择。例如，选中"允许超订单到货及入库"复选框，选择"订单\到货单\发票单价录入方式"选项区域中的"手工录入"单选按钮，其他选项可以按系统默认设置，如图 3-13 所示。

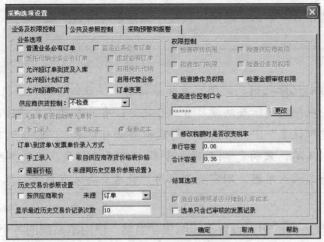

图 3-12　采购系统基本参数设置

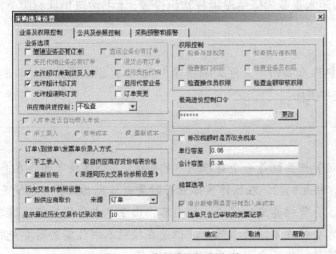

图 3-13　采购系统控制参数

④ 打开"公共及参照控制"选项卡，修改"单据默认税率"为 17%，如图 3-14 所示。

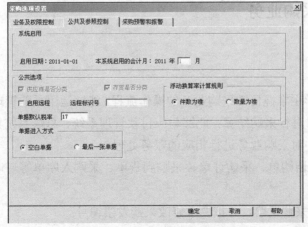

图 3-14　采购系统控制参数

⑤ 所有参数选定后，单击"确定"按钮，保存系统参数的设置。

注意：

- 在供应链期初记账之前或处理日常业务之前，供应链管理的系统参数可以修改或重新设置；在期初记账或处理日常业务之后，有的参数不允许修改。
- 在"采购选项设置"中如果选中"普通业务必有订单"，除请购单、采购订单外，到货单、入库单、采购发票(普通、专用)不可手工新增，只能参照来源单据生成。如果需要手工录入单据，则需要先取消"普通业务必有订单"选项。

至此，采购管理系统的初始设置工作结束。当然，使用本系统的各个企业，由于生产经营状况不同、管理要求不同、核算要求也不完全相同，其初始设置也不应该完全相同。不同的企业应该按照本企业实际情况进行初始设置。本书按照川林有限公司的特点来讲述其设置方法。

5. 账套备份

在 C:\ "供应链账套备份"文件夹中新建"888-3-1 采购系统初始资料设置"文件夹，将账套输出至该文件夹中。

注意：

- 由于供应链管理系统是一个有机联系的整体，各个模块之间存在着数据传递关系，彼此影响，相互制约。在操作实际业务时要先作期初设置，也就是本书销售管理、库存管理、存货核算中的实验一的内容。由于本书采用按模块编写方式，所以期初设置内容安排在不同的章节中，但是在按照本书作实验时要先行进行各模块期初数据的设置，然后按章节进行业务的操作。

实验二　日常采购业务

【实验目的】

通过本实验使学生掌握日常采购业务的操作流程；能够运用采购管理系统对日常采购业务进行处理，及时进行采购结算；能够与应付款管理系统、总账系统集成使用，以便及时处理采购款项，并对采购业务进行相应的账务处理。

(1) 录入或生成请购单、采购订单、采购到货单、采购入库单等普通采购业务单据，并进行审核确认；

(2) 录入或生成采购发票，并按要求修改采购发票编号；

(3) 进行采购结算；

(4) 支付采购款项或确认应付账款，可以立即制单，也可以月末合并制单。

【实验准备】

1. 前期账套数据准备

已经完成第 3 章实验一的操作，或者从光盘中引入 888-3-1 账套备份数据。以"李燕"账套主管、编码 0201、密码 ly 的身份，业务日期为 2014 年 1 月 1 日，登录 888 账套的"企业应用平台"。

2. 理论知识准备

(1) 明确在采购流程中，请购、订购、到货都是采购业务流程中的可选流程，入库是必选流程。

(2) 采购发票的类型：采购发票按业务性质分为蓝字发票和红字发票；按发票类型分为增值税专用发票、普通发票和运费发票。

(3) 采购结算就是采购报账，是指采购人员根据采购入库单、采购发票核算采购入库成本。在该系统中采购结算分为自动结算和手工结算。

(4) 溢余短缺，就是采购入库单的数量和发票上的数量不一致，使得入库材料多或者少的状况。

【实验内容】

(1) 包含完整业务流程的日常采购业务；

(2) 发生运费分摊的日常采购业务；

(3) 发生溢余或短缺的日常采购业务。

【实验资料】

烟台川林有限公司日常采购业务数据如下(采购部，业务员：刘东)。

(1) 2014 年 1 月 8 日，采购部向北京长阳带钢厂提出采购请求，请求采购不锈钢带 304，200 公斤，报价 33 元/公斤；不锈钢带 301，200 公斤，报价 28 元/公斤，要求 1 月 12 日到货。

(2) 2014 年 1 月 8 日，北京长阳带钢厂同意采购请求，但要求修改采购价格。经协商，本公司同意对方提出的订购价格：不锈钢带 304 每公斤 35 元；不锈钢带 301 每公斤 30 元。并正式签订合同，要求 1 月 12 日到货。

(3) 2014 年 1 月 12 日，收到北京长阳带钢厂发来的货和专用发票，发票号 ZY00012，发票写明不锈钢带 304，200 公斤，每公斤 35 元；不锈钢带 301，200 公斤，每公斤 30 元。经检验质量全部合格，办理入原材料库。财务部门确认该笔存货成本和应付款项，尚未付款。

(4) 2014 年 1 月 13 日，向北京大兴县肖庄粘合剂厂订购涂饰助剂 250 公斤，每公斤 75 元。签订合同，要求本月 20 号到货。

(5) 2014 年 1 月 17 日，向北京大兴县肖庄粘合剂厂订购油脂 200 公斤，每公斤 25 元。签订合同，要求本月 25 号到货。

(6) 2014 年 1 月 19 日，收到北京大兴县肖庄粘合剂厂发来 13 日订购的货物及发票，发票号码 ZY00128。发票上写明涂饰助剂 250 公斤，每公斤 75 元，增值税率 17%。同时附有一张运杂费发票，发票写明运输费 2000 元。订货合同约定运杂费由本公司承担。经检验，涂饰助剂质量合格，入原材料仓库，财务部门确认采购成本和该笔应付款项。

(7) 2014 年 1 月 23 日，收到北京大兴县肖庄粘合剂厂发来 17 日订购的货物及发票，发票号码 ZY00146。合同约定运费由对方承担。专用发票上写明油脂 200 公斤，每公斤 25 元，增值税率 17%。在验收入材料库时发现破损 2 桶(20 公斤)，属于合理损耗。本公司确认后立即付款 50%(招行电汇 DH006612)。

【实验方法与步骤】

1. 包含完整业务流程的日常采购业务

这是一个包含了所有采购业务流程的基础实验。需要用到第 1、第 2、第 3 笔业务数据。

(1) 请购单的录入(即处理第 1 笔业务)。

操作步骤

① 在采购管理系统中，执行"请购"|"请购单"命令，进入"采购请购单"窗口。

② 单击"增加"按钮，选择业务类型为"普通采购"，修改采购日期为"2014-01-08"，请购部门为"采购部"，请购人员为"刘东"，采购类型为"普通采购"，"存货"名称选择"采购不锈钢带 304"，在"数量"栏输入 200，在"本币单价"栏输入 33，修改需求日期为 2014-1-12。继续输入不锈钢带 301 的信息，如图 3-15 所示。

图 3-15 "采购请购单"窗口

注意:

- 请购单的制单人与审核人可以为同一人。
- 审核后的请购单不能直接修改。
- 如果要修改审核后的请购单,需要先"弃审",再"修改",修改后单击"保存"按钮确认并保存修改信息。"删除"也是一样先"弃审",然后才能"删除"。
- 查询采购请购单,可以查看"请购单列表"。在列表中,双击需要查询的单据,可以打开该请购单,也可以在此执行"弃审"、"删除"操作。

(2) 生成采购订单(即处理第 2 笔业务)。

采购订单可以直接输入,也可以根据请购单自动生成。这里采用"拷贝采购请购单"的方式直接生成"采购订单"。

操作步骤

① 在采购管理系统中,执行"采购订货"|"采购订单"命令,进入"采购订单"窗口。

② 单击"增加"按钮,修改订单日期为 2014-01-08。

③ 单击"生单"按钮,选择"请购单",打开"过滤条件选择"对话框,选择日期为 2014-01-08 的请购单,如图 3-16 所示。

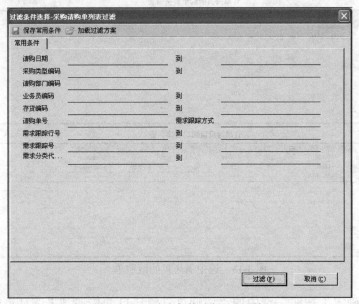

图 3-16 "过滤条件选择"对话框

④ 单击"过滤"按钮,打开"拷贝并执行"窗口,如图 3-17 所示。

⑤ 双击鼠标左键选中需要拷贝的请购单,即打上"Y"选中标志,如图 3-18 所示。

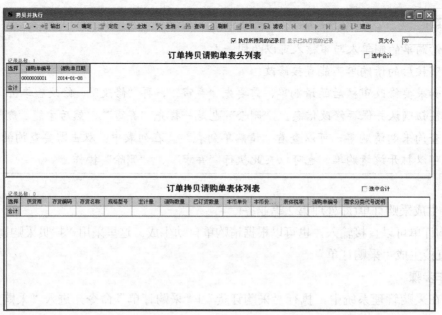

图 3-17 "拷贝并执行"窗口

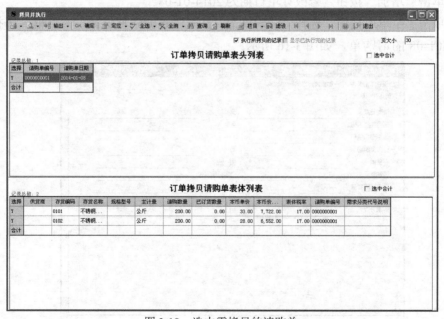

图 3-18 选中需拷贝的请购单

⑥ 单击"确定"按钮,选中的"请购单"资料自动传递到采购订单中,如图3-19所示。

⑦ 修改"原币单价"信息:不锈钢带 304,35 元;不锈钢带 301,30 元,补充录入供应商为"北京长阳",部门为"采购部",业务员为"刘东",在"计划到货日期"栏选择 2014-01-12。修改完成后单击"保存"按钮,如图3-20所示。

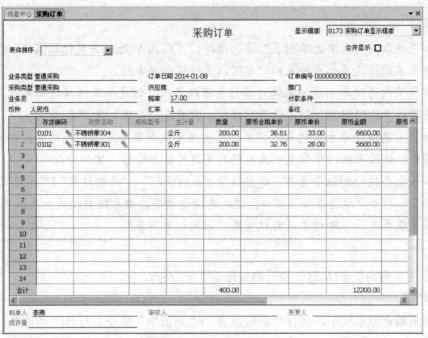

图 3-19　拷贝生成采购订单

图 3-20　修改、保存采购订单

⑧ 单击"审核"按钮，审核确认拷贝生成的采购订单。

⑨ 单击"退出"按钮，退出"采购订单"窗口。

注意:

- 如果要取消"生单选单列表"中的选择,可以在 Y 处双击鼠标取消。
- 拷贝采购请购单生成的采购订单可以直接保存并审核。
- 拷贝采购请购单生成的采购订单信息可以修改。但是如果根据请购单拷贝生成的采购订单已经审核,则不能直接修改,需要先"弃审"再"修改"。
- 拷贝采购请购单生成的采购订单如果已经生成到货单或采购入库单,也不能直接修改、删除采购订单信息,需要将其下游单据删除后,才能修改。
- 如果需要按计划批量生单,需要执行"采购管理"|"采购订货"|"计划批量生单"命令,打开"过滤条件"窗口,过滤选择请购单,由系统自动成批生成采购订单。
- 如果需要查询采购订单,可以查看"采购订单列表"。

(3) 生成采购到货单(从这一步开始处理第 3 笔业务)。

操作步骤

① 在采购管理系统中,执行"采购到货"|"到货单"命令,打开"到货单"窗口。

② 单击"增加"按钮。

③ 单击"生单"按钮,选择"采购订单";单击"过滤"按钮,系统弹出"拷贝并执行"窗口。

④ 在"拷贝并执行"窗口中选中所选的采购订单,单击"确定"按钮,系统自动生成到货单,修改日期为 2014-01-12。

⑤ 单击"保存"按钮。根据采购订单生成的采购到货单如图 3-21 所示。

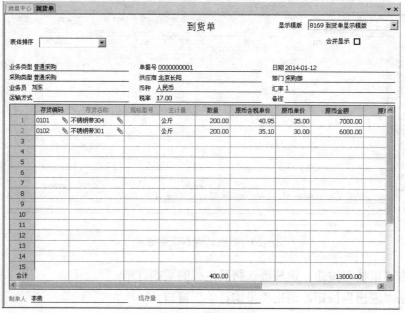

图 3-21　采购到货单

⑥ 单击"审核"按钮，审核确认拷贝生成的到货单。

⑦ 单击"退出"按钮，退出"到货单"窗口。

注意：

● 采购到货单可以手工录入，也可以拷贝采购订单生成到货单。

● 如果采购到货单与采购订单信息有差别，可以直接据实录入到货单信息，或者直接修改生成的到货单信息，再单击"保存"按钮确认修改的到货单。

● 采购到货单不需审核。

● 没有生成下游单据的采购到货单可以直接删除。已经生成下游单据的采购到货单不能直接删除，需要先删除下游单据后，才能删除采购到货单。

(4) 生成采购入库单(处理第 3 笔业务)。

当采购管理系统与库存管理系统集成使用时，采购入库单需要在库存管理系统中录入。采购入库单只能在库存管理模块中录入或生成，采购管理模块中的采购入库单只能用来查询。

操作步骤

① 在库存管理系统中，执行"入库业务"|"采购入库单"命令，进入"采购入库单"窗口。

② 单击"生单"下拉列表框，选中"采购到货单(批量)"，单击"过滤"按钮，弹出"到货单生单列表"窗口，如图 3-22 所示。

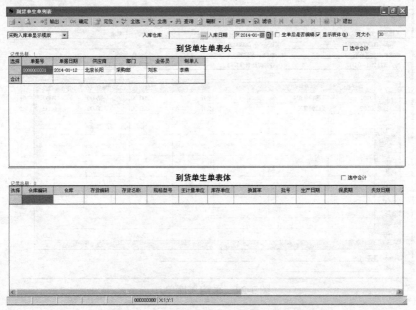

图 3-22　"到货单生单列表"窗口

③ 双击选择栏下的空格，选中栏出现 Y，如图 3-23 所示。

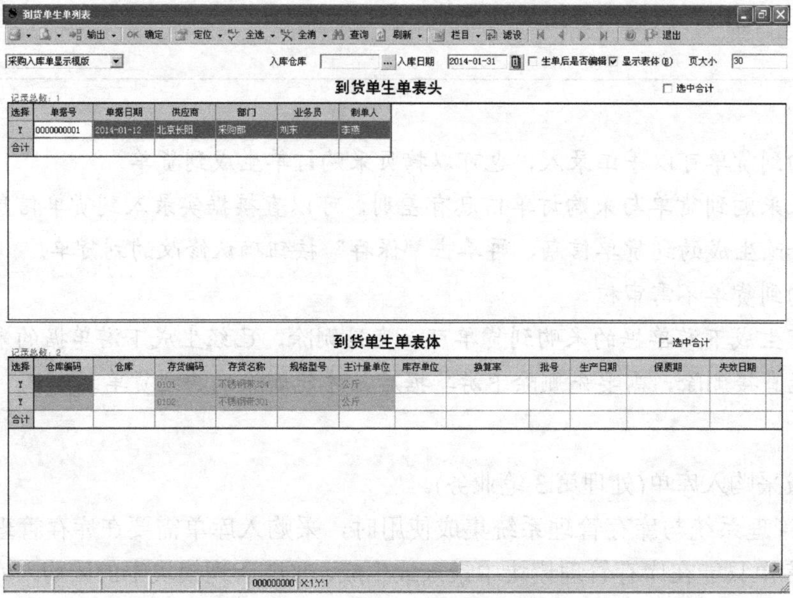

图 3-23 "到货单生单列表"窗口

④ 单击"确定"按钮，系统显示"生单成功"。

⑤ 系统显示生成的采购入库单，如图 3-24 所示。可以对生成的采购入库单进行有限制的修改。

图 3-24 采购入库单

⑥ 单击"保存"按钮，保存拷贝生成的采购入库单。

⑦ 单击"审核"按钮，确认并保存采购入库单。

注意:

- 采购入库单可以拷贝采购订单生成，也可以拷贝采购到货单生成。如果拷贝采购订单生成，则单击"生单"按钮，打开"过滤条件选择"窗口，选择单据后单击"确定"按钮，生成采购入库单。
- 根据上游单据拷贝生成下游单据后，上游单据不能直接修改、弃审。删除下游单据后，其上游单据才能执行"弃审"操作，弃审后才能修改。
- 查询采购入库单，可以在采购系统中查看"采购入库单列表"。

(5) 填制采购发票(处理第 3 笔业务)。

收到供应商开具的增值税专用发票，则需要在采购管理系统中录入采购专用发票，或根据采购订单和采购入库单生成采购专用发票；如果收到供应商开具的普通发票，则录入或生成普通发票。

操作步骤

① 在采购管理系统中，执行"采购发票"|"专用采购发票"命令，进入"专用发票"窗口。

② 单击"增加"按钮，输入表头部分的信息。默认业务类型为"普通采购"，修改发票日期为 2014-01-12，如图 3-25 所示。

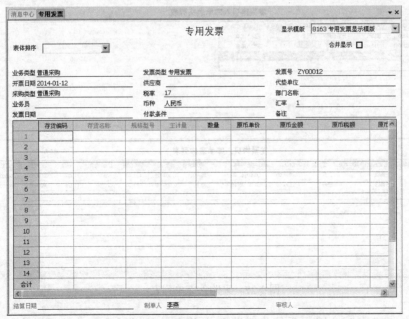

图 3-25 设置发票信息

③ 单击"生单"按钮，选择"入库单" (也可以选择采购订单)。

④ 执行"入库单"命令，打开"过滤条件选择"对话框，如图 3-26 所示。

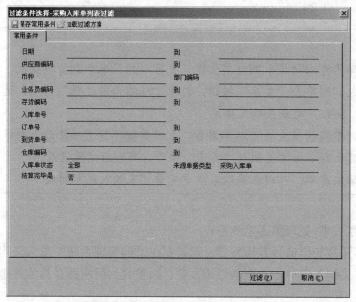

图 3-26　采购入库单列表过滤

⑤ 单击"过滤"按钮，系统显示"拷贝并执行"。双击所要选择的采购入库单，选择栏显示"Y"，如图 3-27 所示。

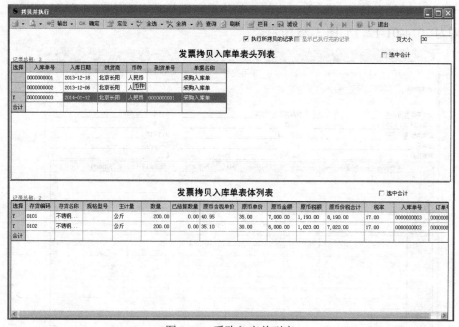

图 3-27　采购入库单列表

⑥ 单击"确定"按钮，系统将采购入库单自动传递过来，生成采购专用发票，如图 3-28 所示。

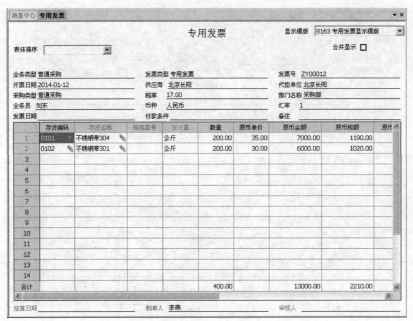

图 3-28 生成采购专用发票

⑦ 修改发票号为 ZY00012,所有信息输入、修改完成后,单击"保存"按钮,保存参照采购入库单生成的采购专用发票。

  注意:

- 如果在采购选项中设置了"普通采购必有订单",则不能手工录入采购发票,只能参照生成采购发票。如果需要手工录入,则需要先取消"普通业务必有订单"选项。
- 如果录入采购专用发票,需要先在基础档案中设置有关开户银行信息,否则,只能录入普通发票。
- 采购专用发票中的表头税率是根据专用发票默认税率带入的,可以修改。采购专用发票的单价为无税单价,金额为无税金额,税额等于无税金额与税率的乘积。
- 普通采购发票的表头税率默认为 0,运费发票的税率默认为 7%,可以进行修改;普通发票、运费发票的单价为含税单价,金额为价税合计。
- 在采购管理系统中可以查看"采购发票列表"查询采购发票。

(6) 采购结算(处理第 3 笔业务)。

采购结算生成采购结算单,它是采购入库单记录与采购发票记录对应关系的结算对照表。采购自动结算是由系统自动将符合条件的采购入库单记录和采购发票记录进行结算。

操作步骤

① 在采购管理系统中,执行"采购结算"|"自动结算"命令。系统弹出"过滤条件选择—采购自动结算"对话框,如图 3-29 所示。

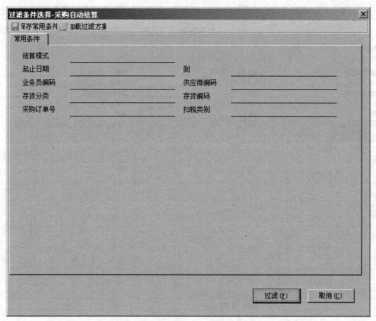

图 3-29　"过滤条件选择—采购自动结算"对话框

② 根据需要输入结算过滤条件和结算模式，例如，单据的起止日期，选择单据和发票结算模式；单击"过滤"按钮，系统自动进行结算。如果存在完全匹配的记录，则系统弹出信息提示对话框，如图 3-30 所示。如果不存在完全匹配的记录，则系统弹出"状态：没有符合条件的红蓝入库单和发票"信息提示框。

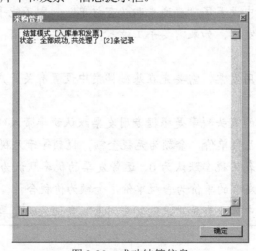

图 3-30　成功结算信息

③ 单击"确定"按钮。

④ 执行"结算单列表"命令，双击需要查询的结算表，可以打开结算表，查询、打印本次自动结算结果，如图 3-31 所示。

图 3-31　采购结算单列表

 注意：

- 设置采购自动结算过滤条件时，存货分类与存货编码是互斥的，即同时只能选择一个条件进行过滤。
- 结算模式为复选，可以同时选择一种或多种结算模式。
- 执行采购结算后的单据不能进行修改、删除操作。
- 如果需要删除已经结算的发票或采购入库单，可以在"结算单列表"中打开该结算单并删除，这样才能对采购发票或采购入库单执行相关的修改、删除操作。

(7) 采购成本核算(处理第 3 笔业务)。

采购成本的核算在存货核算系统中进行。单据在存货核算系统记账后，才能确认采购商品的采购成本。

操作步骤

① 在存货核算系统中，执行"业务核算"|"正常单据记账"命令，打开"正常单据记账条件"对话框，选择"仓库"中的"材料库"，如图 3-32 所示。

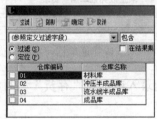

图 3-32　"正常单据记账条件"对话框

② 单击"过滤"按钮，打开"正常单据记账列表"窗口，单击"全选"按钮，如图 3-33 所示。

选择	日期	单据号	存货编码	存货名称	规格型号	存货代码	单据类型	仓库名称	收发类别	数量
Y	2014-01-12	0000000003	0101	不锈钢带304			采购入库单	材料库	采购入库	200.00
Y	2014-01-12	0000000003	0102	不锈钢带301			采购入库单	材料库	采购入库	200.00

图 3-33　"正常单据记账列表"窗口

③ 单击"记账"按钮，显示"记账成功"，将采购入库单记账，单击"退出"按钮。
④ 执行"财务核算"|"生成凭证"命令，进入"生成凭证"窗口。

⑤ 单击"选择"按钮，打开"查询条件"对话框，选中"(01)采购入库单(报销记账)"复选框，如图3-34所示。

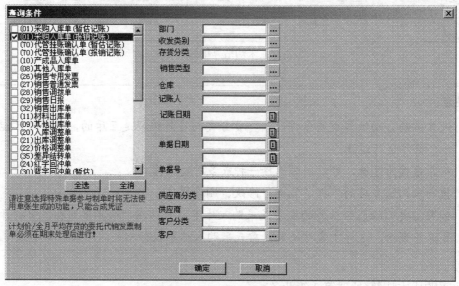

图3-34 "查询条件"对话框

⑥ 单击"确定"按钮，打开"未生成凭证单据一览表"窗口；单击"选择"栏，或单击"全选"按钮，选中待生成凭证的单据，如图3-35所示。单击"确定"按钮。

选择	记账日期	单据日期	单据类型	单据号	仓库	收发类别	记账人	部门	部门编码	所属部门	业务单号	业务类型
1	2014-01-31	2014-01-12	采购入库单	0000000003	材料库	采购入库	李燕	采购部	02			普通采购

图3-35 "未生成凭证单据一览表"窗口

⑦ 选择"转账凭证"，分别录入或选择"存货"科目编码140301，"对方"科目编码140101，如图3-36所示。

选择	单据类型	单据号	摘要	科目类型	科目编码	科目名称	借方金额	贷方金额	借方数量	贷方数量	存货编码	
1	采购入库单	0000000003	采购入库单	存货	140301	生产用原...	7,000.00		200.00		0101	不锈
				对方	140101	生产用材...		7,000.00		200.00	0101	不锈
				存货	140301	生产用原...	6,000.00		200.00		0102	不锈
				对方	140101			6,000.00		200.00	0102	不锈
合计							13,000.00	13,000.00				

图3-36 录入存货和对方科目

⑧ 单击"生成"按钮，生成一张转账凭证。修改凭证日期为"2014-01-31"，单击"保存"按钮，如图3-37所示，再单击"退出"按钮退出。

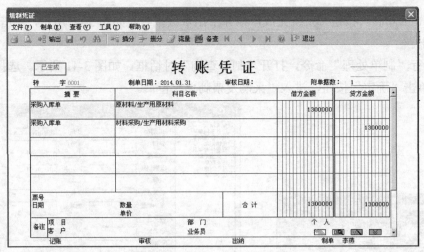

图 3-37　存货入库的转账凭证

(8) 财务部门确认应付账款(处理第 3 笔业务)。

采购结算后的发票会自动传递到应付款管理系统，需要在应付款管理系统审核确认后进行制单，形成应付账款并传递给总账系统。

操作步骤

① 在应付款管理系统中，执行"应付单据处理"|"应付单据审核"命令，打开"应付单过滤条件"对话框。输入相关查询条件，如图 3-38 所示。

图 3-38　"应付单过滤条件"对话框

② 单击"确定"按钮，进入"应付单据列表"窗口，单击"选择"栏，选中要审核的单据，如图 3-39 所示。

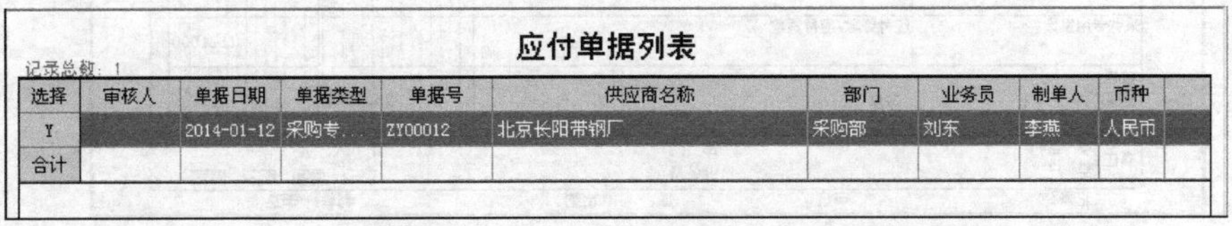

				应付单据列表				
记录总数　1								
选择	审核人	单据日期	单据类型	单据号	供应商名称	部门	业务员	制单人	币种
Y		2014-01-12	采购专...	ZY00012	北京长阳带钢厂	采购部	刘东	李燕	人民币
合计								

图 3-39　"应付单据列表"窗口

③ 单击"审核"按钮，系统完成审核并给出审核报告，如图 3-40 所示，单击"确定"按钮后退出。

④ 执行"制单处理"命令，打开"制单查询"对话框，如图 3-41 所示。选择"发票制单"，单击"确定"按钮，进入"采购发票制单"窗口。

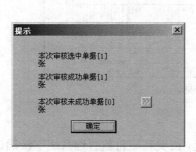

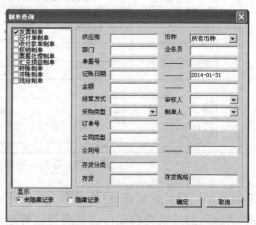

图 3-40 应付单据审核   图 3-41 "制单查询"对话框

⑤ 选择"转账凭证"，修改制单日期为"2014-01-31"，再单击"全选"按钮，选中要制单的"采购入库单"，如图 3-42 所示。

图 3-42 "采购发票制单"窗口

⑥ 单击"制单"按钮，生成一张转账凭证，如图 3-43 所示。

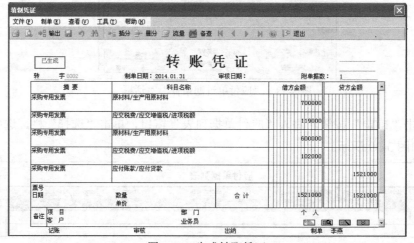

图 3-43 生成转账凭证

⑦ 打开总账系统，执行"凭证"|"查询凭证"命令，打开所选凭证，可以查询在应付款系统中生成并传递至总账的记账凭证。

注意：

- 应付科目可以在应付款系统的初始设置中设置。而此账套未设置，所以在生成凭证后可以补充填入。
- 只有采购结算后的采购发票才能自动传递到应付款管理系统，并且需要在应付款管理系统中审核确认，才能形成应付账款。
- 在应付款管理系统中可以根据采购发票制单，也可以根据应付单或其他单据制单。
- 在应付款管理系统中可以根据一条记录制单，也可以根据多条记录合并制单，用户可以根据选择的制单序号进行处理。
- 可以在采购结算后针对每笔业务立即制单，也可以月末一次制单。
- 采购发票需要在存货核算系统中记账。但可以在采购发票记账前制单，也可以在采购发票记账后再制单。

2. 发生运费分摊的日常采购业务

这是一个发生运费分摊的日常采购业务流程的实验，需要用到第 4 笔和第 6 笔业务数据。

(1) 采购订单的录入(即处理第 4 笔业务)。

操作步骤

① 在采购管理系统中，执行"采购订货"|"采购订单"命令，进入"采购订单"窗口。

② 单击"增加"按钮，选择业务类型为"普通采购"，修改订单日期为"2014-01-13"。采购类型为"普通采购"，供应商为"北京大兴粘合剂厂"，部门为"采购部"，业务员为"刘东"，"存货"名称选择"涂饰助剂"，在"数量"栏输入 250，在"原币单价"栏输入 75，修改计划到货日期为"2014-01-20"，如图 3-44 所示。

③ 填制完成后单击"保存"按钮，保存采购订单；单击"审核"按钮，审核采购订单。单击"退出"按钮，退出"采购订单"窗口。

(2) 生成采购到货单和采购入库单(从这步开始处理第 6 笔业务)。

操作步骤

根据第(1)步中的采购订单分别生成一张"采购到货单"和"采购入库单"，到货和入库日期为"2014-01-19"，仓库为"材料库"。填制完成后单击"保存"按钮；再单击"审核"按钮，最后单击"退出"按钮，退出相应单据的窗口。

(3) 采购发票的生成(处理第 6 笔业务)。

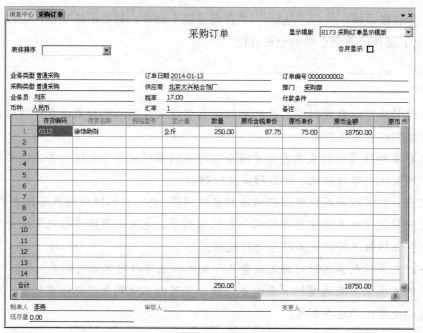

图 3-44 采购订单

操作步骤

根据第(2)步中的采购入库单生成一张"采购专用发票",修改开票日期为"2014-01-19",并修改发票号为 ZY00128,如图 3-45 所示。填制完成后单击"保存"按钮,保存采购专用发票,单击"退出"按钮,退出"采购专用发票"窗口。

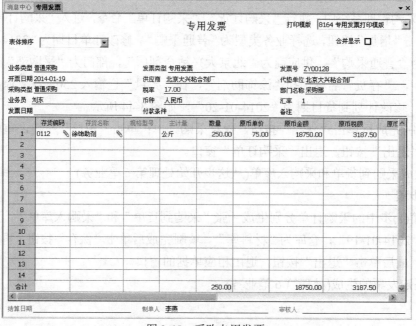

图 3-45 采购专用发票

(4) 运费发票的录入(处理第 6 笔业务)。

采购运费发票只能手工录入。在录入前，需要在存货的基础设置中设置一项存货分类为劳务费用，并将运输费用视为其中的"存货"。

操作步骤

① 在采购管理系统中，执行"采购发票"|"运费发票"命令，进入"运费发票"窗口。

② 单击"增加"按钮，手工输入一张运费发票，修改开票日期为"2014-01-19"，税率为7%，输入表头和表体内容，存货名称为"运输费"，单击"保存"按钮，如图3-46所示。

图 3-46 运费发票

 注意：

● 采购运费发票只能手工录入，并将运输费用视为一项"存货"。

● 运费发票上如果载明是市外运输费，则可以按市外运输费的7%作为进项增值税处理，93%计入采购材料的成本。

(5) 采购结算(处理第 6 笔业务)。

运费发票和采购发票同时到达时，在进行采购结算时需要手工结算，这种结算可以使采购入库单中的单价体现运费的数据。

操作步骤

① 在采购管理系统中，执行"采购结算"|"手工结算"命令，进入"手工结算"窗口。

② 单击工具栏中的"选单"按钮，再单击"过滤"按钮，选择采购入库单、采购发票和运费发票，如图3-47所示。

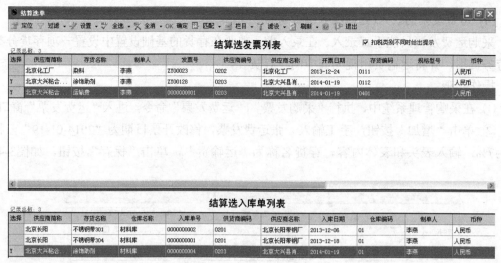

图 3-47　手工结算选单

③ 单击"确定"按钮。选择"对应仓库"为"材料库",选择"对应存货"为"涂饰助剂",选择"按数量"单选按钮,单击"分摊"按钮,再单击"结算"按钮,系统弹出"完成结算"信息提示框。单击"确定"按钮,完成采购入库单、采购发票和运费发票之间的结算,如图 3-48 所示。

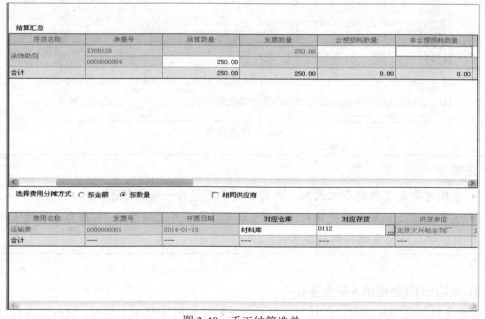

图 3-48　手工结算选单

④ 查询结算单列表,可以查询到涂饰助剂结算单。执行"采购结算"|"结算单列表"命令,进入"结算单列表"窗口。结算单价为 82.44 元,暂估单价为 75 元,即为分摊运费后的单价,如图 3-49 所示。双击结算单号"000000000000002",进入"结算单"窗口,可以查看到该张结算单的内容,如图 3-50 所示。

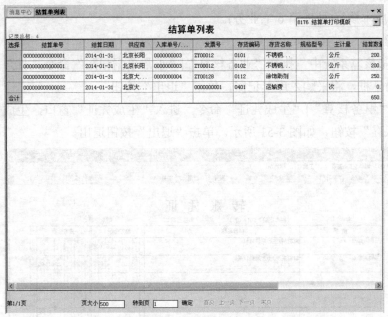

图 3-49　结算单列表

图 3-50　结算单查询

⑤ 单击"退出"按钮，退出"结算单"和"结算单列表"窗口。

 注意：

- 采购订单、运费发票与采购发票之间只能通过手工结算完成采购结算。
- 采购运费可以按金额分摊，也可以按数量进行分摊。
- 采购结算后，由系统自动计算入库存货的采购成本。

(6) 采购成本核算(处理第 6 笔业务)。

操作步骤

① 在存货核算系统中，执行"业务核算"|"正常单据记账"命令，打开"正常单据记账条件"对话框，将采购入库单记账，单击"退出"按钮。

② 执行"财务核算"|"生成凭证"命令，进入"生成凭证"窗口，生成一张转账凭证，单击"保存"按钮，如图 3-51 所示。单击"退出"按钮退出。

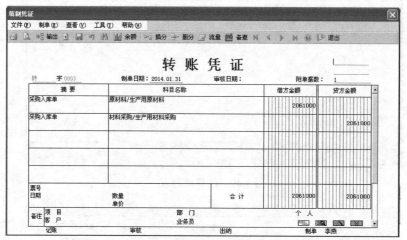

图 3-51　存货入库的转账凭证

(7) 财务部门确定应付账款(处理第 6 笔业务)。

操作步骤

① 在应付款管理系统中，执行"应付单据处理"|"应付单据审核"命令，打开"单据过滤条件"对话框，审核应付单据。

② 执行"制单处理"命令，打开"制单查询"对话框，根据采购发票和运费发票分别生成两张转账凭证，再录入借方科目为 140301(原材料/生产用原材料)和 22210101(应交税费/应交增值税/进项税额)，贷方科目为 220201(应付账款)。单击"保存"按钮保存。

③ 打开总账系统，执行"凭证"|"查询凭证"命令，打开所选凭证，可以查询在应付款系统中生成并传递至总账的记账凭证。

3. 发生溢余或短缺的日常采购业务

这是一个发生短缺(合理损耗)的日常采购业务流程的实验，需要用到第 5 笔和第 7 笔业务数据。

(1) 采购订单的录入(处理第 5 笔业务)。

操作步骤

根据本实验要求准备的业务数据录入一张采购订单，选择业务类型为"普通采购"，修改订单日期为"2014-01-17"。采购类型为"普通采购"，供应商为"北京大兴粘合剂厂"，部门为"采购部"，业务员为"刘东"，存货名称选择"油脂"，在"数量"栏输入 200，在"原币单价"栏输入 25，修改计划到货日期为"2014-01-25"，如图 3-52 所示。

填制完成后单击"保存"按钮,保存采购订单;单击"审核"按钮,审核采购订单。单击"退出"按钮,退出"采购订单"窗口。

图 3-52 采购订单

(2) 采购入库单的生成(从这一步开始处理第 7 笔业务)。

操作步骤

① 根据第(1)步中的采购订单生成一张"采购入库单",入库日期为"2014-01-23",仓库为"材料库",修改表体中数量为 180,如图 3-53 所示。

图 3-53 修改入库单数量

② 填制完成后单击"保存"按钮，保存采购入库单；单击"审核"按钮，审核采购入库单。单击"退出"按钮，退出"采购入库单"窗口。

(3) 采购专用发票的生成(处理第 7 笔业务)。

操作步骤

① 根据0000000003采购订单生成一张"采购专用发票"，修改开票日期为"2014-01-23"，并修改发票号为 ZY00146，如图3-54所示。填制完成后单击"保存"按钮，保存采购专用发票。

图 3-54 采购专用发票

② 单击"现付"按钮，选择"结算方式"为"电汇"，"原币金额"为"应付金额"的 50% (5850×50% =2925，另外 50%形成应付款项)，"票据号"为 DH006612，如图 3-55所示。

③ 单击"确定"按钮，专用发票上显示"已现付"，如图 3-56 所示。

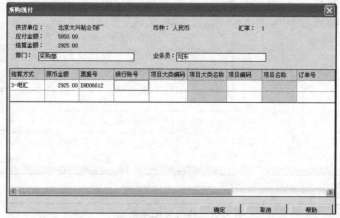

图 3-55 采购现付

④ 单击"退出"按钮,退出"采购专用发票"窗口。

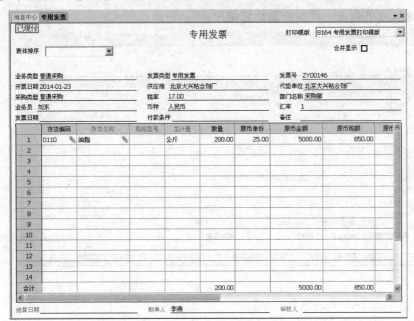

图 3-56　专用发票

⑤ 在采购管理系统中,执行"采购结算"|"手工结算"命令,进入"手工结算"窗口。单击"选单"按钮,再单击"过滤"按钮,选择采购发票和采购入库单,如图 3-57 所示,单击"确定"按钮。

⑥ 输入"合理损耗数量"为 20,如图 3-58 所示。

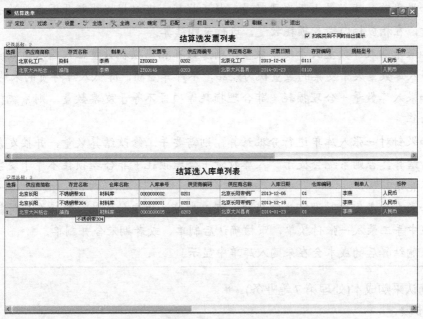

图 3-57　结算选单

⑦ 单击"结算"按钮，完成结算。单击"退出"按钮，退出"手工结算"窗口。

⑧ 查询结算单列表，可以查询结算情况。

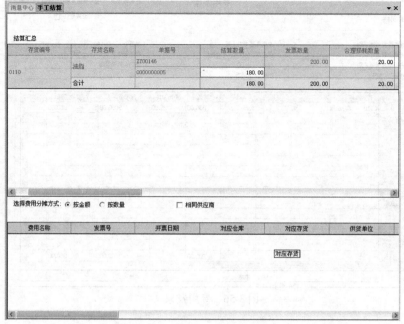

图 3-58　输入合理损耗数量

 注意:

- 如果采购入库数量小于发票数量，属于损耗，可以根据损耗原因在采购手工结算时，在相应栏内输入损耗数量，进行采购结算。
- 如果采购入库数量大于发票数量，则应该在相应损耗数量栏内输入负数量，系统将入库数量大于发票的数量视为赠品，不计算金额，降低入库存货的采购成本。
- 如果入库数量 + 合理损耗 + 非合理损耗等项目不等于发票数量，则系统提示不能结算。
- 如果针对一张入库单进行分批结算，则需要手工修改结算数量，并按发票数量进行结算，否则系统会提示"入库数量 + 合理损耗 + 非合理损耗不等于发票数量，不能结算"。
- 如果在生成发票时没有立即付款，可以先确认为应付账款，然后在应付款管理系统中手工录入一张付款单，审核确认后制单，或者期末合并制单。
- 采购结算后的成本会在采购入库单中显示。

(4) 确认采购成本(处理第 7 笔业务)。

操作步骤

① 在存货核算系统中，执行"业务核算"|"正常单据记账"命令，打开"正常单据

记账条件"对话框,将采购入库单记账,单击"退出"按钮。

② 执行"财务核算"|"生成凭证"命令,进入"生成凭证"窗口,生成一张转账凭证,再录入"存货"科目为 140301,"对方"科目为 140101,单击"保存"按钮,保存凭证,单击"退出"按钮退出。

(5) 应付单据审核(处理第 7 笔业务)。

操作步骤

在应付款管理系统中,执行"应付单据处理"|"应付单据审核"命令,打开"应付单过滤条件"对话框,选中"包含已现结发票"复选框,如图3-59所示。单击"确定"按钮,审核应付单据。

图 3-59 应付单据过滤条件

(6) 生成现结凭证(处理第 7 笔业务)。

操作步骤

① 执行"制单处理"命令,打开"制单查询"对话框,选中"现结制单"复选框,如图 3-60 所示。

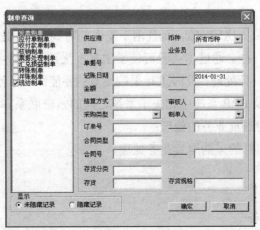

图 3-60 制单查询

② 单击"确定"按钮,打开"现结制单"窗口。

③ 单击"全选"按钮,修改凭证类别为"付款凭证",再单击"制单"按钮,生成一张付款凭证。

④ 单击"保存"按钮,如图 3-61 所示。

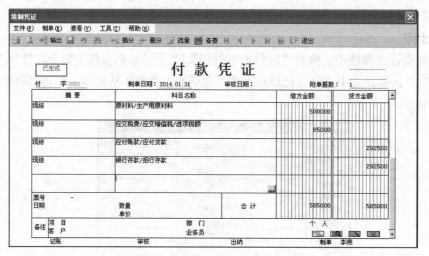

图 3-61　付款凭证

⑤ 打开总账系统,执行"凭证" | "查询凭证"命令。打开所选凭证,可以查询在应付款系统中生成并传递至总账的记账凭证;

4. 账套备份

在 C:\"供应链账套备份"文件夹中新建"888-3-2 采购实验二"文件夹,将账套输出至该文件夹中。

实验三　采购退货业务

【实验目的】

退货业务在采购环节中比较常见,而且由于发生的时间不同,处理的形式也是不同的,退货业务相对来讲复杂一些。通过本实验可使学生掌握采购退货业务的处理方式,运用采购管理系统对退货业务进行处理,及时进行采购结算;并能深入了解采购管理系统和供应链系统的其他子系统以及 ERP 系统中相关子系统之间的紧密联系和数据传递关系。

(1) 尚未结算的采购退货业务的处理;

(2) 已经执行采购结算的采购退货业务处理。

【实验准备】

1. 前期账套数据准备

已经完成第 3 章实验二的操作,或者从光盘中引入 888-3-2 账套备份的数据。以"李燕"账套主管、编码 0201、密码 ly 的身份,业务日期为 2014 年 1 月 31 日,登录 888 账套的"企业应用平台"。

2. 理论知识准备

(1) 红字入库单:是采购入库单的逆向单据,在采购业务活动中,如果发现已入库的货物因质量等因素要求退货,则对普通采购业务进行退货单处理。

(2) 到货拒收单:对于入库前的拒收作业,可以通过填制到货拒收单来实现。到货拒收单是采购到货单的红字单据。

(3) 红字发票:是采购发票的逆向单据;单价是无税单价、金额是无税金额。

【实验内容】

(1) 采购货物未入库,直接发生退货业务;

(2) 采购货物入库后未结算,发生退货业务;

(3) 采购货物入库结算后,发生退货业务;

(4) 发票已到,货物未入库,发生发票退回业务。

【实验资料】

烟台川林有限公司采购退货业务数据如下(操作人员:采购部业务员刘东)。

(1) 2014 年 1 月 17 日,收到本月 11 日从北京长阳带钢厂采购的 304 不锈钢带 100 公斤,每公斤 35 元。18 日验货入库时发现 34 公斤不锈钢带不符合合同要求,与对方协商,退货 34 公斤,验收合格的不锈钢带办理入库手续。

(2) 2014 年 1 月 18 日,发现本月 15 日入库的染料 200 公斤存在质量问题,要求该批订购的染料全部退回。与北京化工厂协商,化工厂同意全部退货。北京化工厂已经按 200 公斤,每公斤 50 元开具了专用发票。发票于 17 日收到(发票号 ZY00158),但尚未结算。

(3) 2014 年 1 月 25 日,向北京大兴县肖庄粘合剂厂订购涂饰助剂 400 公斤,每公斤 75 元。签订合同,要求 1 月 30 日到货。

(4) 2014 年 1 月 30 日,收到北京大兴县肖庄粘合剂厂送来的货及发票,发票号 ZY00138。发票说明涂饰助剂 400 公斤,每公斤 75 元,增值税率 17%。全部验收入库,尚未付款。

(5) 2014 年 1 月 31 日,发现 30 日入库的涂饰助剂有 50 公斤存在质量问题,要求退货,经与北京大兴县肖庄粘合剂厂协商,对方同意退货。

(6) 2014 年 1 月 31 日,发现 1 月 20 日收到的北京化工厂送来的专用发票有误(发票写明油脂 200 公斤,每公斤 25 元,发票号 ZY00147),但是购买的油脂 200 公斤未到。31 日将发票退回。

【实验方法与步骤】

1. 采购货物未入库,直接发生退货业务

本笔业务属于入库前部分退货业务,需要录入采购订单、采购到货单和退货单,并根据实际入库数量输入采购入库单。该业务用到第 1 笔业务数据。

(1) 录入采购订单，参照生成到货单。

操作步骤

① 在采购管理系统中，执行"采购订货"|"采购订单"命令。单击"增加"按钮，修改日期为 2014-01-11，订购 304 不锈钢带 100 公斤，原币单价 35 元，保存并审核。

② 在采购管理系统中，执行"采购到货"|"到货单"命令。单击"增加"按钮，参照采购订单生成采购到货单，修改日期为 2014-01-17，收到北京长阳带钢厂采购的 304 不锈钢带 100 公斤，保存并审核。

(2) 生成采购退货单。

操作步骤

在采购管理系统中，执行"采购到货"|"采购退货单"命令，进入"采购退货单"窗口。单击"增加"按钮，修改日期为"2014-01-18"；单击"生单"按钮，选择"采购订单"，参照生成采购退货单，修改数量为-34，如图 3-62 所示，保存并审核。

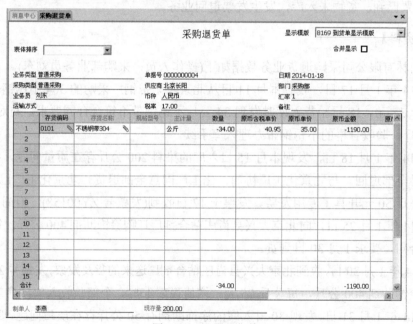

图 3-62　部分退货单

(3) 生成采购入库单(合格的产品入库)。

操作步骤

在库存管理系统中，执行"入库业务"|"采购入库单"命令。单击"生单"按钮，修改日期为"2014-01-18"，选择参照"采购到货单"生成采购入库单，修改数量为 66，如图 3-63 所示，保存并审核。

图 3-63　部分入库的采购入库单

　注意：

- 尚未办理入库手续的退货业务，只需要开具退货单，即可完成退货业务的处理。
- 收到对方按实际验收数量开具的发票后，按正常业务办理采购结算。

2. 采购货物入库后未结算，发生退货业务

本业务属于结算前全部退货业务，需要编制退货单、红字采购入库单，进行红蓝入库单和采购发票的手工结算。该业务用到第 2 笔业务数据。

(1) 录入采购到货单。

操作步骤

① 在采购管理系统中，执行"采购到货"|"到货单"命令，打开"到货单"窗口。

② 单击"增加"按钮，修改日期为 2014-01-15，输入染料 200 公斤，原币单价 50 元，输入完成后单击"保存"按钮，保存到货单；单击"审核"按钮，审核到货单，如图 3-64 所示。单击"退出"按钮，退出"到货单"窗口。

(2) 生成采购入库单。

操作步骤

根据 0000000005 到货单生成一张"采购入库单"，入库日期为 2014-01-15，仓库为"材料库"，填制完成后单击"保存"按钮，保存采购入库单；单击"审核"按钮，审核采购入库单。单击"退出"按钮，退出"采购入库单"窗口。

(3) 生成采购专用发票。

操作步骤

根据 0000000007 采购入库单生成一张"采购专用发票"，修改开票日期为 2014-01-17，并修改发票号为 ZY00158，如图 3-65 所示。填制完成后单击"保存"按钮，保存采购专用发票，单击"退出"按钮，退出"采购专用发票"窗口。

图 3-64 采购到货单

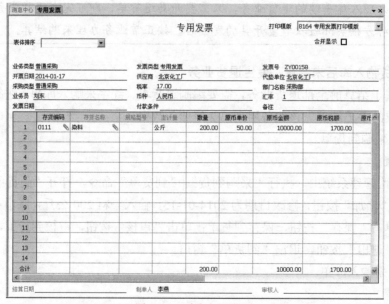

图 3-65 采购专用发票

(4) 生成采购退货单。

操作步骤

① 在采购管理系统中，执行"采购到货"|"采购退货单"命令，进入"采购退货单"窗口。单击"增加"按钮，根据 0000000005 采购到货单生成采购退货单，修改退货日期为 2014-01-18，如图 3-66 所示。

② 单击"保存"按钮，保存采购退货单，单击"审核"按钮，审核采购退货单。单击"退出"按钮，退出"采购退货单"窗口。

图 3-66　采购退货单

(5) 生成红字采购入库单。

操作步骤

① 在库存管理系统中，执行"入库业务"|"采购入库单"命令，进入"采购入库单"窗口。单击"生单"按钮，选择"采购到货单(红字)"，在"到货单列表"中，选中到货单，如图 3-67 所示。

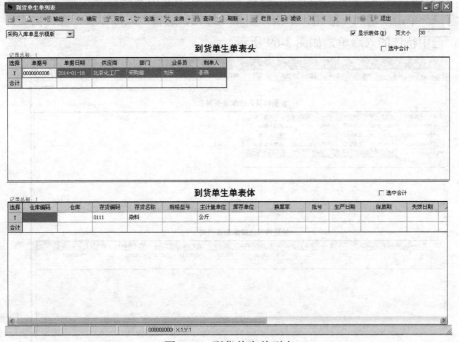

图 3-67　到货单生单列表

② 单击"确定"按钮，生成红字采购入库单，修改入库日期为2014-01-18，仓库为"材料库"，如图3-68所示。填制完成后单击"保存"按钮，保存红字采购入库单；单击"审核"按钮，审核红字采购入库单。单击"退出"按钮，退出"采购入库单"窗口。

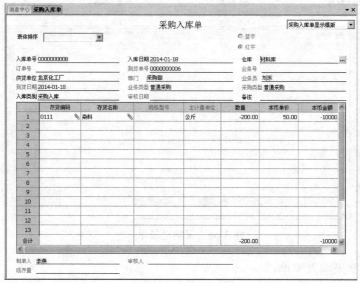

图 3-68　红字采购入库单

(6) 生成红字专用采购发票。

操作步骤

① 在采购管理系统中，执行"采购发票"|"红字专用采购发票"命令，进入"专用发票"窗口。单击"增加"按钮，单击"生单"按钮，选择"入库单"，在"拷贝并执行"窗口中，选中待选的入库单，如图 3-69 所示。

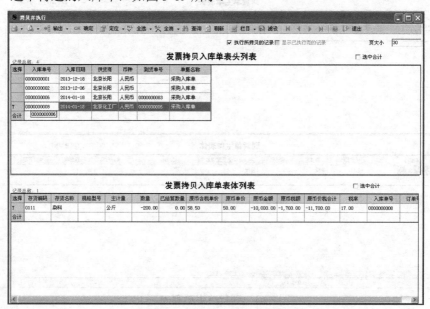

图 3-69　红字采购入库单过滤

② 单击"确定"按钮，生成一张红字专用采购发票，如图 3-70 所示。填制完成后单击"保存"按钮，保存红字采购专用发票，单击"退出"按钮，退出"专用发票"窗口。

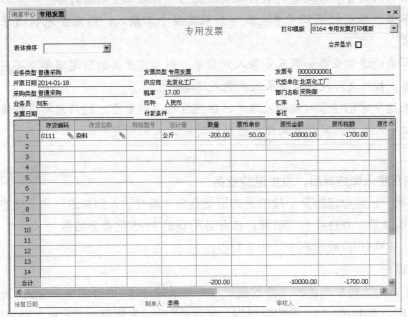

图 3-70　红字专用采购发票

(7) 采购结算。

操作步骤

① 在采购管理系统中，执行"采购结算"|"自动结算"命令，打开"过滤条件选择——采购自动结算"对话框，选择"红蓝入库单"和"红蓝发票"复选框，如图 3-71 所示。

② 单击"确定"按钮，完成红蓝入库单和红蓝发票的自动结算，如图 3-72 所示。

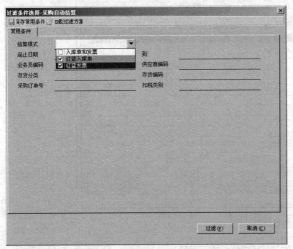

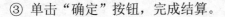

图 3-71　"过滤条件选择—采购自动结算"对话框

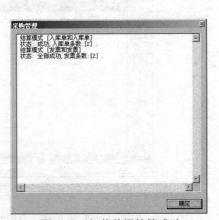

图 3-72　红蓝单据结算成功

③ 单击"确定"按钮，完成结算。

> **注意:**
>
> - 如果将采购管理系统中的采购选项设置为"普通业务必有订单",则红字采购入库单必须根据红字到货单生成。如果需要手工录入,则需要先取消采购选项的设置。
> - 结算前的退货业务如果只是录入到货单,则只需开具到货退回单,不用进行采购结算,按照实际入库数量录入采购入库单。
> - 如果退货时已经录入采购入库单,但还没有收到发票,则只需要根据退货数量录入红字入库单,对红蓝入库单进行自动结算。

3. 采购货物入库结算后,发生退货业务

本业务属于已经办理结算手续的采购退货业务,需要输入到货退回单、红字采购入库单和红字采购发票,并进行手工结算。该业务用到第3～5笔业务数据。

(1) 录入采购订单(处理第3笔业务数据)。

操作步骤

① 根据本实验要求准备的业务数据录入一张采购订单,选择业务类型为"普通采购",修改订单日期为2014-01-25。采购类型为"普通采购",供应商为"北京大兴粘合剂厂",部门为"采购部",业务员为"刘东",存货名称选择"涂饰助剂",在"数量"栏输入400,在"原币单价"栏输入75,修改计划到货日期为"2014-01-30",如图3-73所示。

图 3-73　采购订单

② 填制完成后单击"保存"按钮,保存采购订单;单击"审核"按钮,审核采购订单。单击"退出"按钮,退出"采购订单"窗口。

(2) 生成采购到货单和采购入库单(开始处理第 4 笔业务数据)。

操作步骤

参照 0000000005 的采购订单生成采购到货单，修改到货日期，保存并审核。然后再参照采购到货单生成采购入库单，保存并审核。

(3) 生成专用采购发票，进行采购结算(处理第 4 笔业务数据)。

操作步骤

① 参照 0000000009 采购入库单生成采购专用发票，保存采购专用发票。

② 在采购管理系统中，执行"采购结算"|"自动结算"命令。结算模式选择入库单和发票。

(4) 核算采购成本(处理第 4 笔业务数据)。

操作步骤

① 在存货核算系统中，执行"业务核算"|"正常单据记账"命令，将采购入库单记账，单击"退出"按钮。

② 执行"财务核算"|"生成凭证"命令，生成一张转账凭证，再录入"存货"科目为 140301，"对方"科目为 140101，单击"保存"按钮，单击"退出"按钮退出。

(5) 财务部门确认应付账款(处理第 4 笔业务数据)。

操作步骤

① 在应付款管理系统中，执行"应付单据处理"|"应付单据审核"命令，审核应付单据。

② 执行"制单处理"命令，生成一张转账凭证。借方科目录入 140301 和 22210101；贷方科目 220201。

(6) 生成采购退货单(处理第 5 笔业务数据)。

操作步骤

在采购管理系统中，执行"采购到货"|"采购退货单"命令，进入"采购退货单"窗口。单击"增加"按钮，修改日期为 2014-01-31，单击"生单"按钮，选择"到货单"，参照生成采购退货单，修改数量为-50，如图 3-74 所示，保存并审核。

(7) 生成红字采购入库单(处理第 5 笔业务数据)。

操作步骤

① 在库存管理系统中，执行"入库业务"|"采购入库单"命令。单击"生单"按钮，选择"采购到货单(红字)"生单，在"生单选单列表"中选中第 8 号采购到货单。

② 单击"确定"按钮，并对生成的采购入库单进行保存并审核。

(8) 生成红字专用采购发票。

操作步骤

在采购管理系统中，执行"采购发票"|"红字专用采购发票"命令，单击"增加"按钮，参照红字采购入库单生成红字专用采购发票，单击"保存"按钮。

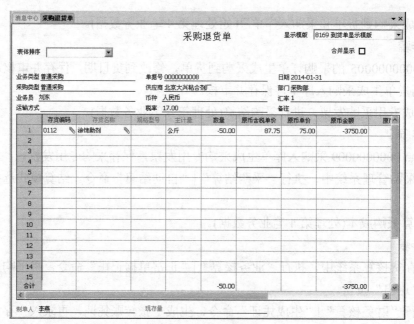

图 3-74　部分退货单

(9) 采购结算。

操作步骤

① 执行"采购结算"|"手工结算"命令，打开"手工结算"对话框，如图 3-75 所示。

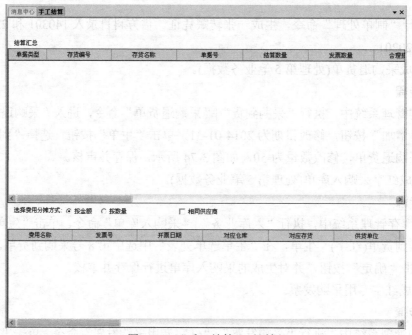

图 3-75　"手工结算"对话框

② 单击"选单"按钮，进入"结算选单"窗口，单击"过滤"按钮，打开"过滤条件选择—采购手工结算"对话框，如图 3-76 所示。

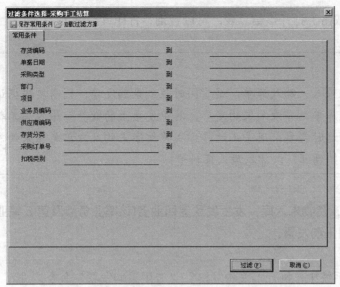

图 3-76　"过滤条件选择—采购手工结算"对话框

③ 单击"过滤"按钮，显示"结算选发票列表"和"结算选入库单列表"，选择上面做的红字入库单和红字发票，采用手工结算方式将红字采购入库单与红字发票进行结算，如图 3-77 所示，单击"确定"按钮，进行结算。

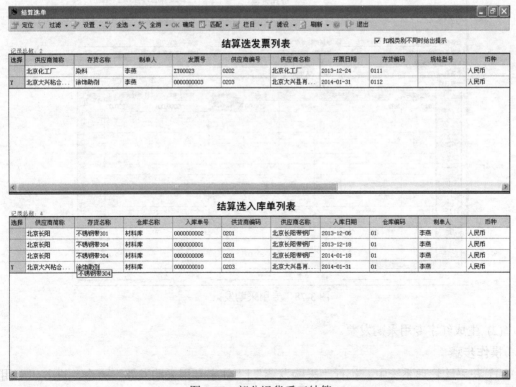

图 3-77　部分退货手工结算

④ 在采购管理系统中，执行"采购结算" | "结算单列表"命令，选中所要查询的采

购结算单记录并双击，打开该结算表，可以查询、打印该结算单。

💡 **注意：**

- 如果已经录入采购入库单，退货同时收到采购发票，则需要根据退货数量录入红字采购入库单，并录入采购发票，其中发票上的数量＝原入库单数量－红字入库单数量。这时需要采用手工结算方式将红字采购入库单与原采购入库单、采购发票进行采购结算，以冲抵原入库数量。

4. 发票已到，货物未入库，发生发票退回业务(该笔业务涉及第6笔业务数据)

(1) 录入专用采购发票。

操作步骤

在采购管理系统中，执行"采购发票"|"专用采购发票"命令，进入"专用发票"窗口。单击"增加"按钮，根据业务要求准备的数据输入完整信息，修改发票日期为2014-01-20，并修改发票号为 ZY00147，如图 3-78 所示。所有信息输入、修改完成后，单击"保存"按钮，保存采购专用发票。

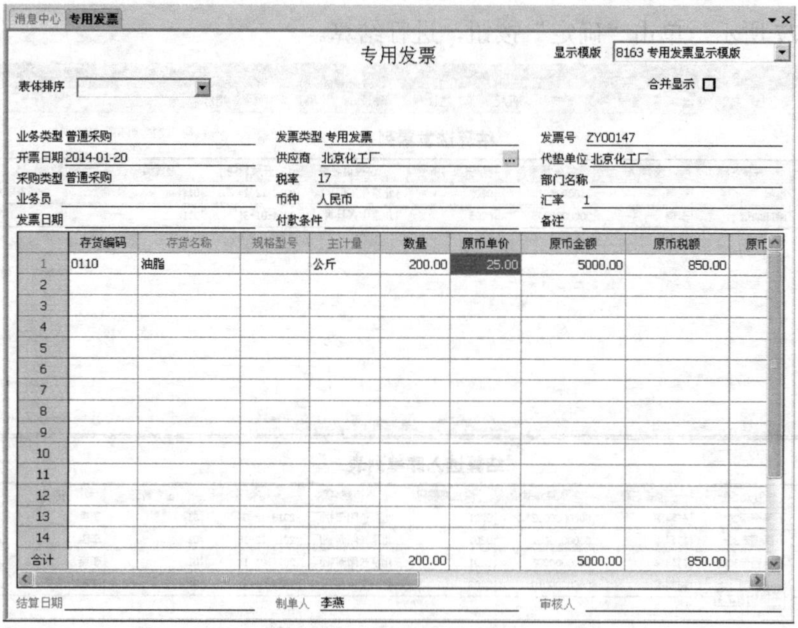

	存货编码	存货名称	规格型号	主计量	数量	原币单价	原币金额	原币税额	原币
1	0110	油脂		公斤	200.00	25.00	5000.00	850.00	
2									
3									
4									
5									
6									
7									
8									
9									
10									
11									
12									
13									
14									
合计					200.00		5000.00	850.00	

图 3-78 专用采购发票

(2) 生成红字专用采购发票。

操作步骤

① 在采购管理系统中，执行"采购发票"|"红字专用采购发票"命令，进入"专用发票"窗口。

② 单击"增加"按钮，单击"生单"按钮，选择参照采购发票生单，如图 3-79 所示。

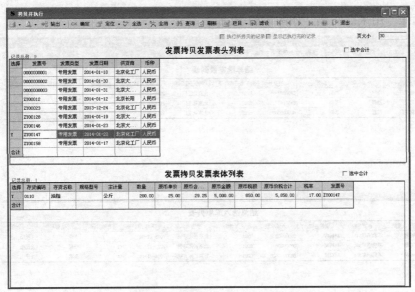

图 3-79　生成红字专用采购发票

③ 单击"确定"按钮，生成红字专用采购发票，修改数量为"-200"，如图 3-80 所示。单击"保存"按钮，保存采购专用发票。

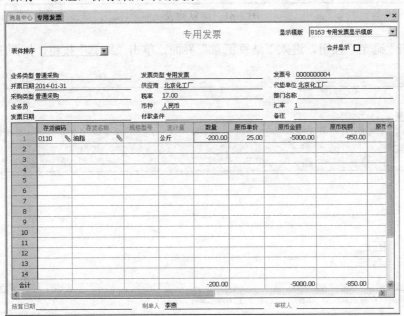

图 3-80　红字专用采购发票

(3) 采购结算。

操作步骤

① 在采购管理系统中，执行"采购结算" | "手工结算"命令，打开"手工结算"对话框。单击"选单"按钮，进入"结算选单"窗口，单击"过滤"按钮，打开"过滤条件选择"对话框。单击"过滤"按钮，显示"结算选发票列表"和"结算选入库单列表"，

选择红蓝两张专用采购发票，如图 3-81 所示。

图 3-81　结算列表

② 单击"确定"按钮，进入"结算汇总"界面，单击"结算"按钮，如图 3-82 所示，完成结算。

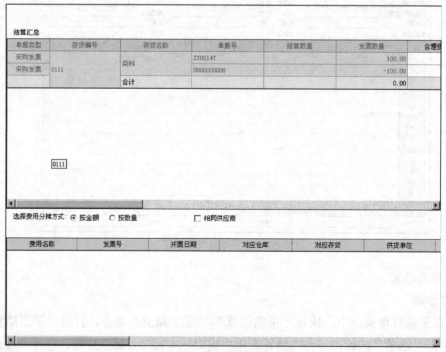

图 3-82　"结算汇总"界面

注意:

● 发票退回业务,红篮发票的结算必须做手工结算。

5. 账套备份

在 C:\ "供应链账套备份"文件夹中新建"888-3-3 采购实验三"文件夹,将账套输出至该文件夹中。

实验四　采购特殊业务

在企业的采购业务中,由于运输、装卸等原因,采购的货物会发生短缺毁损,应根据不同情况,进行相应的账务处理。在采购结算时,如果入库数量与发票数量不一致,确定其是否为合理损耗。

【实验目的】

(1) 掌握上月暂估业务的处理方式;

(2) 掌握上月在途库存的处理方式;

(3) 掌握非合理损耗的处理方式。

【实验准备】

1. 前期数据账套准备

已经完成第 3 章实验三的操作,或者从光盘中引入 888-3-3 账套备份的数据。以"李燕"账套主管、编码 0201、密码 ly 的身份,业务日期为 2014 年 1 月 31 日,登录 888 账套的"企业应用平台"。

2. 理论知识准备

(1) 合理损耗直接记入成本,即相应提高入库货物的单位成本。

(2) 非合理损耗则根据业务选择相应的非合理损耗类型,并由存货核算系统根据结算时记录的非合理损耗类型自动生成凭证。

【实验内容】

(1) 上月在途库存业务,本月货物已到,执行采购结算并确认采购成本;

(2) 上月暂估业务,本月发票已到,执行采购结算并确认采购成本;

(3) 增加"非合理损耗类型"——运输部门责任;

(4) 对于本月末采购商品货物已到,但发票未到的业务进行暂估处理。

【实验资料】

(1) 2014 年 1 月 6 日,收到 2013 年 12 月 24 日在途库存业务的货物:100 公斤染料,验收合格全部入库。财务部门确认该笔存货成本和应付款项。

(2) 2014年1月10日,收到2013年12月18日暂估业务的专业发票,发票号ZY00056。发票写明不锈钢带304,300公斤,每公斤35元,增值税税率17%。本公司验收入库后立即支付货款和税款(现金支票XJ0001)。

(3) 2014年1月18日,收到2013年12月6日暂估业务的专业发票,发票号ZY00079。发票写明不锈钢带301,386公斤,每公斤30元,短缺的36公斤为非合理损耗。已查明属于运输部门的责任,运输部门同意赔偿1638元(尚未收到)。财务部门按支票开出转账支票(支票号ZZ00556677\银行账号110001016688)支付全部款项。

(4) 2014年1月31日,本月20日向北京长阳带钢厂订购150公斤不锈钢带304,每公斤35元,已经在26日验收全部入库,但发票至今未收到。

【实验方法与步骤】

1. 上月在途库存业务,本月货物已到,执行采购结算并确认采购成本

录入采购入库单(处理第1笔业务)。

操作步骤

① 在库存管理系统中录入一张采购入库单,如图3-83所示,保存并审核。

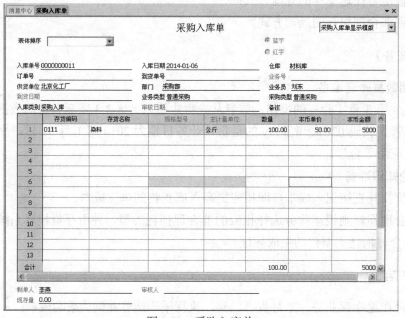

图3-83 采购入库单

② 在存货核算系统中,执行"业务核算"|"正常单据记账"命令,将未记账的入库单记账。

③ 在存货核算系统中,执行"财务核算"|"生成凭证"命令,打开"生成凭证"窗口,选择凭证类别为"转 转账凭证"。单击"选择"按钮,选中"采购入库单(暂估记账)"复选框,如图3-84所示。

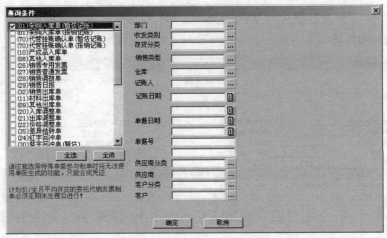

图 3-84　生成凭证的"查询条件"

④ 单击"确定"按钮，输入"存货"科目 140301(原材料/生产用原材料)和"应付暂估"科目 220202(应付款/暂估应付款)，如图 3-85 所示。

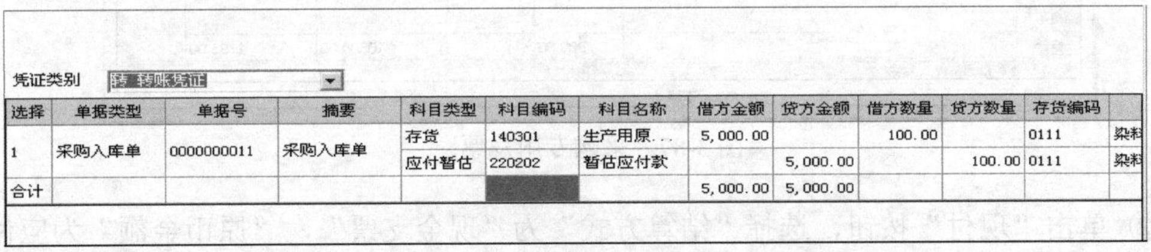

凭证类别	转　转账凭证										
选择	单据类型	单据号	摘要	科目类型	科目编码	科目名称	借方金额	贷方金额	借方数量	贷方数量	存货编码
1	采购入库单	0000000011	采购入库单	存货	140301	生产用原…	5,000.00		100.00		0111
				应付暂估	220202	暂估应付款		5,000.00		100.00	0111
合计							5,000.00	5,000.00			

图 3-85　"生成凭证"窗口

⑤ 单击"生成"按钮，生成一张转账凭证，如图 3-86 所示。

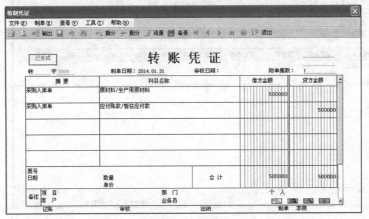

图 3-86　转账凭证

2. 上月暂估业务，本月发票已到，执行采购结算并确认采购成本

(1) 生成采购专用发票并进行采购结算(处理第 2 笔业务)。

操作步骤

① 参照12月18日期初采购入库单生成一张"采购专用发票"，修改开票日期为

"2014-01-10",并修改发票号为 ZY00056,如图3-87所示。填制完成后单击"保存"按钮,保存采购专用发票。

图 3-87 采购专用发票

② 单击"现付"按钮,选择"结算方式"为"现金支票","原币金额"为应付金额 12285,"票据号"为 XJ0001,如图 3-88 所示。

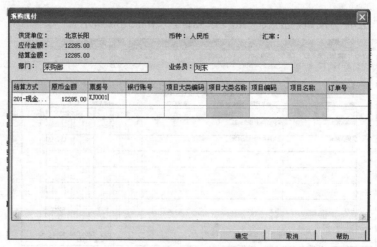

图 3-88 采购现付

③ 单击"确定"按钮,专用发票上显示"已现付"标记。单击"结算"按钮,自动结算采购发票和采购入库单,专用发票上显示"已结算"标记,如图 3-89 所示。单击"退出"按钮,退出"专用发票"窗口。

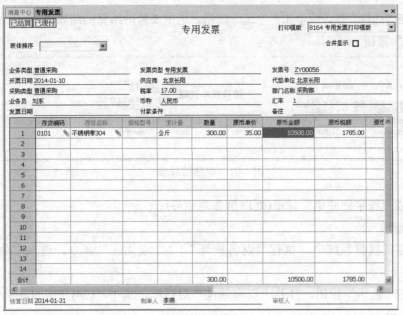

图 3-89　现付结算

(2) 暂估处理(处理第 2 笔业务)。

操作步骤

① 在存货核算系统中，执行"业务核算"|"结算成本处理"命令，打开"暂估处理查询"对话框。

② 选中"材料库"复选框，如图 3-90 所示，单击"确定"按钮，打开"暂估结算表"窗口。

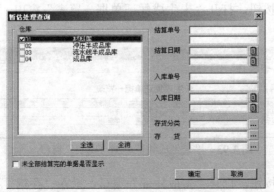

图 3-90　"暂估处理查询"对话框

③ 单击"选择"栏,或单击"全选"按钮,选中要暂估结算的结算单,如图 3-91 所示,单击"暂估"按钮。

图 3-91　暂估结算表

(3) 生成"红字回冲单"凭证(处理第 2 笔业务)。

操作步骤

① 在存货核算系统中,执行"财务核算"|"生成凭证"命令,进入"生成凭证"窗口。

② 单击"选择"按钮,打开"查询条件"对话框,选中"(24)红字回冲单"复选框,如图 3-92 所示。

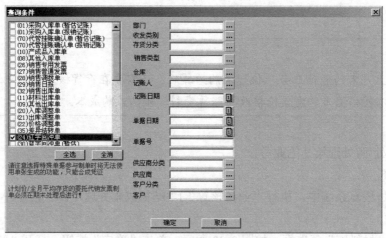

图 3-92　"查询条件"对话框

③ 单击"确定"按钮,打开"未生成凭证单据一览表"窗口,单击"选择"栏,如图 3-93 所示。

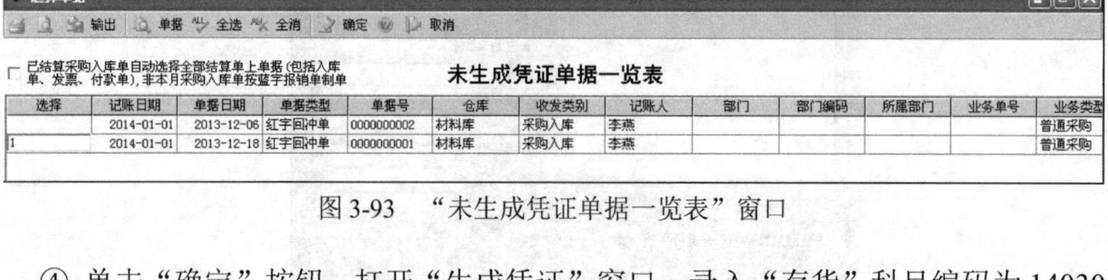

选择	记账日期	单据日期	单据类型	单据号	仓库	收发类别	记账人	部门	部门编码	所属部门	业务单号	业务类型
	2014-01-01	2013-12-06	红字回冲单	0000000002	材料库	采购入库	李燕					普通采购
1	2014-01-01	2013-12-18	红字回冲单	0000000001	材料库	采购入库	李燕					普通采购

图 3-93　"未生成凭证单据一览表"窗口

④ 单击"确定"按钮,打开"生成凭证"窗口,录入"存货"科目编码为 140301,应付暂估科目编码为 220202,选择"转账凭证",如图 3-94 所示。

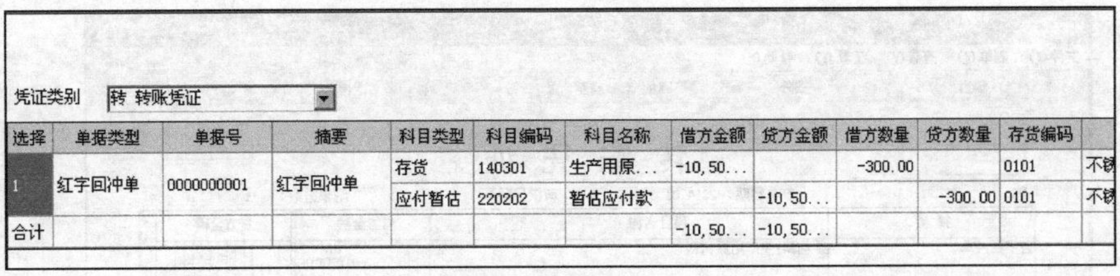

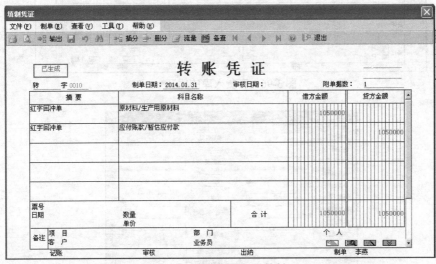

图 3-94　生成凭证

⑤ 单击"生成"按钮，生成一张转账凭证，单击"保存"按钮，如图 3-95 所示。

图 3-95　冲销暂估入账的凭证

(4) 生成"蓝字回冲单(报销)"凭证(处理第 2 笔业务)。

操作步骤

① 执行"财务核算"|"生成凭证"命令，打开"生成凭证"窗口，单击"选择"按钮，打开"查询条件"对话框。

② 选中"(30)蓝字回冲单(报销)"复选框，再单击"确定"按钮，打开"未生成凭证单据一览表"窗口。

③ 单击"选择"栏，再单击"确定"按钮，打开"生成凭证"窗口，修改凭证类别为"转账凭证"，录入"存货"科目编码 140301，"对方"科目编码 140101。单击"生成"按钮，生成一张转账凭证，单击"保存"按钮，如图 3-96 所示。

④ 单击"退出"按钮退出。

(5) 应付单据审核与制单(处理第 2 笔业务)。

操作步骤

① 在应付款管理系统中，执行"应付单据处理"|"应付单据审核"命令，打开"应付单过滤条件"对话框。选择"包含已现结发票"复选框，如图 3-97 所示。

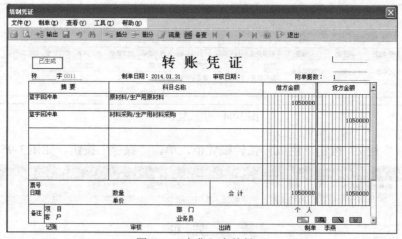

图 3-96　存货入库的凭证

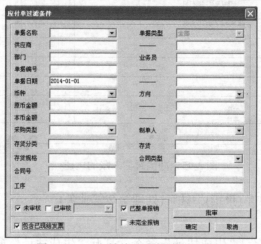

图 3-97　"应付单过滤条件"对话框

② 单击"确定"按钮，打开"应付单据列表"窗口，单击"选择"栏，选中已现付单据。单击"审核"按钮，完成对现付发票的审核，如图3-98所示，再单击"退出"按钮退出。

图 3-98　"应付单据列表"窗口

③ 执行"制单处理"命令，选中"现结制单"复选框，如图 3-99 所示。单击"确定"按钮，进入"现结制单"窗口。

④ 单击"全选"按钮，选择凭证类别为"付款凭证"。单击"制单"按钮，生成一张付款凭证自动传递到总账系统，如图 3-100 所示。在总账系统中可以查询、审核该付款凭证，单击"保存"按钮。

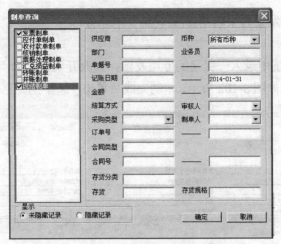

图 3-99　"制单查询"对话框

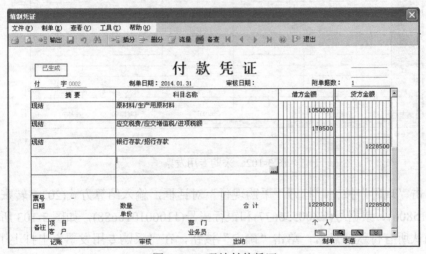

图 3-100　现结付款凭证

3. 增加"非合理损耗类型"——运输部门责任

(1) 非合理损耗类型设置(处理第 3 笔业务)。

操作步骤

在采购管理系统中,选择"基础设置"选项卡,执行"基础档案"|"业务"|"非合理损耗类型"命令,增加非合理损耗类型编码01,类型名称为"运输部门责任",单击"保存"按钮,如图3-101所示。

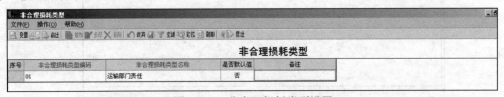

图 3-101　非合理损耗类型设置

(2) 录入采购专用发票与采购结算(处理第 3 笔业务)。

操作步骤

① 在采购管理系统中录入一张采购专用发票，修改开票日期为 "2014-01-18"，并修改发票号为 ZY00079，如图 3-102 所示。填制完成后单击 "保存" 按钮，保存采购专用发票。

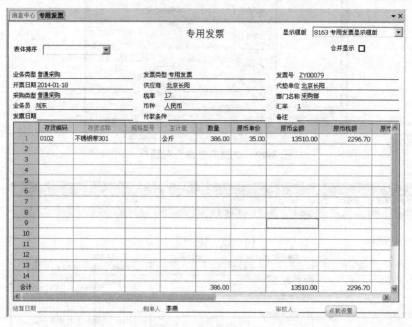

图 3-102　采购专用发票

② 单击 "现付" 按钮，打开 "采购现付" 对话框，输入结算方式(202—转账支票)、结算金额(15806)、票据号(ZZ00556677)和银行账号(110001016688)，如图 3-103 所示。

③ 确认所有付款信息后，单击 "确定" 按钮，在 "采购专用发票" 上打上了 "已现付" 标记。

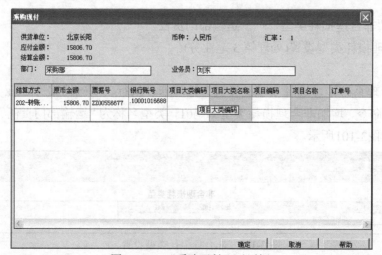

图 3-103　"采购现付" 对话框

④ 在采购管理系统中，执行"采购结算"|"手工结算"命令，进入"手工结算"窗口。单击"选单"按钮，再单击"过滤"按钮，单击"确定"按钮，选择相应的入库单和发票，如图3-104所示。

图3-104 选择采购入库单和采购发票

⑤ 单击"确定"按钮，在发票的"非合理损耗数量"栏输入36，"非合理损耗类型"选择"01 运输部门责任"，在"进项税转出金额"栏输入 214.20 元(36×35×0.17)，如图 3-105 所示。

⑥ 单击"结算"按钮，系统弹出"完成结算"信息提示框，完成结算。

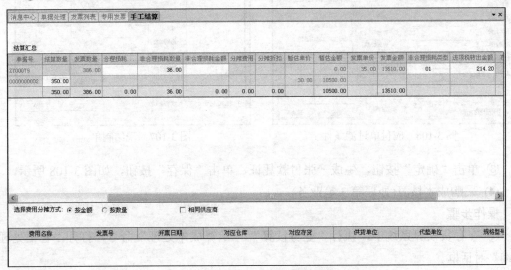

图 3-105 非合理损耗结算

注意:

- 采购溢缺处理需要分清溢缺原因和类型,并分别进行处理。如果为非合理损耗,需要在采购管理系统中设置非合理损耗的类型,否则,不能结算。
- 采购溢缺的结算只能采用手工结算。
- 只有"发票数量 = 结算数量 + 合理损耗数量 + 非合理损耗数量",该条入库单记录与发票记录才能进行采购结算。
- 如果入库数量大于发票数量,则在参照订单生成发票时,可以修改发票的数量。
- 如果入库数量小于发票数量,则发票一定要自己录入。
- 如果是非合理损耗,应该转出进项税额。
- 本月对上月暂估业务执行采购结算后,还需要在存货核算系统记账后,执行核算成本处理。

---

(3) 审核发票并制单(处理第3笔业务)。

操作步骤

① 在应付款管理系统中,对"包含已现结发票"的应付单据进行审核,如图3-106所示。

② 在应付款管理系统中,对应付单据进行现结制单,如图3-107所示。

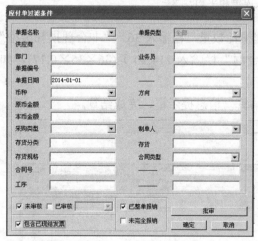

图3-106 应付单过滤条件

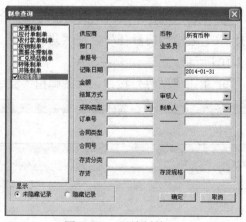

图3-107 现结制单

③ 单击"确定"按钮,生成一张付款凭证,单击"保存"按钮,如图3-108所示。

(4) 采购成本核算(处理第3笔业务)。

操作步骤

① 在存货核算系统中,执行"业务核算"|"结算成本处理"命令,打开"暂估处理查询"对话框。

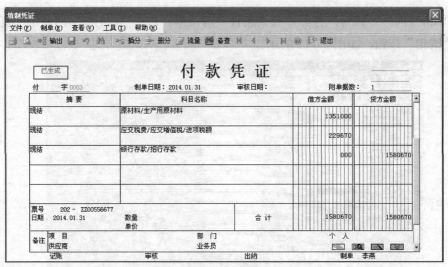

图 3-108　付款凭证

② 选中"材料库"前的复选框，如图 3-109 所示。

图 3-109　"暂估处理查询"对话框

③ 单击"确定"按钮，打开"暂估结算表"窗口，选中入库单号为 0000000002 的入库单，如图 3-110 所示，单击"暂估"按钮，再单击"退出"按钮。

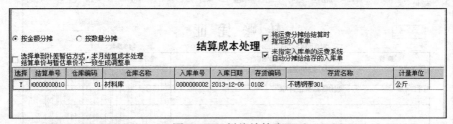

图 3-110　暂估结算表

(5) 生成冲销暂估入账业务的凭证(处理第 3 笔业务)。

操作步骤

① 在存货核算系统中，执行"财务核算"|"生成凭证"命令，打开"生成凭证"窗口。

② 单击"选择"按钮，打开"查询条件"对话框。选中"(24)红字回冲单"复选框，并单击"确定"按钮，如图3-111所示。

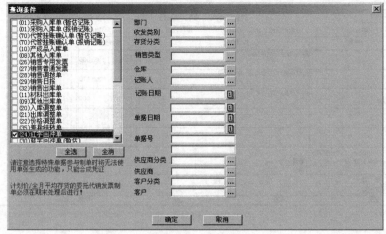

图 3-111 查询条件

③ 选中要生成凭证的单据，选择凭证类别为"转账凭证"，录入"存货"科目编码140301和"应付暂估"科目编码220202，如图3-112所示。

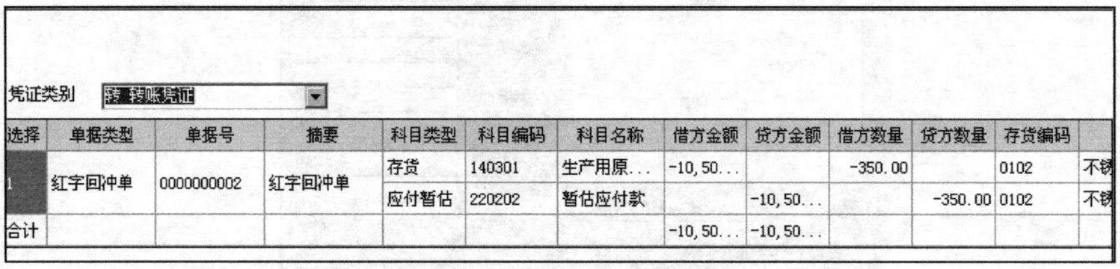

选择	单据类型	单据号	摘要	科目类型	科目编码	科目名称	借方金额	贷方金额	借方数量	贷方数量	存货编码	
1	红字回冲单	0000000002	红字回冲单	存货	140301	生产用原...	-10,50...			-350.00	0102	不锈
				应付暂估	220202	暂估应付款		-10,50...	-350.00		0102	不锈
合计							-10,50...	-10,50...				

凭证类别 转账凭证

图 3-112 生成凭证

④ 单击"确定"按钮，生成一张红字转账凭证，如图3-113所示。

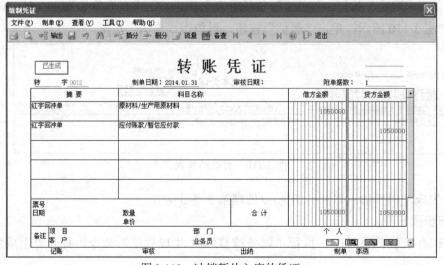

图 3-113 冲销暂估入库的凭证

(6) 生成"蓝字回冲单(报销)"的凭证(处理第 3 笔业务)。

操作步骤

① 在存货核算系统的"生成凭证"窗口中,单击"选择"按钮,打开"查询条件"对话框,选择"(30)蓝字回冲单(报销)"复选框,如图 3-114 所示。

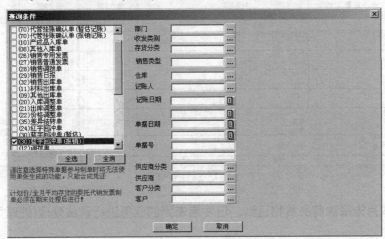

图 3-114 "查询条件"对话框

② 单击"确定"按钮,打开"未生成凭证单据一览表"窗口,单击"选择"栏,如图 3-115 所示。

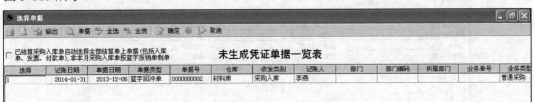

图 3-115 "未生成凭证单据一览表"窗口

③ 单击"确定"按钮,选择凭证类别为"转账凭证",录入相关信息,如图 3-116 所示。

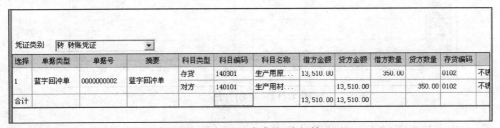

图 3-116 录入存货和对方科目

④ 单击"生成"按钮,生成一张转账凭证,如图 3-117 所示。

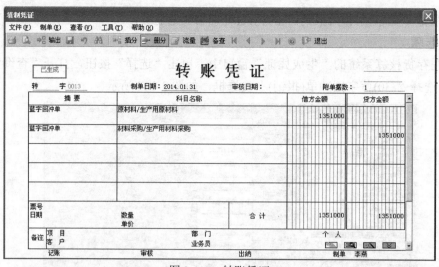

图 3-117 转账凭证

4. 对于本月末采购商品货物已到，但发票未到的业务进行暂估处理(处理第4笔业务)

操作步骤

① 在采购管理系统中，录入一张采购订单，如图 3-118 所示，保存并审核。

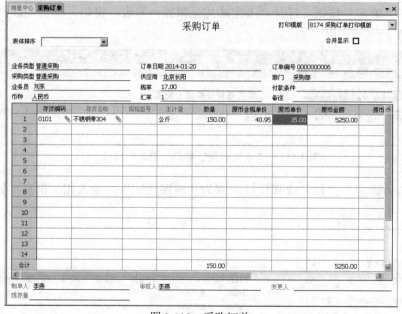

图 3-118 采购订单

② 在库存管理系统中，参照采购订单生成一张采购入库单，如图 3-119 所示，保存并审核。

③ 下月收到发票并输入后，系统自动执行"单到回冲"；执行采购结算，并在存货核算系统中执行暂估处理，系统自动改写账簿记录。

图 3-119 采购入库单

5. 账套备份

在 C:\"供应链账套备份"文件夹中新建"888-3-4 采购暂估业务"文件夹，将账套输出至 C:\"供应链账套备份"\"888-3-4 采购暂估业务"文件夹中。

实验五 期末处理

【实验目的】

(1) 掌握在采购管理系统中，进行月末结账的方式；

(2) 了解月末结账的作用。

【实验准备】

1. 前期账套数据准备

已经完成 1～2 章所有实验的内容，以及完成第 3 章前四个实验的内容，或者引入光盘中的 888-3-4 账套备份数据。以"李燕"账套主管、编码 0201、密码 ly 的身份，业务日期为 2014 年 1 月 31 日，登录 888 账套的"企业应用平台"。

2. 理论知识准备

月末结账是逐月将每月的单据数据封存，并将当月的采购数据记入有关账表中。

【实验内容】

进行采购管理系统月末结账。

【实验方法与步骤】

1. 进行采购管理系统月末结账

操作步骤

① 以 2014-01-31 的业务日期,登录采购管理系统后,执行"月末结账"命令,并选择会计月份为 1 月份,如图 3-120 所示。

② 单击"结账"按钮,系统弹出"月末结账完毕"信息提示对话框,且 1 月份"是否结账"处显示"已结账",如图 3-121 所示。单击"退出"按钮退出结账界面。

图 3-120 "月末结账"月份选择

图 3-121 "月末结账"对话框

2. 账套备份

在 C:\"供应链账套备份"文件夹中新建"888-3-5 采购期末处理"文件夹,将账套输出至 C:\"供应链账套备份"\"888-3-5 采购期末处理业务"文件夹中。

第 **4** 章

销售管理

4.1 系统概述

销售是企业生产经营成果的实现过程，是企业经营活动的中心，而销售管理系统也是用友 ERP-U8 供应链的重要组成部分。用友 ERP-U8 的销售管理系统提供了报价、订货、发货、开票的完整销售流程，支持普通销售、委托代销、分期收款、直运、零售、销售调拨等多种类型的销售业务，可以进行现结业务、代垫费用、销售支出的业务处理，并可对销售价格和信用进行实时监控。通过销售报表功能，销售系统还提供了多角度、多方位的各种营销报表的综合查询与分析，为企业的营销管理决策提供参考。用户可根据实际情况对系统进行定制与设置，构建自己的销售业务管理平台。

4.1.1 销售管理系统的功能概述

销售部门在企业供应链中处于市场与企业接口的位置，其主要职能就是为客户提供产品及其服务，从而实现企业的资金周转并获取利润，为企业提供生存与发展的动力。用友 ERP-U8 销售管理系统通过多项功能设计与设置帮助企业提高管理成效，其主要功能包括：

(1) 客户管理。通过对客户进行分类管理，维护客户档案，制定有针对性的客户价格政策，建立长期稳定的销售渠道。

(2) 销售预测管理。根据市场需求信息，进行产品销售预测。

(3) 销售计划管理。通过销售计划功能模块及相关功能模块，企业可以按照客户订单、市场预测情况和企业生产情况，对一定时期内企业的销售品种、各品种的销售量与销售价格做出安排；可以根据某个部门或某个业务员制定的销售计划，以部门、业务员、存货种类及其组合为对象，考核销售的计划数与定额数的完成情况，并进行相应评估。

(4) 销售价格管理。系统能够提供历次售价、最新成本加成价和按价格政策定价三种定价依据，同时，按价格政策定价时，支持商品促销价，可以按客户定价，也可以按存货定价。按存货定价时还支持按不同自由项定价。

(5) 信用管理。系统提供了针对信用期限和信用额度两种管理制度，同时，既可以针对客户进行信用管理，又可以针对部门、业务员进行信用额度和信用期限的管理。如果超过信用额度，可以逐级向上审批。

(6) 销售订单管理。根据客户的订单数量，输入、修改、查询、审核销售订单，了解订单的执行或未执行情况。

(7) 销售物流管理。根据销售订单填制或生成销售发货单，并根据销售发货单生成销售出库单，在库存管理系统中办理出库。

(8) 销售资金流管理。依据销售发货单开具销售发票，发票审核后即可确认收入，形成应收账款，在应收款管理系统中可以查询和制单，并据此收款。

(9) 批次与追踪管理。对于出库跟踪入库属性的存货，在销售开单时，可以手工选择明细的入库记录，并提供先进先出、后进先出两种自动跟踪的方法。

(10) 远程应用。可以对销售订单、销售发票、发货单、现收款单等进行远程输入、查询。

4.1.2　销售系统与其他子系统的关系

销售管理系统作为供应链产品的组成部分，可以与ERP-U8其他子系统集成使用，如与库存管理、采购管理、质量管理、存货核算等集成使用，实现物流的管理；也可以单独使用，对销售发货、销售开票进行简单的统计。销售管理系统与其他系统有着数据传递或其他方面的联系，如图4-1所示。

销售管理系统与其他系统之间的具体关系如下。

(1) 销售管理系统与采购管理系统：采购管理系统可参照销售订单生成采购订单；销售管理的直运销售订单可参照生成采购管理的直运采购订单；直运销售发票与直运采购发票可互相参照。

(2) 销售管理系统与主生产计划、需求规划系统：销售管理系统与生产制造的主生产计划系统、需求规则系统、生产订单系统集成使用，可以实现从订单到计划、从计划到生产的管理；已锁定、已审核的未关闭的销售订单余量作为主生产计划、需求规划的需求来源。

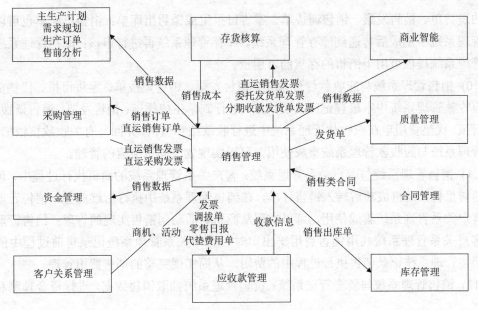

图 4-1　销售系统与其他系统关系图

(3) 销售管理系统与生产订单系统：销售订单上的 ATO 件(面向订单组装)，可以批量下达生产，生成生产订单；在生产订单系统中，ATO 件、供需政策='LP'的存货(批量供应法，不同销售订单的净需求不合并)可以按照销售订单查询生产订单的完工状况。

(4) 销售管理系统与售前分析系统：销售管理系统与售前分析系统集成使用，为 ATP(可承诺量)模拟运算提供预计发货量，为模拟报价提供已选配的 ATO 模型、PTO 模型(按订单分拣)的客户 BOM(物料清单)，并能够根据模拟报价生成实际的报价单；销售管理系统为 ATP 模拟运算提供预计发出量；销售管理系统为模拟报价提供已选配的 ATO 模型、PTO 模型的客户 BOM。

(5) 销售管理系统与存货核算系统：直运销售发票在存货核算系统中进行记账登记存货明细账、制单生成凭证；委托代销发货单、发票在存货核算系统中进行记账登记存货明细账、制单生成凭证；分期收款发货单、发票在存货核算系统中进行记账登记存货明细账、制单生成凭证；存货核算系统为销售管理系统提供销售成本；存货核算系统设置按照销售发票确认销售成本的，销售发票在存货核算系统中进行记账、制单。

(6) 销售管理系统与商业智能系统：商业智能系统抽取销售数据，进行统计分析；销售管理系统与商业智能系统集成使用，可以实现对销售数据的综合统计功能。

(7) 销售管理系统与质量管理系统：销售发货单进行发货报检，生成发退货报检单；销售退货单生成红字销售出库单后，在库存管理系统进行报检生成发退货报检。

(8) 销售管理系统与合同管理系统：销售订单可参照合同生成，参照已生效未结案且[合同标的来源]='存货'的销售类合同；销售订单作为销售合同的执行，并为合同提供执行数据。

(9) 销售管理与库存管理系统：根据选项设置，可以在库存管理系统中参照销售管理系统的发货单、销售发票、销售调拨单、零售日报生成销售出库单；销售出库单也可以在销售管理系统中生成后传递到库存管理系统，库存管理系统再进行审核；库存管理系统为销售管理系统提供可用于销售的存货的可用量。

(10) 销售管理系统与应收款管理系统：销售发票、销售调拨单、零售日报、代垫费用单在应收款管理系统中审核登记应收明细账，进行制单生成凭证；销售发票、销售调拨单、零售日报、代垫费用单在应收款管理系统中进行收款结算核销，并回写有关收款核销信息；销售管理系统与应收款管理系统集成使用，可以实现物流与资金流的管理。

(11) 销售管理系统与客户关系管理系统：客户关系管理系统的商机执行过程中，可以进行销售报价，商机成功后转入销售订单，在销售管理系统中执行后续业务。销售管理系统与客户关系管理系统集成使用，可以实现从商机、活动到销售实现的管理；销售管理系统与客户关系管理系统共用销售费用支出单时，客户关系管理系统记录售前过程中的费用，销售管理系统记录销售执行过程中的费用，从而实现完整的销售费用管理。

(12) 销售管理系统与资金管理系统：资金管理系统抽取销售数据，进行资金预测和资金计划。

4.1.3　销售系统的基本操作流程

在工业企业的日常运营中，企业的销售业务包括普通销售业务、分期收款销售业务和销售退货业务。普通销售业务按发货、开发票次序的不同又可分为先发货后开票业务、开票直接发货业务与先开票后发货业务。不同的销售业务其业务处理流程各有差异。

1. 先发货后开票业务

先发货后开票业务指根据销售订单或其他销售合同，向客户发出货物，发货之后根据发货单开具发票并结算。这类业务需要先处理报价单、销售订单、发货单等单据，发货单审核后根据销售管理系统初始化设置，系统将自动生成销售出库单。如果存货采用先进先出法核算，还可以随时结转销售成本。销售发票开具后，可能立即收到货款，根据发票现结处理；也可能尚未收到款项，需要确认为应收账款。完整的先发货后开票业务的处理流程如图 4-2 所示。

2. 开票直接发货或者先开票后发货的销售业务

开票直接发货或者先开票后发货的销售业务指根据销售订单或其他销售合同，向客户开具销售发票，客户根据发票到指定仓库提货。开票直接发货业务只适用于普通销售。这两类业务都可以直接开具发票，系统根据发票自动生成发货单，根据发货单系统参照生成销售出库单。这两类业务可以是现销业务，也可以是赊销业务。如果存货采用先进先出法核算，也可以随时结转销售成本。先开票后发货业务的处理流程如图 4-3 所示。

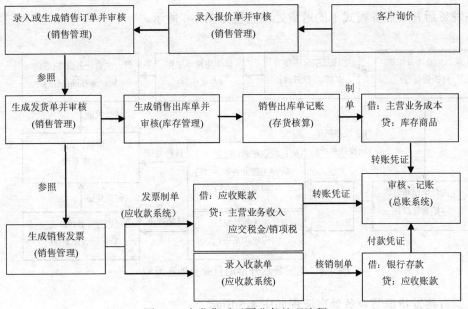

图 4-2 先发货后开票业务处理流程

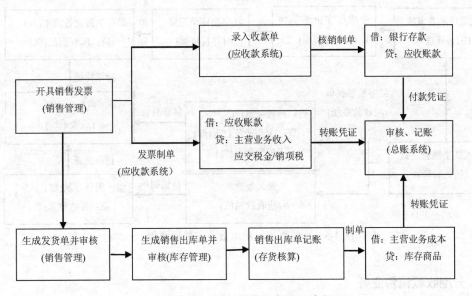

图 4-3 先开票后发货业务处理流程

3. 销售退货业务

销售退货业务指客户因货物质量、品种、数量等不符合要求而将已购货物退回给本单位的业务。销售退货业务分为开具发票前退货和开具发票后退货，不同阶段发生的退货业务其业务处理流程不完全相同。

先发货后开票业务模式下的退货处理流程如图4-4所示。

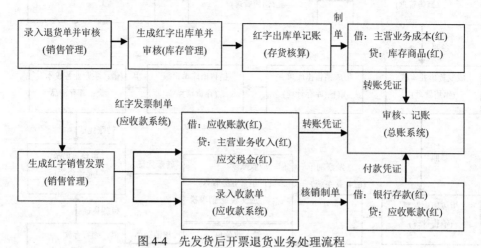

图 4-4　先发货后开票退货业务处理流程

开票直接发货退货业务处理流程如图4-5所示。

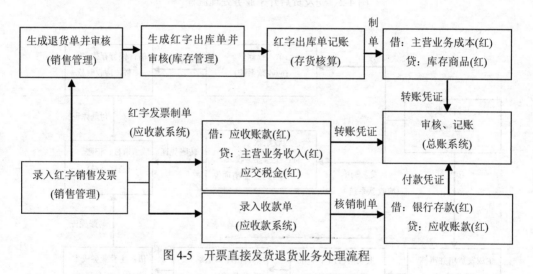

图 4-5　开票直接发货退货业务处理流程

4. 分期收款销售业务

分期收款销售业务是指将货物提前一次发给客户,分期收回货款。其特点是一次发货,分次收款。分期收款销售业务的订货、发货、出库、开票等处理与普通销售业务相同,只是业务类型应选择"分期收款"。分期收款时,开具销售发票,结转销售成本。

分期收款销售业务的处理流程如图4-6所示。

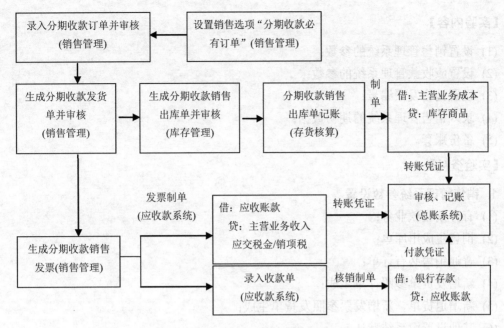

图4-6　分期收款业务处理流程

4.2　应用实务

实验一　销售管理系统初始参数设置

【实验目的】

(1) 理解如何根据企业的销售管理模式在销售系统中进行销售参数的合理设置；

(2) 掌握销售管理系统、应收账款管理系统参数设置的方法；

(3) 掌握发票编号设置及期初数据录入的方法。

【实验准备】

1. 前期账套数据准备

已经完成第 3 章实验五的操作，或者引入光盘中的 888-3-5 账套备份数据。将系统日期修改为 2014 年 1 月 31 日，以操作员 0101(密码为 zh)的身份登录 888 账套的"企业应用平台"。

2. 理论知识准备

回顾并掌握销售单据管理的相关知识，如销售订单、销售发票、销售出库单、销售退货单的制作、审核及在销售管理中的作用。

【实验内容】

(1) 设置销售管理系统的参数；

(2) 设置应收款管理系统的参数；

(3) 设置销售发票编号；

(4) 录入销售管理系统的期初数据；

(5) 备份账套。

【实验资料】

1. 销售管理系统参数设置

(1) 有分期收款业务；

(2) 销售生成出库单；

(3) 普通销售必有订单；

(4) 新增发货单参照订单生成；

(5) 新增退货单、新增发票参照发货单生成；

(6) 其他设置由系统默认。

2. 应收款管理系统参数设置和初始设置

(1) 应收款管理系统选项(如表 4-1 所示)

表 4-1　应收款管理系统选项

应收款核销方式	按单据	单据审核日期依据	单据日期
控制科目依据	按客户	受控科目制单方式	明细到单据
销售科目依据	按存货	坏账处理方式	应收余额百分比法

(2) 初始设置

- 基本科目设置：应收科目 1122，预收科目 2203，销售收入科目 6001，税金科目 22210102。
- 控制科目设置：按客户设置。应收科目 1122，预收科目 2203。
- 产品科目设置：按商品设置。销售收入和销售退回科目 6001，应交增值税 22210102。
- 结算方式科目设置：现金支票、转账支票、电汇科目 100201。
- 坏账准备设置：提取比率 1%，坏账准备期初余额为 0，坏账准备科目 1231，对方科目 660207。

3. 销售发票编号设置

允许手工修改销售专用发票号。

4. 销售管理系统期初数(销售系统价格均为不含税价)

(1) 期初发货单

- 2013 年 12 月 8 日，垫成品 50 件，单价 150 元，成品库，北京广种福缘汽车配件销售中心，销售类型为普通销售。

- 2013 年 12 月 10 日，垫成品 20 件，单价 150 元，成品库，北京恒达亿重型汽车配件有限公司，销售类型为普通销售。

(2) 分期收款发出商品期初数

2013 年 12 月 15 日，给东风汽车有限公司商用发动机厂发出垫成品 200 件，单价 130 元，成品库，销售类型为普通销售。

【实验方法与步骤】

1. 设置销售管理系统参数

销售管理系统参数的设置是指在处理销售日常业务之前，确定销售业务的范围、类型及对各种销售业务的核算要求，这是销售管理系统初始化的一项重要工作。因为一旦销售管理开始处理日常业务，有的系统参数就不能修改，有的也不能重新设置。因此，在系统初始化时应该设置好相关的系统参数。

操作步骤

① 在企业应用平台中，执行"供应链"|"销售管理"命令，打开销售管理系统。

② 在系统菜单下，执行"设置"|"销售选项"命令，打开"销售选项"对话框。

③ 打开"业务控制"选项卡，选中"有分期收款业务"、"销售生成出库单"和"普通销售必有订单"复选框，如图 4-7 所示。

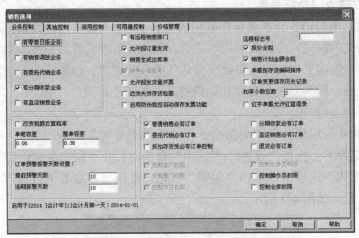

图 4-7   "业务控制"选项卡

注意:

- 必有订单业务模式的销售管理是标准、规范的销售管理模式，订单是整个销售业务的核心，必须依据订单填制发货单、发票，通过销售订单可以跟踪销售的整个业务流程。
- 必有订单时，发货单、发票、委托代销发货单不可手工填制单据，只能参照生成，不允许增行。

④ 打开"其他控制"选项卡，"新增发货单默认"选择"参照订单"；"新增退货单默认"选择"参照发货"；"新增发票默认"选择"参照发货"；其他选项按系统默认设置，如图 4-8 所示。

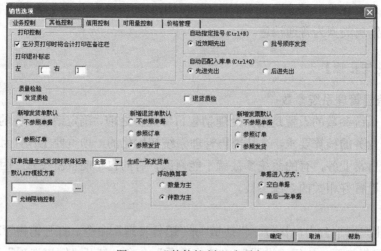

图 4-8 "其他控制"选项卡

⑤ 单击"确定"按钮，保存销售系统的参数设置。

2. 设置应收款管理系统参数

应收款管理系统与销售管理系统在联用的情况下，两个系统存在数据传递关系。因此，启用销售管理系统的同时，应该启用应收款管理系统。应收款管理系统参数设置和初始设置，都是系统的初始化工作，应该在处理日常业务之前完成。如果应收款管理系统已经进行了日常业务处理，则其系统参数和初始设置就不能随便修改。

操作步骤

① 执行"企业应用平台"|"财务会计"|"应收款管理"命令。

② 在系统菜单下，执行"设置"|"选项"命令，打开"账套参数设置"对话框。

③ 打开"常规"选项卡，单击"编辑"按钮，使所有参数处于可修改状态，按实验要求设置系统参数，如图 4-9 所示。

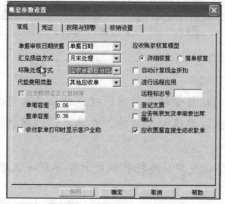

图 4-9 "常规"选项卡

④ 打开"凭证"选项卡，按实验要求修改凭证参数的设置，如图 4-10 所示。

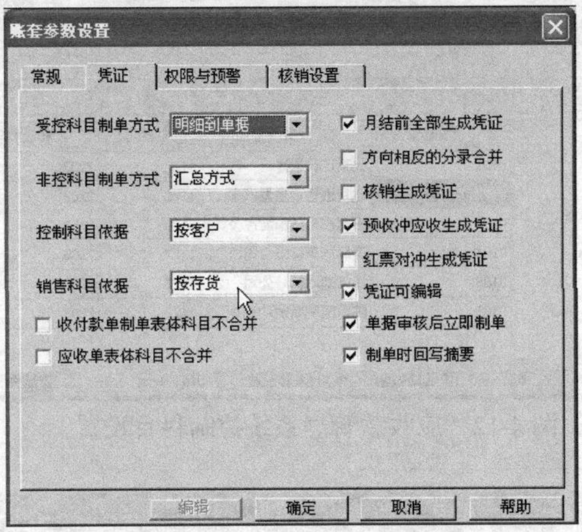

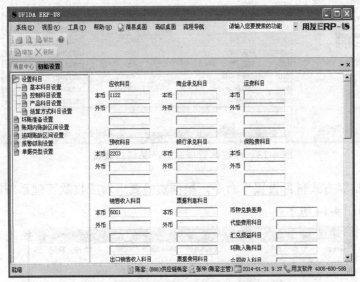

图 4-10　"凭证"选项卡

⑤ 单击"确定"按钮，保存应收款管理系统的参数设置。

⑥ 执行"初始设置"|"基本科目设置"命令，根据实验要求对应收款管理系统的基本科目进行设置，如图 4-11 所示。

图 4-11　应收款管理系统基本科目设置

⑦ 执行"控制科目设置"命令，根据实验要求对应收款管理系统的控制科目进行设置，即按客户设置应收款、预收款科目，如图 4-12 所示。

⑧ 执行"产品科目设置"命令，根据实验要求对应收款管理系统的产品科目进行设置，即按产成品存货设置销售收入科目、应交增值税科目和销售退回科目，如图 4-13 所示。

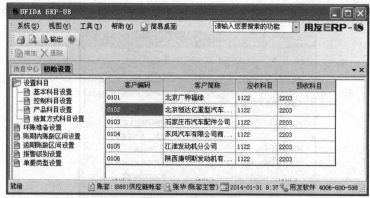

图 4-12 应收款管理系统控制科目设置

图 4-13 应收款管理系统产品科目设置

⑨ 执行"结算方式科目设置"命令，根据实验要求对应收款管理系统的结算方式科目进行设置，如图 4-14 所示。

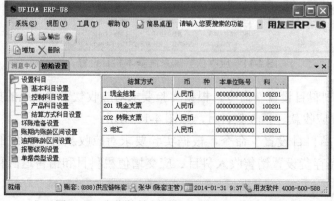

图 4-14 应收款管理系统结算方式科目设置

⑩ 执行"坏账准备设置"命令，分别录入相关内容并确认，如图 4-15 所示。

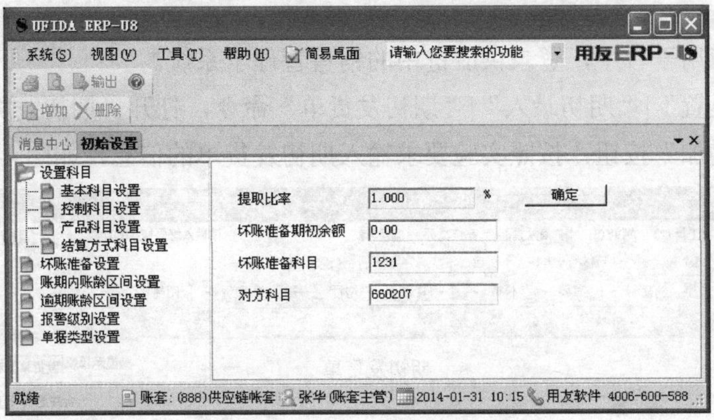

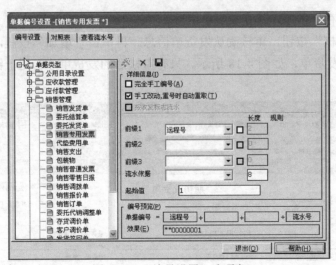

图 4-15 坏账准备设置

⑪ 以上已经完成应收款管理设置，单击"退出"按钮，退出初始设置。

3. 设置销售发票编号

在企业应用平台中，打开"基础设置"选项卡，执行"单据设置" | "单据编号设置"命令，打开"单据编号设置"对话框。选择"编号设置"选项卡，执行"销售管理" | "销售专用发票"命令，单击对话框右上方的"修改"按钮，选中"手工改动，重号时自动重取(T)"复选框，如图 4-16 所示。单击"保存"按钮，保存设置，再单击"退出"按钮。

图 4-16 "编号设置"选项卡

4. 录入销售管理系统期初数据

在销售管理系统启用期初，对于已经发货尚未开具发票的货物，应该作为期初发货单录入销售管理系统的期初数据中，以便将来开具发票后，进行发票复核，即销售结算。

(1) 录入期初发货单。

操作步骤

① 在企业应用平台中，登录供应链中的销售管理子系统。

② 执行"设置"|"期初录入"|"期初发货单"命令，打开"期初发货单"窗口。

③ 单击"增加"按钮，按照实验要求输入期初发货单的信息，如图 4-17 所示。

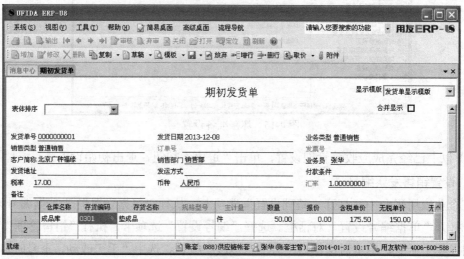

图 4-17 "期初发货单"窗口

④ 单击"保存"按钮，保存发货单信息。

⑤ 单击"审核"按钮，审核确认发货单信息。再单击"增加"按钮，录入、保存并审核第 2 张期初发货单，如图 4-18 所示。只有审核后的发货单才可用于销售发票录入时参照。

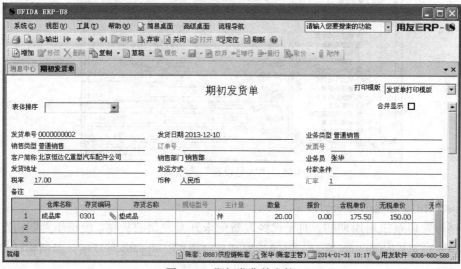

图 4-18 期初发货单审核

⑥ 期初发货单全部录入、审核完毕，单击"退出"按钮，退出期初发货单录入与审核界面，完成期初发货单录入与审核工作。

(2) 录入期初分期收款发货单。

操作步骤

① 在销售管理系统中，执行"设置"|"期初录入"|"期初发货单"命令。

② 单击"增加"按钮，按实验要求输入分期收款发货单信息。注意"业务类型"必须选择"分期收款"。

③ 单击"保存"按钮，然后单击"审核"按钮，确认并保存输入信息，如图4-19所示。

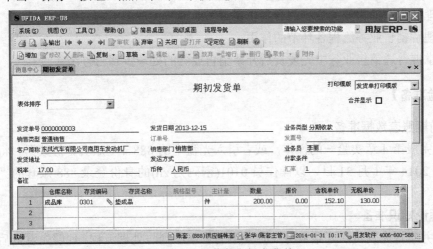

图4-19 分期收款期初发货单

 注意：

- 当销售系统与存货系统集成使用时，存货核算系统中分期收款发出商品的期初余额从销售管理系统中取数，取数的依据就是已经审核的分期收款期初发货单。
- 存货核算系统从销售管理系统取数后，销售管理系统就不能再录入存货核算系统启用日期前的分期收款发出商品发货单。
- 在实际业务执行过程中，审核常常是对当前业务完成的确认。有的单据只有经过审核，才是有效单据，才能进入下一流程，才能被其他单据参照或被其他功能、其他系统使用。在企业的日常业务处理中，录入与审核应分别由不同的人员或岗位来完成。
- 对发货单的审核可以单击"批审"按钮，以快速完成发货单的审核工作。
- 审核后的发货单不能修改或删除。
- 如果要修改或删除期初发货单，则必须先取消审核，即单击"弃审"按钮。但如果期初发货单已经有下游单据生成，并根据发货单生成了销售发票或存货系统已经记账等，那么，该期初发货单是不能弃审的，也不能修改或删除。
- 如果销售管理系统已经执行月末结账，则不能对发货单等单据执行"弃审"。

5. 账套备份

在 C:\"供应链账套备份"文件夹中新建"888-4-1 销售系统初始化"文件夹,将账套输出至该文件夹中。

实验二 普通销售业务(一)——先发货后开票业务

【实验目的】

(1) 理解企业销售业务流程的合理设置对企业销售管理的影响与作用;

(2) 理解销售业务流程各环节的作用;

(3) 掌握普通销售业务中先发货后开票销售业务的处理步骤与方法。

【实验准备】

1. 前期账套数据准备

已经完成第 4 章实验一的操作,或者引入光盘中的 888-4-1 账套备份数据。将系统日期修改为 2014 年 1 月 31 日,以操作员 0101(密码为 zh)的身份登录 888 账套的"企业应用平台"。

2. 理论知识准备

回顾并掌握先发货后开票业务在企业中的管理原则与处理流程,理解先发货后开票业务对企业开拓市场、保持客户关系的重要性。

【实验资料】

(1) 2014 年 1 月 8 日,收到北京广种福缘汽车配件销售中心上年 12 月 8 日购买垫成品的价税款 8775 元(电汇 DH000001),本公司于本月 8 日开具销售专用发票(ZY00000001)。

(2) 2014 年 1 月 10 日,给北京恒达亿重型汽车配件公司开具上年 12 月 10 日销售垫成品的销售专用发票(ZY00000002),款项尚未收到。

(3) 2014 年 1 月 10 日,河北石家庄市汽车配件公司打算订购垫成品 100 件,出价 130 元/件。要求本月 15 日发货,本公司报价为 150 元/件。12 日,本公司与河北石家庄市汽车配件公司协商,对方同意销售单价为 140 元/件,但订货数量减为 60 件。本公司确认后于 1 月 15 日发货(成品仓),本公司以现金代垫运费 200 元。次日开具销售专用发票,发票号为 ZY00000003,货款尚未收到。

(4) 2014 年 1 月 15 日,陕西康明斯发动机有限公司有意向本公司订购垫成品 100 件,本公司报价为 150 元/件。16 日,陕西康明斯发动机有限公司同意我公司的报价,并决定追加订货,追加 200 件,需要分批开具销售发票。本公司同意对方的订货要求。

(5) 2014 年 1 月 20 日,按销售订单发货给陕西康明斯发动机有限公司 200 件,本公司支付运杂费 200 元(现金支票 XJ000001)。次日开具两张销售专用发票,发票号分别为

ZY00000004 和 ZY00000005。对方电汇(DH000002)款项 17 550 元已经收到，系 100 件垫成品的价税款，另外 100 件款项暂欠。

(6) 2014 年 1 月 20 日，安徽江淮汽车股份有限公司发动机分公司向本公司订购垫成品 100 件进行询价，本公司报价 150 元，对方初步同意。本公司根据报价单已经生成销售订单。2014 年 1 月 23 日，安徽江淮汽车股份有限公司发动机分公司提出价格过高，只能接受 120 元/件，本公司不同意，对方撤销对本公司垫成品的订购。

【实验内容】

在销售选项设置中选择普通销售必有销售订单的条件下，处理先发货后开发票的业务，具体内容包括：

(1) 在销售管理系统录入销售报价单、录入或生成销售订单；

(2) 参照销售订单生成销售发货单并按要求修改相应信息；

(3) 在库存系统根据销售发货单自动生成出库单；

(4) 在销售系统录入或参照发货单生成销售发票，并按要求修改发票编号及其他信息；确认、收取应收款项或确认、支付营销费用；对销售发票进行复核，确认应收款项；

(5) 在应收款系统审核收款或应收款并制单；

(6) 备份账套。

【实验方法与步骤】

1. 第 1 笔普通销售业务的处理

本笔业务属于上年已经发货的销售业务，本期开具销售专用发票并收到款项。因此，本笔业务需要在销售管理系统中开具销售专用发票并现结；在应收款管理系统中审核收款单并生成凭证传递至总账系统。(由于垫成品采用全月平均法核算，月末才能结转销售成本。)

本笔业务处理流程：

① 销售管理系统——根据发货单生成销售专用发票并现结；

② 应收款管理系统——审核收款单，制单传递至总账系统。

(1) 销售管理系统开具专用发票。

操作步骤

① 在企业应用平台中，打开"业务工作"选项卡，执行"供应链"|"销售管理"|"销售开票"|"销售专用发票"命令，打开"销售专用发票"窗口。

② 单击"增加"按钮，系统自动弹出"发票参照发货单"窗口。客户选择"北京广种福缘"，默认业务类型为"普通销售"，可以重新选择。

③ 设置过滤条件，例如输入或参照输入起始结束日期、部门业务员、订单号等信息，确认后单击"过滤"按钮，系统根据过滤条件显示符合条件的全部单据，如图 4-20 所示。

④ 在显示的发货单记录中的"选择"栏双击，出现 Y 表示选择成功。

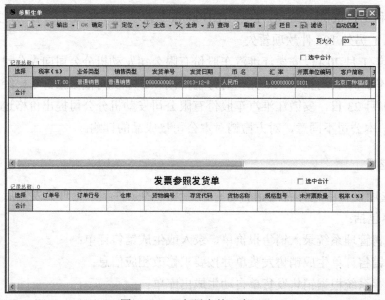

图 4-20　"参照生单"窗口

⑤ 选择存货信息。系统自动显示该发货单的存货信息,选择需要开具发票的存货,在其前面双击,出现 Y 表示选择成功,如图 4-21 所示。选择完毕,单击"确定"按钮。

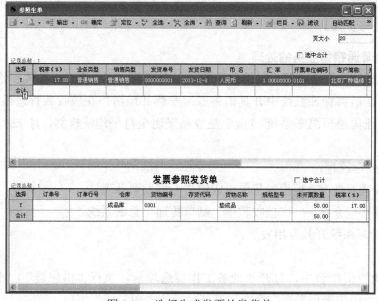

图 4-21　选择生成发票的发货单

⑥ 系统根据所选择的发货单和存货自动生成一张销售专用发票。修改发票日期、发票号,确认后单击"保存"按钮,确认并保存发票信息,如图 4-22 所示。

⑦ 由于开票的同时收到款项,所以单击"现结"按钮,系统自动弹出"现结"对话框。输入结算方式、结算号、结算金额等信息,如图 4-23 所示。

图 4-22 销售专用发票

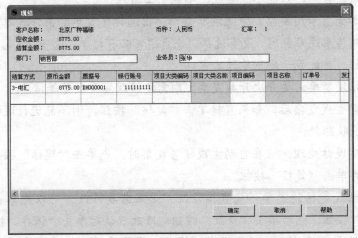

图 4-23 "现结"对话框

⑧ 结算信息输入并确认后,单击"确定"按钮,系统在专用发票上盖章确认,并显示"现结"字样。

⑨ 单击"复核"按钮,保存销售专用发票的信息,如图 4-24 所示。单击"退出"按钮。

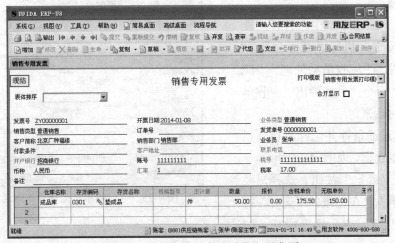

图 4-24 根据发货单生成销售专用发票

注意：

- 只有在基础档案中设置了客户开户银行、税号等信息的客户，才能开具销售专用发票，否则，只能开具普通发票。

- 开具销售专用发票现结时，需要输入客户的银行账号，否则，只能开具普通发票进行现结处理。

- 销售专用发票可以参照发货单自动生成，也可以手工输入。

- 销售管理系统所有单据上的税率均为 17%。

- 如果需要手工输入销售专用发票，则必须将销售系统选项中的"普通销售必有订单"取消，否则，只能参照生成，不能手工输入。

- 如果增加销售专用发票，系统没有自动弹出选择发货单的条件过滤窗口，则表示在设置销售系统参数时，没有选择"普通销售必有订单"选项。这时可以单击"发货"按钮，系统显示发货单过滤窗口。

- 如果一张发货单需要分次开具发票，则需要修改发票数量等信息。

- 系统自动生成发票后，如果直接单击"复核"按钮，则不能进行现结处理，只能确认为应收账款。

- 如果需要现结处理，应在自动生成销售发票时，先单击"现结"按钮，进行现结处理，再单击"复核"按钮。

- 已经现结或复核的发票不能直接修改。如果需要修改，可以先单击"弃结"和"弃复"按钮，然后单击"修改"按钮，修改确认后单击"保存"按钮。

- 已经现结或复核的发票不能直接删除。如果需要删除，需要先单击"弃结"和"弃复"按钮。

(2) 应收款管理系统审核收款单并制单。

操作步骤

① 在企业应用平台中，打开"业务工作"选项卡，执行"财务会计"|"应收款管理"|"应收单据处理"|"应收单据审核"命令，系统弹出"应收单过滤条件"对话框。

② 设置过滤条件并选择"包含已现结发票"复选框，如图 4-25 所示。

③ 单击"确定"按钮。选择需要审核的应收单据，在记录的"选择"栏处双击，出现 Y，表示选择成功，如图 4-26 所示。

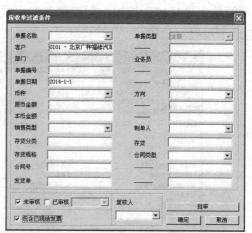

图 4-25 "应收单过滤条件"对话框

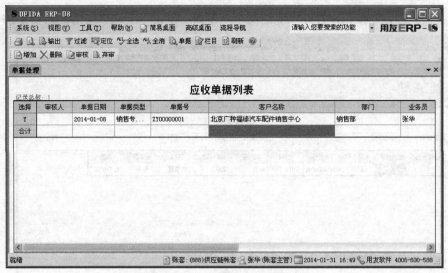

图 4-26　选择需要审核的应收单

④ 单击"审核"按钮，系统弹出"本次审核成功单据[1]"信息提示对话框，如图 4-27 所示。单击"确定"按钮。

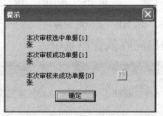

图 4-27　应收单审核成功

⑤ 执行"制单处理"命令，系统自动打开"制单查询"对话框，设置单据过滤条件，选择"现结制单"复选框，如图 4-28 所示。

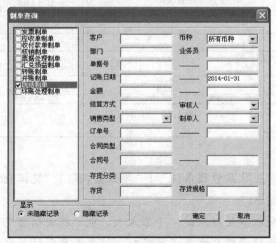

图 4-28　"制单查询"对话框

⑥ 单击"确定"按钮，打开"现结制单"窗口。单击"全选"按钮，如图 4-29 所示。

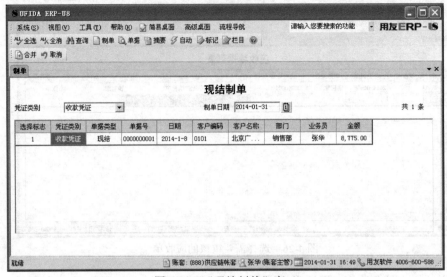

图 4-29 "现结制单"窗口

⑦ 选择凭证类别为"收款凭证"，单击"制单"按钮，系统根据所选择的现结制单自动生成收款凭证。单击"保存"按钮，系统显示"已生成"标志，如图 4-30 所示。制单完毕，单击"退出"按钮，退出应收款管理系统。

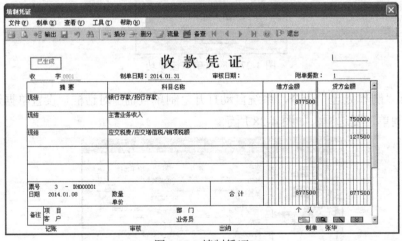

图 4-30 填制凭证

 注意：

- 可以通过执行"应收款管理系统"｜"单据查询"｜"凭证查询"命令，查询根据应收单生成的凭证。
- 应收单可以在应收款管理系统中手工录入，也可以由销售发票自动生成。当销售管理系统与应收款管理系统集成使用时，销售发票复核后自动生成应收单并传递至应收款管理系统。

- 应收单需要在应收款管理系统中审核确认，才能形成应收款项。
- 如果是现结，应收单也必须在应收款管理系统中审核后，才能确认收取的款项。
- 由销售发票自动生成的应收单不能直接修改。如果需要修改，则必须在销售系统中取消发票的复核，单击"修改"、"保存"和"复核"按钮，根据修改后的发票生成的应收单就是已经修改后的单据了。
- 只有审核后的应收单或收款单才能制单。
- 可以根据每笔业务制单，也可以月末一次制单；如果采用月末处理，可以按业务分别制单，也可以合并制单。
- 已经制单的应收单或收款单不能直接删除。
- 如果需要删除已经生成凭证的单据或发票，必须先删除凭证，然后在"应收单审核"窗口中取消审核操作，通过执行"应收单审核"|"应收单列表"命令，在"应收单列表"窗口中删除。

2. 第2笔普通销售业务的处理

本笔业务属于上年12月10日已经发货的销售业务，本期开具销售专用发票确认应收款项。因此，本笔业务需要在销售管理系统中开具销售专用发票；在应收款管理系统中审核应收单并生成凭证传递至总账系统。

本笔业务处理流程：

① 销售管理系统——开具销售专用发票；

② 应收款管理系统——审核应收单，制单并传递至总账系统。

(1) 销售管理系统开具销售专用发票。

操作步骤

① 在销售管理系统中，执行"销售开票"|"销售专用发票"命令，打开"销售发票"窗口。

② 单击"增加"按钮，系统自动弹出"发票参照发货单"窗口。默认业务类型为"普通销售"，可以重新选择。

③ 设置过滤条件，单击"过滤"按钮，系统根据过滤条件显示符合条件的全部单据。

④ 在显示的发货单记录中选择客户为"北京恒达亿"，或者选择日期为2013年12月10日的发货单，在所选择单据前双击，出现Y表示选择成功。

⑤ 选择存货信息。系统自动显示该发货单的存货信息，选择需要开具发票的存货，在其前面双击，出现Y表示选择成功，如图4-31所示。选择完毕，单击"确定"按钮。

⑥ 系统根据所选择的发货单和存货自动生成一张销售专用发票。修改发票信息，如开具发票的日期和发票号等信息，确认后单击"保存"按钮，确认并保存发票信息，如图4-32所示。

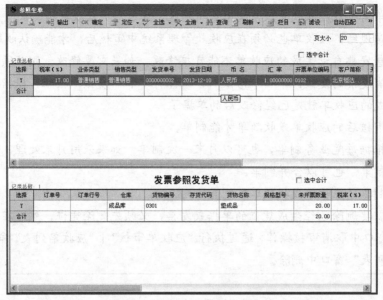

图 4-31　选择生成发票的发货单

图 4-32　销售专用发票

⑦ 单击"复核"按钮，保存销售专用发票的信息。

 注意：

- 尚未复核的发票可以直接修改。
- 已经复核的发票不能直接修改或删除。
- 已经复核的发票取消复核后，可以修改。单击"弃复"按钮，弃复成功后，单击 "修改"按钮，修改信息确认后单击"保存"按钮。如果需要删除，取消复核成功后可以直接删除。

(2) 应收款管理系统审核应收单并制单。

操作步骤

① 在企业应用平台中，打开"业务工作"选项卡，执行"财务会计"|"应收款管理"|"应收单据处理"|"应收单据审核"命令，系统自动弹出"应收单过滤条件"对话框。

② 设置过滤条件，如图 4-33 所示。

③ 单击"确定"按钮。选择需要审核的应收单据，在记录的"选择"栏处双击，出现 Y，表示选择成功。

④ 单击"审核"按钮，系统弹出"本次审核成功单据[1]张"信息提示对话框。单击"确定"按钮。

⑤ 执行"制单处理"命令，系统自动打开"制单查询"对话框。设置单据过滤条件，默认选择"发票制单"，如图 4-34 所示。

 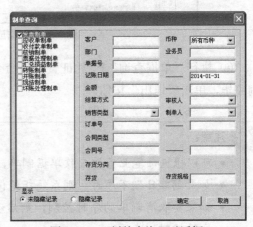

图 4-33　"应收单过滤条件"对话框　　　图 4-34　"制单查询"对话框

⑥ 单击"确定"按钮，系统打开"销售发票制单"窗口。在需要制单的记录前的"选择"栏输入 1，表示选择 1 的单据生成一张凭证，如图 4-35 所示。

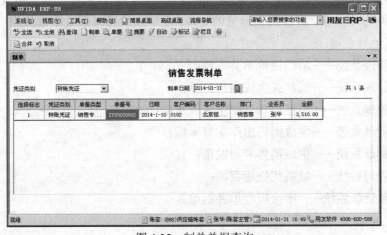

图 4-35　制单单据查询

⑦ 选择凭证类别为"转账凭证",单击"制单"按钮,系统根据所选择的应收单自动生成转账凭证。单击"保存"按钮,系统显示"已生成"标志,如图 4-36 所示。

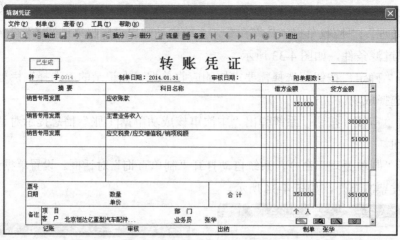

图 4-36 根据应收单生成凭证

⑧ 执行"单据查询"|"凭证查询"命令,可以查询根据应收单生成的转账凭证。查询完毕,单击"退出"按钮。

 注意:

- 可以根据每笔业务的应收单据制单,也可以月末一次制单。
- 如果制单日期不序时,则系统拒绝保存不序时的凭证。
- 如果要取消制单的序时控制,则启动总账系统,需要在其初始设置中取消"制单序时控制"选项。

3. 第 3 笔普通销售业务的处理

本笔业务属于本期发生的业务,需要填制或生成报价单、销售订单、销售发货单、销售出库单、销售专用发票,进行代垫运费的处理;在应收款管理系统中审核应收单并制单。

本笔业务处理流程:

① 销售管理系统——填制报价单并审核;

② 销售管理系统——填制或生成销售订单;

③ 销售管理系统——根据销售订单生成发货单;

④ 库存管理系统——生成销售出库单并审核;

⑤ 销售管理系统——生成销售专用发票;

⑥ 销售管理系统——填制代垫运费单;

⑦ 应收款管理系统——审核应收单并制单。

(1) 销售管理系统填制报价单、销售订单，生成销售发货单。

操作步骤

① 在销售管理系统中，执行"销售报价"|"销售报价单"命令，打开"销售报价单"窗口。

② 单击"增加"按钮，输入表头信息。业务类型为"普通销售"，销售类型为"普通销售"，日期修改为"2014年1月10日"，客户是"河北石家庄市汽车配件公司"，税率为17%。表体中的存货为"垫成品"，数量100件，报价(无税)150元/只。单击"保存"和"审核"按钮，如图4-37所示。

图4-37　"销售报价单"窗口

③ 执行"销售订货"|"销售订单"命令，打开"销售订单"窗口。

④ 单击"增加"按钮，再单击"生单"按钮，选择"报价"，系统自动显示订单参照报价单过滤窗口。选择1月10日的"石家庄配件"的报价单，选中标志为Y，同时选择下半部的存货垫成品，选中标志为Y，如图4-38所示。

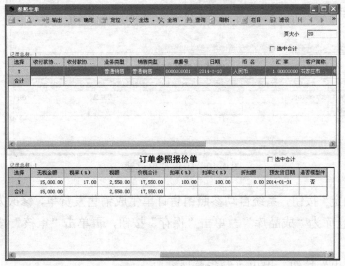

图4-38　选择报价单

⑤ 系统根据报价单自动生成一张销售订单。修改订单与报价单不一致的信息，如日期为 2014-01-12，无税单价为 140，数量为 60。信息确认后单击"保存"按钮，再单击"审核"按钮，如图 4-39 所示。

图 4-39　销售订单

⑥ 执行"销售发货" | "发货单"命令，打开"发货单"窗口。

⑦ 单击"增加"按钮，系统自动显示"参照生单"窗口。

⑧ 在"参照生单"管理窗口中，设定过滤条件后，单击"过滤"按钮，系统显示符合条件的销售订单。单击出现 Y，选中销售订单和存货，如图 4-40 所示。

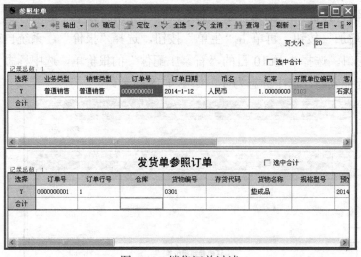

图 4-40　销售订单过滤

⑨ 单击"确定"按钮，系统自动参照销售订单生成销售发货单，修改发货日期为"15日"，输入发货仓库为"成品库"。单击"保存"按钮，再单击"审核"按钮，如图 4-41 所示。

⑩ 单击"退出"按钮，退出"发货单"窗口。

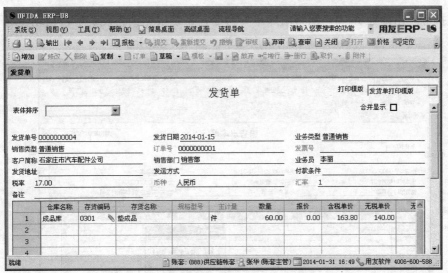

图 4-41　"发货单"窗口

 注意:

- 销售报价单只能手工输入。
- 销售报价单没有审核前,可以单击"修改"按钮进行修改;如果已经审核,则必须先取消审核,然后才能修改。
- 报价单被参照后与销售订单不建立关联,即使审核后也可以删除。
- 销售订单可以手工输入,也可以根据销售报价单参照生成。
- 参照报价单生成的销售订单,所有从报价单带入的信息均可修改。同时还可以在销售订单上增行、删行。
- 已经保存的报价单可以在报价单列表中查询,所选择的报价单打开后,可以执行弃审、修改、删除等操作。
- 已经保存的销售订单可以在订单列表中查询。没有被下游参照的订单可以在打开单据后执行弃审、修改、删除等操作。
- 已经审核的销售订单可以修改。在订单列表中,打开该销售订单,单击"变更"按钮,可以修改。
- 销售发货单可以手工输入,也可以参照销售订单生成。如果销售系统选项中设置了"普通销售必有订单",则只能参照生成。
- 如果销售订单、发货单等单据已经被下游单据参照,则不能直接修改、删除。如果需要修改或删除,则必须先删除下游单据,然后取消审核,再修改或删除。

(2) 销售出库单。

操作步骤

① 在企业应用平台中,登录库存管理系统。

② 执行"出库业务"|"销售出库单"命令，系统根据销售发货单，自动生成了销售出库单。单击"审核"按钮，确认销售出库单，如图4-42所示。

图4-42 销售出库单

 注意：

- 在销售管理系统选项中设置了"销售生成出库单"，则系统根据销售发货单自动生成出库单。
- 如果在销售管理选项中没有设置"销售生成出库单"，则在库存管理系统的销售出库单窗口，单击"生单"按钮，系统显示出库单查询窗口。用户自行选择过滤单据生成销售出库单。
- 在库存管理系统中生成的销售出库单，可以在销售管理系统的账表查询中，通过联查单据查询到该销售出库单。
- 在由库存管理生单向销售管理生单切换时，如果有已审核/复核的发货单、发票未在库存管理系统中生成销售出库单，将无法生成销售出库单。因此，应检查已审核/复核的销售单据是否已经全部生成销售出库单后再切换。
- 系统自动生成的销售出库单不能修改，可以直接审核。

(3) 销售专用发票。

操作步骤

① 在销售管理系统中，执行"销售开票"|"销售专用发票"命令，打开"销售专用发票"窗口。

② 单击"增加"按钮，系统自动弹出"发票参照发货单"窗口。默认业务类型为"普通销售"，可以重新选择。

③ 设置过滤条件，单击"过滤"按钮，系统根据过滤条件显示符合条件的全部单据。

④ 在显示的发货单记录中选择客户为"石家庄配件"，或者选择日期为2014年1月

15 日的发货单，在所选择单据前单击，出现 Y 表示选择成功。

　　⑤ 选择存货信息。系统自动显示该发货单的存货信息，选择需要开具发票的存货，在其前面单击，出现 Y 表示选择成功，选择完毕，单击"确定"按钮。

　　⑥ 系统根据所选择的发货单和存货自动生成一张销售专用发票。修改发票日期和发票号，确认后单击"保存"按钮，确认并保存发票信息，如图 4-43 所示。

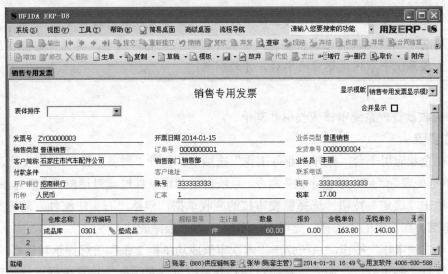

图 4-43　第 3 笔业务销售专用发票

　　⑦ 单击"复核"按钮，保存销售专用发票的信息。

　　⑧ 执行"代垫费用"|"代垫费用单"命令，打开"代垫费用单"窗口。

　　⑨ 单击"增加"按钮，输入代垫费用及其相关内容，如图 4-44 所示。

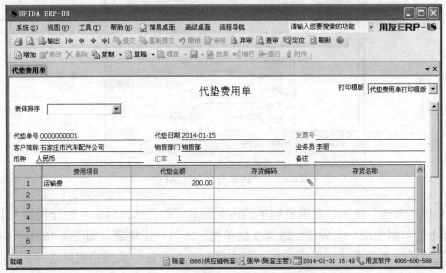

图 4-44　"代垫费用单"窗口

　　⑩ 单击"保存"按钮，再单击"审核"按钮审核。

注意：

- 代垫费用单可以在销售管理系统的专用发票窗口中，生成销售专用发票保存后，单击"代垫"按钮，调出"代垫费用单"窗口，输入"代垫费用单"。
- 代垫费用单也可以通过执行"销售管理"｜"代垫费用"｜"代垫费用单"命令进行输入。
- 代垫费用单保存后自动生成其他应收单并传递至应收款管理系统。
- 销售管理系统只能记录代垫费用，但不能对代垫费用制单。其凭证需要在应收款管理系统中审核代垫费用单后，才能制单。

(4) 应收款管理系统审核应收单并制单。

操作步骤

① 在企业应用平台，打开"业务工作"选项卡，执行"财务会计"｜"应收款管理"｜"应收单据处理"｜"应收单据审核"命令，系统自动弹出条件过滤对话框，设置过滤条件。

② 单击"确定"按钮。选择需要审核的应收单据，包括"石家庄配件"的运费单据和应收单据，在记录的"选择"处单击，出现 Y 表示选择成功。

③ 单击"审核"按钮，系统弹出"本次审核成功单据 2 张"信息提示对话框。

④ 执行"制单处理"命令，系统自动打开单据过滤对话框。设置单据过滤条件，选择"发票制单"和"应收单制单"，如图 4-45 所示，单击"确定"按钮。

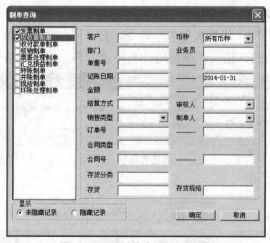

图 4-45 "制单查询"对话框

⑤ 单击"全选"按钮，在需要制单的两个记录前的"选择标志"栏分别输入 1 和 2，表示选择 1 的单据生成一张凭证，选择 2 的单据生成另一张凭证，如图 4-46 所示。

⑥ 选择凭证类别为"转账凭证"，单击"制单"按钮，系统根据所选择的应收单自动生成两张转账凭证，分别单击"保存"按钮，系统显示"已生成"标志。单击"下一张"按钮，在第 2 行科目名称栏输入 1001，修改凭证类别为"付款凭证"。再单击"保存"按钮，结果如图 4-47 和图 4-48 所示。

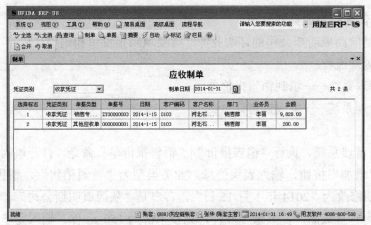

图 4-46 "应收制单" 窗口

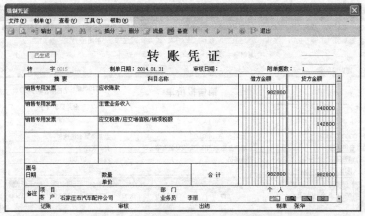

图 4-47 根据应收单生成转账凭证

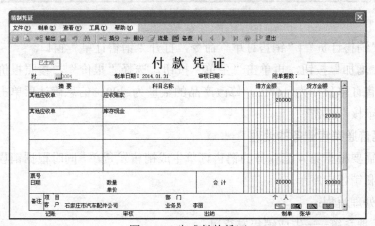

图 4-48 生成付款凭证

⑦ 执行 "单据查询" | "凭证查询" 命令，可以查询根据应收单生成的转账凭证。查询完毕，单击 "退出" 按钮。

4. 第4笔普通销售业务的处理

本笔业务是陕西康明斯公司的订购业务,需要填制报价单和销售订单。

本笔业务处理流程:

① 销售管理系统——填制销售报价单;

② 销售管理系统——生成销售订单。

操作步骤

① 在销售管理系统,执行"销售报价"|"销售报价单"命令,打开填制报价单窗口。

② 单击"增加"按钮,输入表头信息。业务类型为"普通销售",销售类型为"普通销售",日期修改为"2014年1月15日",客户是"陕西康明斯公司",税率为17%。表体中的存货为"垫成品",数量100件,无税单价为150元/件。输入完毕单击"保存"按钮,再单击"审核"按钮,如图4-49所示。

图 4-49　销售报价单

③ 执行"销售订货"|"销售订单"命令,打开"销售订单"窗口。

④ 单击"增加"按钮,再单击"生单"按钮,选择"报价",参照报价单生成销售订单,修改销售订单日期为16日,修改产品的数量为300。信息确认后单击"保存"按钮,再单击"审核"按钮。

5. 第5笔普通销售业务的处理

本笔业务需要根据第4笔业务的销售订单生成销售发货单,同时根据销售发货单生成销售专用发票和销售出库单。

本笔业务处理流程:

① 销售管理系统——生成销售发货单;

② 销售管理系统——分批开具销售专用发票、支付费用单;

③ 应收款管理系统——审核应收单、制单;

④ 库存管理系统——生成销售出库单。

(1) 销售管理系统填制销售发货单、销售专用发票和支付费用单。

操作步骤

① 登录销售管理子系统，执行"销售发货" | "发货单"命令，打开"发货单"窗口。

② 单击"增加"按钮，系统弹出"参照生单"窗口。

③ 在"参照生"窗口中，单击"过滤"按钮，系统显示符合条件的销售订单，单击出现 Y 表示选中销售订单和相应的存货。若要选中多条存货，则要按住 Ctrl 键，如图 4-50 所示。

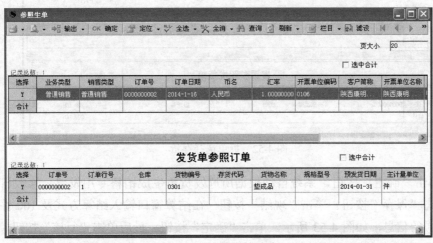

图 4-50 销售订单过滤

④ 单击"确定"按钮，系统自动参照销售订单生成销售发货单，修改发货日期为"2014 年 1 月 20 日"，输入发货仓库为"成品库"。单击"保存"按钮，再单击"审核"按钮，如图 4-51 所示。

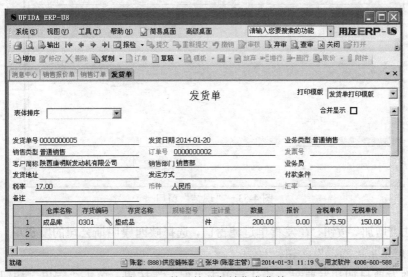

图 4-51 第 5 笔业务销售发货单

⑤ 单击"退出"按钮,退出销售发货单窗口。

⑥ 执行"销售开票"|"销售专用发票"命令,进入销售专用发票窗口。单击"增加"按钮,系统显示"发票参照发货单"窗口。单击"过滤"按钮,系统显示符合条件的发货单,选中客户为陕西康明斯公司的发货单,同时在存货中选择垫成品,如图4-52所示。

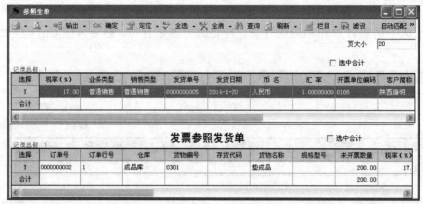

图4-52 拆单选择存货

⑦ 单击"确定"按钮,系统自动根据所选发货单生成销售专用发票,修改日期和发票号,单击"保存"按钮。单击"现结"按钮,在结算窗口输入结算方式及100件垫成品的结算金额等信息,如图4-53所示,单击"确定"按钮。最后单击"复核"按钮,确认并保存该专用发票,如图4-54所示。

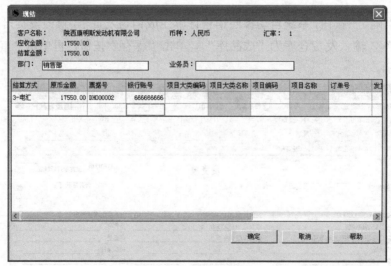

图4-53 "现结"窗口

⑧ 单击"增加"按钮,在发货单过滤窗口,选择陕西康明斯公司的发货单,如图4-55所示。选定后单击"确定"按钮。

⑨ 修改发票日期和发票号,确认后单击"保存"按钮。单击"支出"按钮,系统自动进入支付费用单输入窗口。输入支付的运杂费信息,单击"审核"按钮,如图4-56所示。

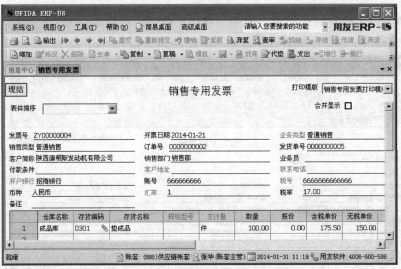

图 4-54　拆单销售发票 1

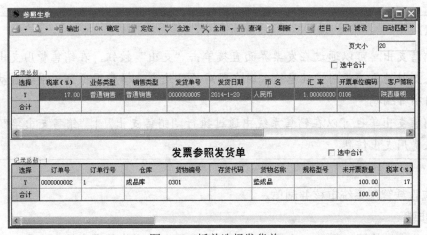

图 4-55　拆单选择发货单

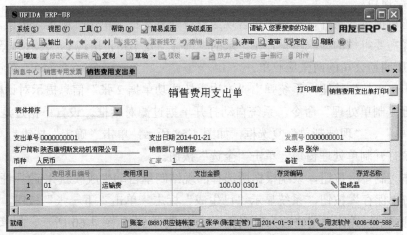

图 4-56　第 5 笔业务销售支出单

⑩ 销售支出单保存后，单击"退出"按钮，即退出销售支出单窗口，回到销售发票界面。单击"复核"按钮，确认并保存该发票，如图 4-57 所示。

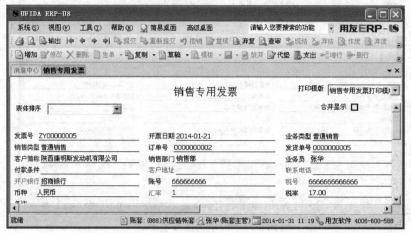

图 4-57　拆单销售发票 2

注意：

- 销售支出单可以通过在发票界面直接单击"支出"按钮，在销售费用支出窗口输入支付的各项费用。注意输入时在费用项目处先选择费用项目，系统自动带出费用项目编码。
- 销售支出单也可以在销售系统中通过执行"销售支出" | "销售支出单"命令输入费用支出信息。

(2) 应收款管理系统审核并制单。

操作步骤

① 启动应收款管理系统，执行"应收单据处理" | "应收单据审核"命令，系统自动弹出条件过滤窗口。

② 设置单据过滤条件，选择"包含现结发票"复选框，单击"确定"按钮。

③ 选择需要审核的应收单据，在记录的"选择"处单击，出现 Y，表示选择成功。本次选择陕西康明斯公司的两张应收单。

④ 单击"审核"按钮，系统弹出"本次审核成功单据 2 张"信息提示对话框。

⑤ 执行"制单处理"命令，系统自动打开单据过滤对话框。设置单据过滤条件，选择"发票制单"、"现结制单"复选框，如图 4-58 所示，单击"确定"按钮。

⑥ 系统打开制单处理窗口，单击"全选"按钮。

⑦ 单击"制单"按钮，系统根据所选择的现结制单自动生成收款凭证(凭证类型可以修改)，单击"保存"按钮，系统显示"已生成"标志。单击"下一张"按钮，系统自动生成一张转账凭证(凭证类型修改为转账凭证)，如图 4-59 和图 4-60 所示。制单完毕，单击"退出"按钮，退出应收款管理系统。

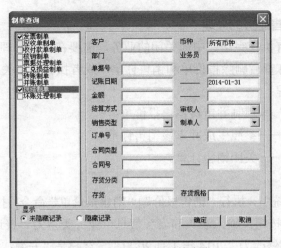

图 4-58　现结单据制单查询

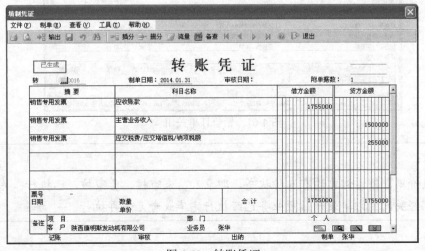

图 4-59　收款凭证

图 4-60　转账凭证

6. 第 6 笔普通销售业务的处理

本笔业务属于没有执行完毕、中途关闭的业务，需要在销售管理系统中输入报价单、销售订单；对方撤销订货后删除报价单和销售订单，或者执行订单关闭。

本笔业务处理流程：

① 销售管理系统——填制并审核销售报价单；

② 销售管理系统——参照生成并审核销售订单；

③ 销售管理系统——关闭销售订单。

操作步骤

① 在销售管理系统中，执行"销售报价"|"销售报价单"命令，打开填制报价单窗口。

② 单击"增加"按钮，输入表头和表头信息。业务类型为"普通销售"，销售类型为"普通销售"，日期修改为"2014 年 1 月 20 日"，客户是"安徽江淮汽车股份有限公司发动机分公司"，税率为 17%。表体中的存货为"垫成品"，数量 100 套，报价 150 元/件。单击"保存"按钮，再单击"审核"按钮。

③ 执行"销售订货"|"销售订单"命令，打开"销售订单"窗口。

④ 单击"增加"按钮，参照报价单生成销售订单。表头信息与报价单相同，表体中的订购数量为 100 件，无税单价为 150 元。信息确认后单击"保存"按钮，再单击"审核"按钮。

⑤ 2014 年 1 月 23 日，接到对方撤销订货的通知后，领导决定关闭报价单和销售订单。

⑥ 执行"销售订货"|"订单列表"命令，设置过滤条件，查询到 1 月 20 日江淮发动机公司的销售订单，单击"关闭"按钮，如图 4-61 所示。

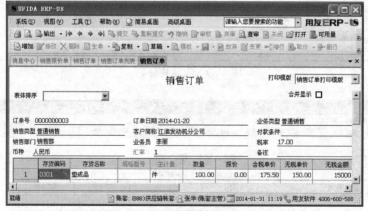

图 4-61　销售订单关闭

 注意：

● 报价单、销售订单均有 5 种状态，即录入、未审核、已审核、已执行、关闭。

● 已经关闭的订单表示该项业务已经执行完毕或者无法再执行。

7. 账套备份

在 C:\ "供应链账套备份"文件夹中新建"888-4-2 普通销售业务(一)"文件夹,将账套输出至该文件夹中。

实验三 普通销售业务(二)——先开票后发货或开票直接发货业务

【实验目的】

(1) 理解企业不同销售业务其处理流程的差异;

(2) 理解销售业务流程各环节的作用;

(3) 掌握普通销售业务中开票直接发货与先开票后发货业务的处理步骤与方法。

【实验准备】

1. 前期账套数据准备

已经完成第 4 章实验二的操作,或者引入光盘中的 888-4-2 账套备份数据。将系统日期修改为 2014 年 1 月 31 日,以操作员 0101(密码为 zh)的身份登录 888 账套的"企业应用平台"。

2. 理论知识准备

回顾与掌握先开票后发货业务与开票直接发货业务在企业经营中的管理原则与处理流程,理解这两种业务与先发货后开票业务的区别。

【实验内容】

在销售选项设置中取消普通销售必有销售订单的条件下,处理开发票直接发货或后发货的业务,具体内容包括:

(1) 在销售管理系统中取消普通销售必有订单的设置;

(2) 在销售管理系统中按要求录入销售发票相关信息;确认、收取应收款项或确认、支付营销费用;对销售发票进行复核,确认应收款项;开具销售专用发票并复核;

(3) 在销售管理系统中自动生成已审核的发货单;

(4) 在库存管理系统中参照发货单生成出库单,按要求修改出库单信息,保存并审核出库单;

(5) 在应收款系统中审核收款或应收款并制单;

(6) 备份账套。

【实验资料】

(1) 2014 年 1 月 13 日,北京恒达亿重型汽车配件公司派采购员到本公司订购垫成品 100 件,本公司报价 150 元/件。经协商,双方认定的价格为 145 元/件,本公司开具销售专用发票(ZY00000006)，收到对方的转账支票(ZZ000001)，采购员当日提货。

(2) 2014 年 1 月 22 日，安徽江淮汽车股份有限公司发动机分公司采购员到本公司采购垫成品 200 件，本公司报价 145 元/件。双方协商价格为 140 元/件，本公司立即开具销售专用发票(ZY00000007)，于 27 日和 28 日分两批发货，每次发货 100 件。对方答应收到货物后，全额支付本次款项和前欠款项。

(3) 2014 年 1 月 22 日，东风汽车有限公司发动机厂有意向本公司订购垫成品 300 件。本公司报价 145 元/件，经双方协商，最后以 135 元成交。23 日收到对方的电汇(DH000003)，本公司当即开具销售专用发票(ZY00000008)。

(4) 2014 年 1 月 25 日，给东风汽车有限公司发动机厂发货。

(5) 2014 年 1 月 26 日，东风汽车有限公司发动机厂向本公司订购垫成品 400 件。本公司报价 135 元/件。双方协商订购价为 130 元/件。本公司于 30 日开具销售专用发票(ZY00000009)，对方于当日提垫成品 200 件，其余 200 件尚未提货。

【实验方法与步骤】

普通销售业务(二)主要是开票直接发货或者先开票后发货的销售业务。这两类业务需要直接由手工开具发票，因此，必须将销售管理系统的"普通销售必有订单"选项取消，同时取消库存管理系统的"销售生成出库单"选项。这样就可以手工开具销售发票了。

1. 第 1 笔普通销售业务的处理

本笔业务属于开票直接发货的普通销售业务，可以直接开具销售专用发票，由销售发票生成销售发货单、销售出库单，确认收入、收取价税款。

本笔业务处理流程：

① 销售管理系统——取消"普通销售必有订单"和"销售生成出库单"设置；

② 销售管理系统——开具销售专用发票并现结、复核；

③ 销售管理系统——自动生成已审核的销售发货单；

④ 库存管理系统——生成销售出库单并审核；

⑤ 应收款管理系统——审核应收单、制单并传递至总账系统。

操作步骤

① 在销售管理系统中，执行"设置"|"销售选项"命令，取消"普通销售必有订单"和"销售生成出库单"选项，如图 4-62 所示。然后单击"确定"按钮。

② 执行"销售开票"|"销售专用发票"命令，进入销售专用发票窗口。单击"增加"按钮，系统自动弹出"发票参照发货单"对话框，单击"取消"按钮，关闭该对话框。

③ 手工输入发票的表头和表体信息。业务类型为"普通销售"，销售类型为"普通销售"，客户为"北京恒达亿重型汽车配件公司"，开票日期"2014 年 1 月 13 日"，发票号 ZY00000006，销售部门为"销售部"；成品库垫成品 100 件，报价 150 元，无税单价 145 元。全部信息输入后，单击"保存"按钮。

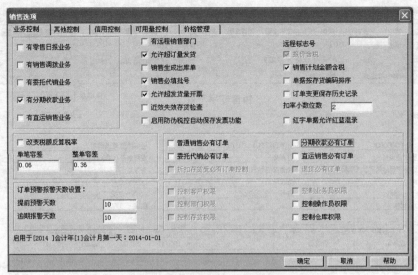

图 4-62　修改销售系统选项

④ 单击"现结"按钮，打开"现结"对话框，输入结算方式为"转账支票"(ZZ000001)，全额支付，银行账号指北京恒达亿重型汽车配件公司的银行账号，如图 4-63 所示。输入完毕，单击"确定"按钮。

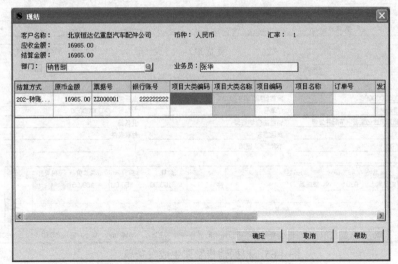

图 4-63　"现结"对话框

⑤ 发票上自动显示"现结"标志，单击"复核"按钮，如图 4-64 所示。

⑥ 执行"销售发货"|"发货单"命令，进入"发货单"窗口，系统根据复核后的销售专用发票，自动生成了一张已经审核的销售发货单，如图 4-65 所示。单击"退出"按钮，退出销售系统。

⑦ 启动库存管理系统，执行"出库业务"|"销售出库单"命令，进入销售出库单窗口。

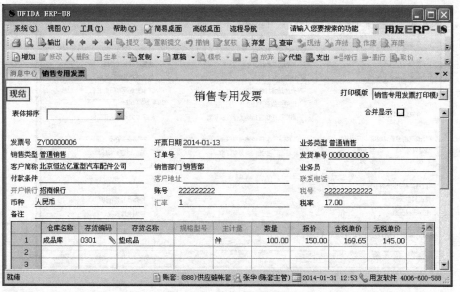

图 4-64　销售专用发票

图 4-65　根据销售发票生成发货单

⑧ 单击"生单"按钮，系统显示单据过滤窗口，设置过滤条件。单击"过滤"按钮，系统显示符合条件的单据，选中单据表头，系统显示单据内容，以便于正确确认单据，如图 4-66 所示。

⑨ 选中销售发货单后单击"确定"按钮，系统根据选择的发货单生成一张未保存的销售出库单。修改出库日期为"1 月 13 日"，单击"保存"按钮，再单击"审核"按钮，如图 4-67 所示。

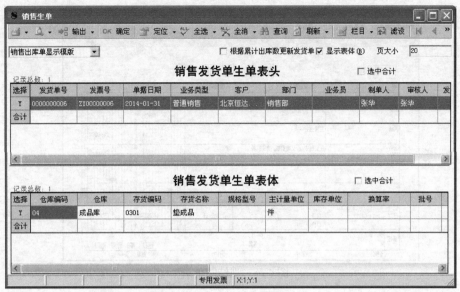

图 4-66　出库单生单单据过滤

图 4-67　根据发货单生成销售出库单

⑩　启动应收款管理系统，执行"应收单据处理"|"应收单据审核"命令，系统自动弹出条件过滤对话框。

⑪　设置单据过滤条件，选择"包含已现结发票"复选框，单击"确定"按钮。

⑫　选择需要审核的应收单据，在该记录的"选择"处双击，出现 Y。

⑬　单击"审核"按钮，系统显示"本次审核成功单据 1 张"信息提示对话框。

⑭　执行"制单处理"命令，系统自动打开"制单查询"对话框，设置单据过滤条件，选择"现结制单"。单击"确定"按钮，进入"现结制单"窗口，选择单据后单击"制单"按钮。在生成凭证界面修改凭证类型为"收款凭证"，然后单击"保存"按钮，如图 4-68 所示。

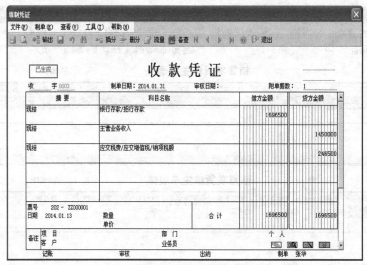

图 4-68 现结制单

注意:

* 如果在销售管理系统的销售选项"其他控制"选项卡中,选择"新增发票默认参照发货单生成",则新增发票时系统自动弹出"选择发货单"对话框。系统默认为"新增发票默认参照订单生成"。
* 根据销售专用发票生成的发货单信息不能修改,发货单日期为操作业务日期。如果需要与发票日期相同,则注册进入企业应用平台的日期应该与发票日期相同,否则,发货单日期不等于发票日期。其他由系统自动生成的单据或凭证日期也是如此。
* 根据销售专用发票自动生成的发货单信息不能修改。
* 根据发货单生成销售出库单时,可以修改出库数量,即可以处理分次出库业务。

2. 第 2 笔普通销售业务的处理

本笔业务属于开票后分批发货的普通销售业务,可以直接开具销售专用发票,由销售发票生成销售发货单,分次生成销售出库单,确认应收账款。

本笔业务处理流程:

① 销售管理系统——开具销售专用发票并复核;

② 销售管理系统——生成销售发货单;

③ 库存管理系统——分次生成销售出库单并审核;

④ 应收款管理系统——审核应收单、制单并传递至总账系统。

操作步骤

① 在销售管理系统中,执行"销售开票"|"销售专用发票"命令,进入"销售专用发票"窗口。

② 单击"增加"按钮,关闭"发票参照发货单"对话框。手工输入发票的表头和表

体信息，业务类型为"普通销售"，销售类型为"普通销售"，客户为"江淮发动机"，开票日期为"2014 年 1 月 22 日"，发票号为 ZY00000007，销售部门为"销售部"。全部信息输入后，单击"保存"按钮，单击"复核"按钮。

③ 执行"销售发货"|"发货单"命令，进入"发货单"窗口。系统根据复核后的销售专用发票，自动生成了一张已经审核的销售发货单。单击"退出"按钮，退出销售系统。

④ 启动库存管理系统，执行"出库业务"|"销售出库单"命令，进入"销售出库单"窗口。

⑤ 单击"生单"下三角按钮，选中"销售生单"，系统显示单据过滤窗口，输入过滤条件后单击"过滤"按钮，进入销售发货单生单列表。双击"选择"栏，选中一条发货单，如图 4-69 所示。

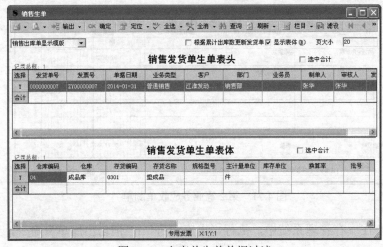

图 4-69　出库单生单单据过滤

⑥ 单击"确定"按钮，系统根据选择的发货单生成一张未保存的销售出库单，单击"修改"按钮，修改发货数量为 100。单击"保存"按钮，再单击"审核"按钮，如图 4-70 所示。

图 4-70　分次生成销售出库单 1

⑦ 启动应收款管理系统，执行"应收单据处理"|"应收单据审核"按钮，系统自动弹出条件过滤对话框。

⑧ 设置单据过滤条件，单击"确定"按钮。

⑨ 选择需要审核的应收单据，在记录的"选择"处双击，出现 Y。

⑩ 单击"审核"按钮，系统弹出"本次审核成功单据 1 张"信息提示对话框。

⑪ 执行"制单处理"命令，系统自动打开单据过滤对话框，设置单据过滤条件，选择"发票制单"。选择单据后单击"制单"按钮，在生成凭证界面修改凭证类型为"转账凭证"，然后单击"保存"按钮，如图 4-71 所示。

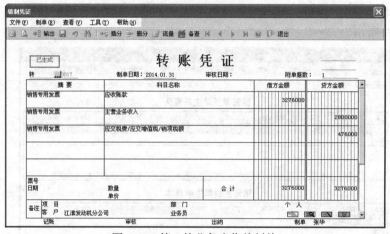

图 4-71 第 2 笔业务应收单制单

⑫ 28 日，在库存管理系统中，执行"出库业务"|"销售出库单"命令，进入"销售出库单"窗口。

⑬ 单击"生单"按钮，选中弹出的"销售生单"，系统显示单据过滤窗口。输入过滤条件后单击"过滤"按钮，进入销售发货单生单列表，双击"选择"栏，选中一条发货单。单击"确定"按钮，系统根据选择的发货单生成一张未保存的销售出库单，数量为100。单击"保存"按钮，再单击"审核"按钮，如图 4-72 所示。

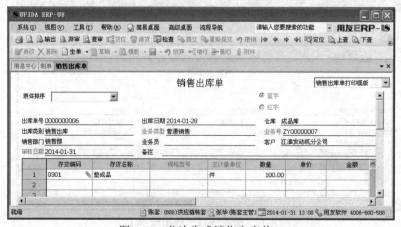

图 4-72 分次生成销售出库单 2

3. 第 3 笔普通销售业务的处理

本笔业务属于开票现销的普通销售业务，需要开具销售专用发票，进行现结，根据应收单确认收入并制单。

本笔业务处理流程：

① 销售管理系统——开具销售专用发票并现结；

② 应收款管理系统——审核应收单并制单。

操作步骤

① 在销售管理系统中，执行"销售开票"|"销售专用发票"命令，进入"销售专用发票"窗口。

② 单击"增加"按钮，取消"发票参照发货单"对话框。手工输入发票的表头和表体信息，业务类型为"普通销售"，销售类型为"普通销售"，客户为"东风商用发动机"，开票日期为"2014 年 1 月 23 日"，发票号为 ZY00000008，销售部门为"销售部"，税率为 17%。垫成品 300 件，报价 145 元，无税单价 135 元。全部信息输入后，单击"保存"按钮。

③ 单击"现结"按钮，打开"现结"窗口，输入结算方式为"电汇"(DH000003)，结算金额 47 385 元，输入完毕，单击"确定"按钮。

④ 发票上自动显示"现结"字样，单击"复核"按钮，如图 4-73 所示。

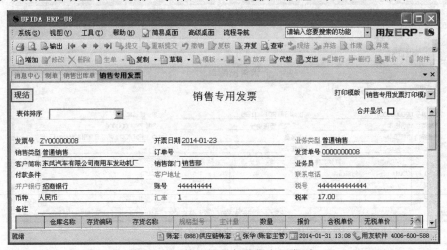

图 4-73　第 3 笔业务销售专用发票

⑤ 启动应收款管理系统，执行"应收单据处理"|"应收单据审核"命令，系统自动弹出条件过滤对话框。

⑥ 设置单据过滤条件，选择"包含已现结发票"复选框，单击"确定"按钮。

⑦ 选择需要审核的应收单据，在记录的"选择"处双击，出现 Y。

⑧ 单击"审核"按钮，系统弹出"本次审核成功单据 1 张"信息提示对话框。

⑨ 执行"制单处理"命令，系统自动打开单据过滤对话框，设置单据过滤条件，选择"现结制单"。选择单据后单击"制单"按钮，在生成凭证界面修改凭证类型为"收款

凭证",然后单击"保存"按钮,确认并保存收款凭证信息。

4. 第 4 笔普通销售业务的处理

本笔业务是第 3 笔业务的继续。根据销售专用发票生成销售发货单、销售出库单。

本笔业务处理流程:

① 销售管理系统——生成已审核的销售发货单;

② 库存管理系统——生成销售出库单。

操作步骤

① 在销售管理系统中,执行"销售发货"|"发货单"命令,进入"发货单"窗口。系统根据复核后的销售专用发票,自动生成了一张已经审核的销售发货单。单击"退出"按钮,退出销售系统。

② 启动库存管理系统,执行"出库业务"|"销售出库单"命令,进入"销售出库单"窗口。

③ 单击"生单"按钮,选中弹出的"销售生单",系统显示单据过滤窗口。输入过滤条件后单击"过滤"按钮,进入销售发货单生单列表,双击"选择"栏,选中一条发货单。单击"确定"按钮,系统根据选择的发货单生成一张未保存的销售出库单。修改出库单日期为"1 月 25 日",单击"保存"按钮,再单击"审核"按钮,如图 4-74 所示。

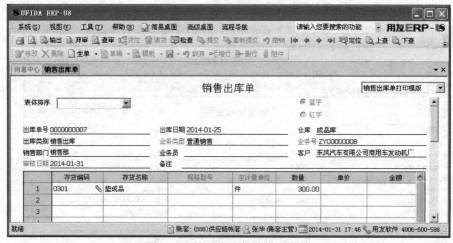

图 4-74 第 4 笔业务销售出库单

5. 第 5 笔普通销售业务的处理

本笔业务属于开票直接销售的普通销售业务,需要开具销售专用发票、生成发货单、销售出库单,确认应收账款并制单。

本笔业务处理流程:

① 销售管理系统——填制销售专用发票并复核;

② 销售管理系统——生成已审核的销售发货单;

③ 库存管理系统——生成销售出库单;

④ 应收款管理系统——审核应收单并制单。

操作步骤

① 在销售管理系统中，执行"销售开票"|"销售专用发票"命令，进入"销售专用发票"窗口。

② 单击"增加"按钮，关闭"发票参照发货单"对话框。手工输入发票的表头和表体信息，业务类型为"普通销售"，销售类型为"普通销售"，客户为"东风发动机"，开票日期为"2014年1月30日"，发票号为ZY00000009，销售部门为"销售部"。成品库垫成品400件，报价135元，无税单价130元。全部信息输入后，单击"保存"按钮，再单击"复核"按钮。

③ 执行"销售发货"|"发货单"命令，进入"发货单"窗口，系统根据复核后的销售专用发票，自动生成了一张已经审核的销售发货单。单击"退出"按钮，退出销售系统。

④ 启动库存管理系统，执行"出库业务"|"销售出库单"命令，进入"销售出库单"窗口。

⑤ 单击"生单"下三角按钮，选中弹出的"销售生单"，系统显示单据过滤窗口。输入过滤条件后单击"过滤"按钮，进入销售发货单生单列表。双击"选择"栏，选中垫成品的发货单，如图4-75所示。

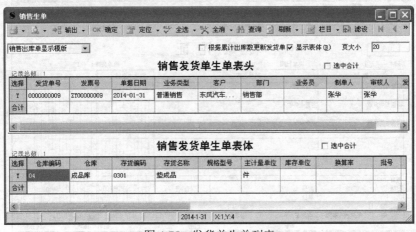

图4-75　发货单生单列表

⑥ 单击"确定"按钮，系统根据选择的发货单生成一张未保存的销售出库单。单击"修改"按钮，修改发货数量为200，单击"保存"按钮再单击"审核"按钮，如图4-76所示。单击"退出"按钮。

⑦ 启动应收款管理系统，执行"应收单据处理"|"应收单据审核"命令，系统自动弹出条件过滤对话框。

⑧ 设置单据过滤条件，单击"确定"按钮。

⑨ 选择需要审核的应收单据，在记录的"选择"处双击，出现Y。单击"审核"按钮，系统弹出"本次审核成功单据1张"信息提示对话框。

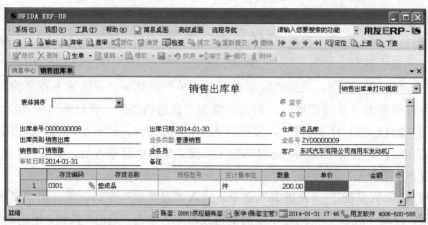

图 4-76　第 5 笔业务的销售出库单

⑩ 执行"制单处理"命令，系统自动打开单据过滤对话框，设置单据过滤条件，选择"发票制单"。选择单据后单击"制单"按钮，在生成凭证界面修改凭证类型为"转账凭证"，然后单击"保存"按钮，如图 4-77 所示。

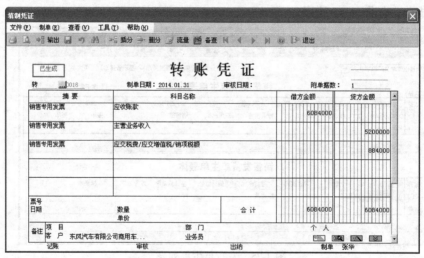

图 4-77　第 5 笔业务应收单凭证

6. 账套备份

在 C:\"供应链账套备份"文件夹中新建"888-4-3 普通销售业务(二)"文件夹，将账套输出至该文件夹中。

实验四　销售退货业务

【实验目的】

(1) 理解退货业务发生的条件与处理方法；

(2) 理解退货业务流程各环节的作用；

(3) 掌握不同业务模式下退货业务处理的方法与步骤。

【实验准备】

1. 前期账套数据准备

已经完成第4章实验三的操作，或者引入光盘中的888-4-3账套备份数据。将系统日期修改为2014年1月31日，以操作员0101(密码为zh)的身份登录888账套的"企业应用平台"。

2. 理论知识准备

回顾并掌握退货业务产生的原因、企业处理退货业务的原则与流程，理解正确处理退货业务对企业经营的影响。

【实验内容】

(1) 填制并审核退货单；

(2) 参照退货单生成红字销售发票，保存并复核；

(3) 参照退货单生成红字销售出库单；

(4) 复核后的红字销售发票自动传递至应收款管理系统，审核后，形成红字应收款；

(5) 备份账套。

【实验资料】

(1) 2014年1月15日，给河北石家庄市汽车配件公司销售垫成品100件，订单价格为16 380元，已经提货。1月25日，对方因为质量问题全部退货(已收到，入成品库)，本公司同意退货。该垫成品于1月15日发货，尚未开具发票。

(2) 2014年1月31日，东风汽车有限公司商用发动机厂提出退回垫成品200只(26日已经开票、生成发货单，但尚未出库)。

(3) 2014年1月31日，东风汽车有限公司商用发动机厂因质量问题要求退回垫成品5件，该垫成品已于本月23日开具销售专用发票并收款，25日发货。

(4) 2014年1月31日，北京恒达亿重型汽车配件公司要求退货，退回垫成品10件(入成品库)，该产品已于本月13日开具销售发票并收款。本公司同意退货，同时办理退款手续(开出一张现金支票XJ000001)。

【实验方法与步骤】

销售退货业务分为开具发票前退货和开具发票后退货。不同阶段发生的退货业务其业务处理不完全相同。

1. 第1笔退货业务的处理

本笔业务属于已经发货尚未开票的全额退货业务。首先需要输入销售订单，根据销售订单生成发货单，系统自动生成销售出库单；退货后需要输入退货单，系统根据退货单，自动生成红字销售出库单。

本笔业务处理流程：

① 销售管理系统——填制并审核销售订单；

② 销售管理系统——参照订单生成并审核发货单；

③ 库存管理系统——生成并审核销售出库单；

④ 销售管理系统——填制并审核退货单；

⑤ 库存管理系统——生成并审核红字销售出库单。

操作步骤

① 启动企业应用平台，打开"业务工作"选项卡，执行"供应链"|"销售管理"|"销售订货"|"销售订单"命令，进入"销售订单"窗口。

② 单击"增加"按钮，输入销售订单表头和表体内容。

③ 单击"保存"按钮，再单击"审核"按钮。

④ 执行"销售发货"|"发货单"命令，单击"增加"按钮，系统自动弹出"参照订单"窗口。选择河北石家庄市汽车配件公司销售订单，单击"确定"按钮，生成发货单。补充输入仓库信息后，单击"保存"按钮，再单击"审核"按钮。

⑤ 启动库存管理系统，执行"出库业务"|"销售出库单"命令，进入"销售出库单"窗口。

⑥ 单击"生单"按钮，选择河北石家庄市汽车配件公司的发货单，确认生单后，审核销售出库单。

⑦ 1月25日，对方退货。启动销售管理系统，执行"销售发货"|"退货单"命令，进入"退货单"窗口。

⑧ 单击"增加"按钮，系统自动显示"退货单参照发货单"窗口。单击"过滤"按钮，选择河北石家庄市汽车配件公司1月15日的发货单，如图4-78所示。

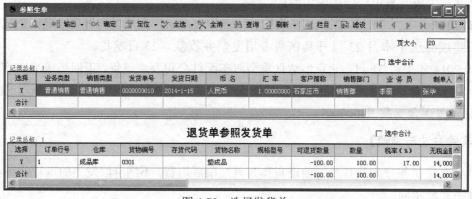

图 4-78 选择发货单

⑨ 单击"确定"按钮，系统自动生成退货单，修改退货日期为25日。单击"保存"按钮，再单击"审核"按钮，如图4-79所示。

⑩ 启动库存管理系统，执行"出库业务"|"销售出库单"命令，进入"销售出库单"窗口。

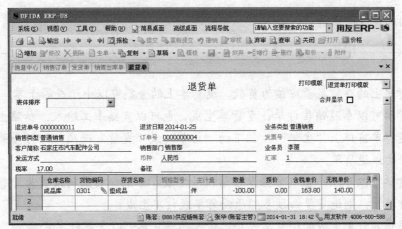

图 4-79　退货单

⑪ 单击"生单"按钮，系统显示"销售生单"窗口，选择河北石家庄市汽车配件公司 25 日的退货单，如图 4-80 所示。

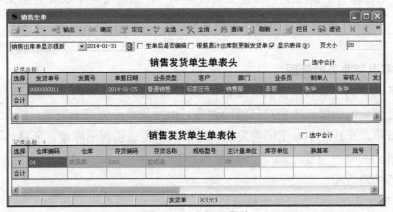

图 4-80　选择退货单

⑫ 单击"确定"按钮，确认后系统根据退货单生成红字销售出库单。单击"审核"按钮，如图 4-81 所示。

图 4-81　红字销售出库单

⑬ 退出库存管理系统。

 注意：

- 退货单上的存货数量应该为负数，退货单上的金额可以小于或等于零。
- 退货单可以参照销售订单、发货单生成，也可以直接手工输入。参照生成时，单击退货单窗口上"生单"按钮下的"订单"或"发货"选项，即可参照选择相关单据生成退货单。
- 退货单可以参照一张或多张发货单记录生成，如果销售选项设置为"普通销售必有订单"，则退货单必须参照原发货单或订单生成。
- 参照销售订单生成的退货单或手工输入的退货单可以生成红字发票。
- 参照发货单生成的退货单直接冲减原发货单数量，因而该退货单无法生成红字销售发票，但该退货单可以在"发货单列表"中查询。
- 如果销售选项中设置了"销售生成出库单"，则发货单审核时自动生成销售出库单；退货单审核时自动生成红字销售出库单。

2. 第 2 笔退货业务的处理

本笔业务属于先开票后发货的普通销售业务，根据实验三中的第 5 笔业务的处理，对退货业务进行相应的处理。本公司已经给对方开出发货单，但尚未出库，因此，退货时，需要输入退货单，开具红字专用销售发票。由于尚未生成销售出库单，所以，不必生成红字销售出库单。

本笔业务处理流程：

① 销售管理系统——填制并审核退货单；

② 销售管理系统——生成并复核红字专用销售发票；

③ 应收款管理系统——审核红字应收单并制单。

操作步骤

① 启动销售管理系统，执行"销售发货"|"退货单"命令，手工填制一张退货单，无税单价为 130 元，单击"保存"按钮，再单击"审核"按钮。

② 执行"销售开票"|"红字专用销售发票"命令，单击"增加"按钮，系统自动显示"过滤条件选择—发票参照发货单"对话框。设置过滤条件，客户为"东风发动机"，发货单类型为"红字记录"，如图 4-82 所示。单击"过滤"按钮，系统自动显示东风发动机的退货单。

③ 单击"确定"按钮，生成红字专用销售发票。单击"保存"按钮，再单击"复核"按钮，如图 4-83 所示。

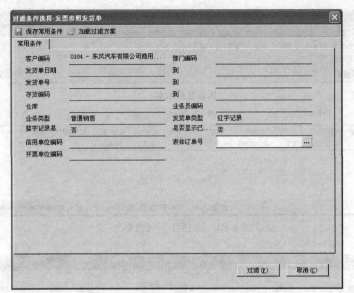

图 4-82 "过滤条件选择"对话框

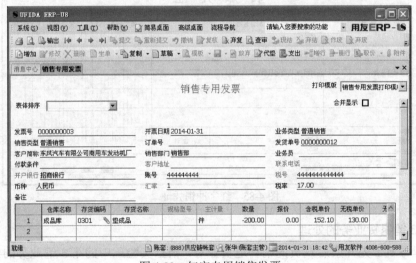

图 4-83 红字专用销售发票

④ 启动应收款管理系统,执行"应收单据处理"|"应收单审核"命令,系统自动弹出单据过滤窗口。设置过滤条件后,单击"确定"按钮,进入应收单审核窗口。选择东风发动机销售专用发票,单击"审核"按钮,系统弹出"本次成功审核单据1张"信息提示对话框。单击"退出"按钮。

⑤ 执行"制单处理"命令,设置过滤条件为"发票制单",单击"确定"按钮,进入制单单据选择窗口。

⑥ 在所选择单据的"选择标志"处输入 1,选择凭证类型为"转账凭证",如图 4-84所示。单击"制单"按钮,系统生成一张红字冲销凭证,单击"保存"按钮,如图 4-85所示。

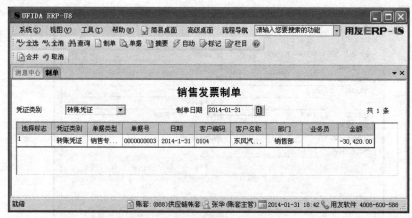

图 4-84　选择红字应收单

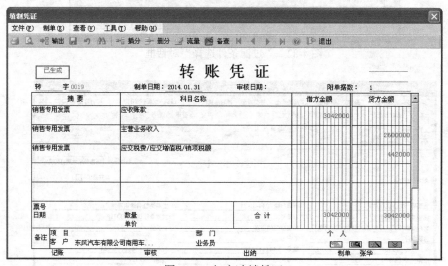

图 4-85　红字冲销凭证

3. 第 3 笔退货业务的处理

本笔业务属于先开票后发货的销售退货业务，根据实验三中的第 3 笔业务的处理，对退货业务进行相应的处理。本笔业务需要手工输入退货单、开具或生成红字专用销售发票、生成红字销售出库单、冲减收入和应收账款。

本笔业务处理流程：

① 销售管理系统——填制并审核退货单；

② 销售管理系统——生成并复核红字专用销售发票；

③ 库存管理系统——生成并审核红字销售出库单；

④ 应收款管理系统——审核红字应收单并制单。

操作步骤

① 在销售管理系统中，执行"销售发货"|"退货单"命令，手工填制一张退货单，无税单价为 135 元，单击"保存"按钮，再单击"审核"按钮。

② 执行"销售开票"|"红字专用销售发票"命令，单击"增加"按钮，系统自动显示"发票参照发货单"对话框。设置过滤条件，单击"过滤"按钮，系统自动显示东风发动机退货单。

③ 单击"确定"按钮，生成红字专用销售发票。单击"保存"按钮，再单击"复核"按钮，退出销售管理系统。

④ 启动库存管理系统，执行"出库业务"|"销售出库单"命令，单击"生单"按钮，系统显示"销售发货单列表"窗口。选择东风发动机 1 月 31 日发货单，单击"确定"按钮，确认生单后，系统自动生成红字销售出库单。单击"审核"按钮，再单击"退出"按钮。

⑤ 启动应收款管理系统，执行"应收单据处理"|"应收单审核"命令，系统自动弹出单据过滤窗口。设置过滤条件后，单击"确定"按钮，进入应收单审核窗口。选择东风发动机销售专用发票，单击"审核"按钮，系统弹出"本次成功审核单据 1 张"信息提示对话框，单击"退出"按钮。

⑥ 执行"制单处理"命令，设置过滤条件为"发票制单"。单击"确定"按钮，进入制单单据选择窗口。

⑦ 在所选择单据的"选择标志"处输入 1，选择凭证类型为"转账凭证"。单击"制单"按钮，系统生成一张红字冲销凭证。单击"保存"按钮，如图 4-86 所示。

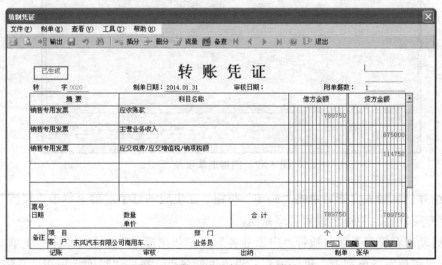

图 4-86 第 3 笔业务红字冲销凭证

4. 第 4 笔退货业务的处理

本笔退货业务属于开票直接销售的退货业务，并且已经现结收取款项。因此，根据原始业务即实验三中的第 1 笔业务的处理，本笔业务需要手工输入退货单、开具或生成红字专用销售发票、生成红字销售出库单、冲减收入和收取的款项。

本笔业务处理流程：

① 销售管理系统——填制并审核退货单；

② 销售管理系统——生成并复核红字专用销售发票；

③ 库存管理系统——生成并审核红字销售出库单；

④ 应收款管理系统——审核红字应收单并制单。

操作步骤

① 在销售管理系统中，执行"销售发货"|"退货单"命令，手工填制一张退货单，无税单价为 145 元，单击"保存"按钮，单击"审核"按钮。

② 执行"销售开票"|"红字专用销售发票"命令，单击"增加"按钮，系统自动显示"发票参照发货单"对话框。设置过滤条件，单击"过滤"按钮，系统自动显示北京恒达亿重型汽车配件公司退货单。

③ 单击"确定"按钮，生成红字专用销售发票，单击"保存"按钮，再单击"现结"按钮。在"现结"对话框中，输入结算方式为"现金支票"，结算号为 XJ000001，并输入负数结算金额即为退款金额(-1696.50 元)，如图 4-87 所示。

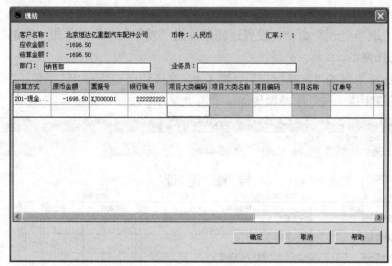

图 4-87 销售退款现结

④ 结算信息输入完毕后单击"确定"按钮。在生成的红字发票上单击"复核"按钮，确认红字专用发票，并退出销售管理系统。

⑤ 启动库存管理系统，执行"出库业务"|"销售出库单"命令，单击"生单"按钮，系统显示"销售发货单列表"过滤窗口，设置过滤条件。单击"过滤"按钮，系统自动显示销售发货生单窗口，选择"北京恒达亿公司"，单击"确定"按钮，确认生单后，系统自动生成红字销售出库单。单击"审核"按钮，再单击"退出"按钮。

⑥ 启动应收款管理系统，执行"应收单据处理"|"应收单审核"命令，系统自动弹出单据过滤对话框。设置过滤条件后，选择"包含已现结发票"复选框，单击"确定"按钮。

⑦ 进入应收单审核窗口，选择需要审核的应收单据，即北京恒达亿销售专用发票，在该记录的"选择"处双击，出现 Y。再单击"审核"按钮，系统弹出"本次成功审核 1

张单据"信息提示对话框，单击"退出"按钮。

　　⑧ 执行"制单处理"命令，系统自动打开单据过滤对话框，设置单据过滤条件，选择"现结制单"。在所选择单据的"选择标志"处输入1，单击"制单"按钮。在生成凭证界面修改凭证类型为"收款凭证"，然后单击"保存"按钮，系统根据现结红字发票自动生成了一张红字收款凭证，如图4-88所示。

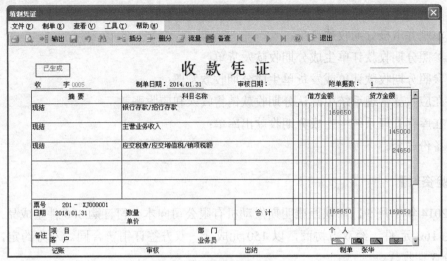

图4-88　第4笔退货业务红字凭证

5. 账套备份

　　在C:\"供应链账套备份"文件夹中新建"888-4-4 销售退货"文件夹，将账套输出至该文件夹中。

实验五　分期收款销售业务

【实验目的】

　　(1) 理解分期收款业务与普通销售业务的差异；

　　(2) 理解分期收款销售业务流程各环节的作用；

　　(3) 掌握分期收款业务的处理方法与步骤。

【实验准备】

1. 前期账套数据准备

　　已经完成第4章实验四的操作，或者引入光盘中的888-4-4账套备份数据。将系统日期修改为2014年1月31日，以操作员0101(密码为zh)的身份登录888账套的"企业应用平台"。

2. 理论知识准备

回顾并掌握企业处理分期收款业务的原则与流程，理解分期收款业务对企业开拓市场、保持客户关系的重要性。

【实验内容】

(1) 在销售管理系统中设置销售选项"分期收款必有订单"；

(2) 填制并审核分期收款订单；

(3) 参照分期收款订单生成分期收款发货单；

(4) 参照分期收款订单或发货单生成分期收款发票；

(5) 在应收款管理系统中确认分期收款销售收入和应收账款；

(6) 在库存管理系统中生成分期收款出库单；

(7) 备份账套。

【实验资料】

(1) 2014 年 1 月 5 日，陕西康明斯发动机有限公司向本公司订购 300 件垫成品，本公司报价为 160 元/件。经双方协商，以 150 元成交，双方签订销售合同。双方约定，一次发货，分 3 期收款。

(2) 2014 年 1 月 9 日，本公司根据销售合同发出垫成品 300 件，开具销售专用发票(ZY00000010)，确认价税款。

(3) 2014 年 1 月 27 日，收到陕西康明斯发动机有限公司电汇(DH000004)，系垫成品第 1 期款项。

(4) 2014 年 1 月 20 日，北京广种福缘汽车配件销售中心向本公司订购 200 件垫成品，本公司报价 150 元/件。经双方协商，以 140 元/件成交，双方签订销售合同，合同约定分 2 次收款。28 日，本公司给北京广种福缘汽车配件销售中心发出垫成品 200 件，本公司开具销售专用发票(ZY00000011)。31 日收到北京广种福缘的电汇(DH00005)，系支付第 1 期分期收款业务的款项。

【实验方法与步骤】

1. 第 1 笔和第 2 笔业务的处理

第 1 笔和第 2 笔业务属于分期收款销售订单的形成和发货业务，因此需要输入分期收款销售订单，生成分期收款发货单；开具分期收款发票，确认第 1 次收入并制单，生成分期收款销售出库单。

操作步骤

① 登录销售管理系统，执行"设置"|"销售选项"命令，选择"有分期收款业务"、"分期收款必有订单"和"销售生成出库单"复选框，如图 4-89 所示，单击"确定"按钮。

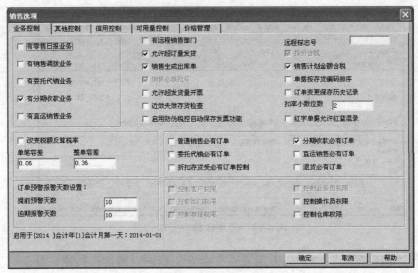

图 4-89 销售选项

② 执行"销售订货"|"销售订单"命令,单击"增加"按钮,进入增加销售订单窗口。

③ 选择业务类型为"分期收款",销售类型为"普通销售",日期为"2014年1月5日",并输入表头和表体的其他信息。输入完毕后,单击"保存"按钮,再单击"审核"按钮,如图4-90所示。

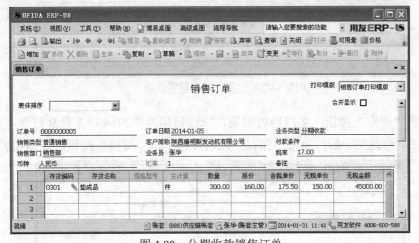

图 4-90 分期收款销售订单

④ 执行"销售发货"|"发货单"命令,单击"增加"按钮,系统显示"参照订单"窗口。

⑤ 选择业务类型为"分期收款",单击"过滤"按钮,选择陕西康明斯公司的订单,选择存货(多选按住 Ctrl 键),单击"确定"按钮,生成销售发货单,修改发货日期为"2014年1月9日",输入仓库"成品库"。单击"保存"按钮,再单击"审核"按钮,如图4-91所示。

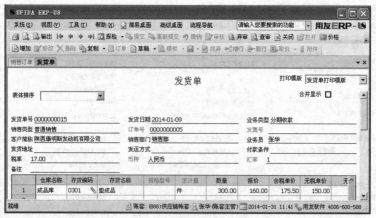

图 4-91　分期收款发货单

⑥ 执行"销售开票"|"销售专用发票"命令，单击"增加"按钮，显示"发票参照发货单"窗口。选择"分期收款"，设置其他过滤条件，单击"过滤"按钮，选择客户"陕西康明斯"的发货单，并选中存货，如图 4-92 所示。

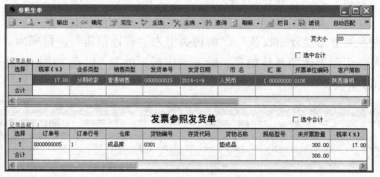

图 4-92　选择分期收款发货单

⑦ 单击"确定"按钮，生成销售发票，修改日期为"2014 年 1 月 9 日"，发票号为 ZY00000010。修改完毕后，单击"保存"按钮，再单击"复核"按钮，如图 4-93 所示。

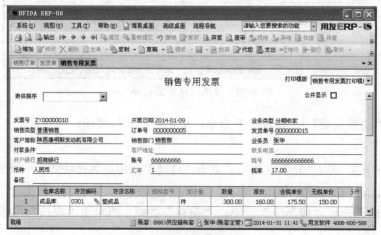

图 4-93　分期收款发票

⑧ 启动应收款管理系统，执行"应收单据处理"｜"应收单据审核"命令，审核分期收款生成的专用发票。

⑨ 执行"制单处理"命令，选择"发票制单"，生成分期收款确认收入的凭证，如图 4-94 所示。

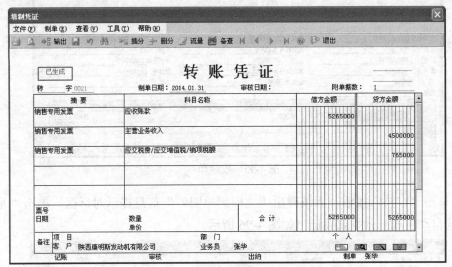

图 4-94　分期收款确认收入凭证

⑩ 启动库存管理系统，执行"出库业务"｜"销售出库单"命令，打开"销售出库单"窗口。单击"审核"按钮，系统显示审核成功。

 注意：

* 分期收款销售方式发出商品、开具销售专用发票并确认收入后，应该立即结转销售成本。由于本实验中的垫成品采用全月加权平均法核算成本，因此，只能在月末才能结转销售成本，故此例中不涉及销售成本的结转。
* 分期收款销售业务成本的结转与普通销售业务类似，有关单据需要在存货核算系统记账后，才能结转销售成本。

2. 第 3 笔业务的处理

本笔业务属于在应收款管理系统中，录入收款单，确认收到全部款项并制单。

操作步骤

① 启动应收款管理系统，执行"收款单据处理"｜"收款单据录入"命令，单击"增加"按钮，输入表头、表体信息，如结算方式为"电汇"，结算科目为"招行存款"，客户为"陕西康明斯"，结算金额为 17 550 元，单击"保存"按钮，如图 4-95 所示。

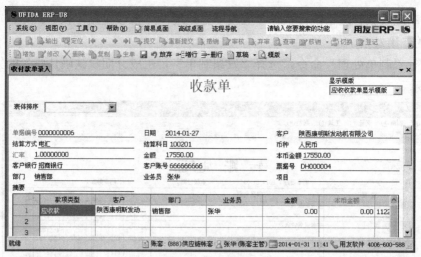

图 4-95 收款单

② 单击"审核"按钮，系统弹出"立即制单吗？"信息提示对话框。单击"是"按钮，系统自动生成一张收款凭证，如图 4-96 所示。

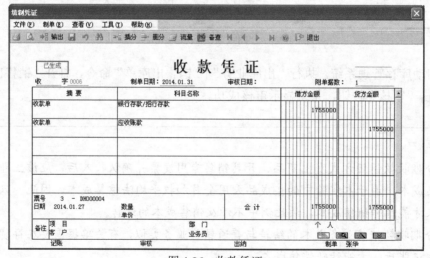

图 4-96 收款凭证

注意：

- 分期收款销售如果采用多次发货，一次收取货款，则在应收款管理系统中输入收款单后，还需要进行核销处理，即对同一客户的应收单和收款单进行核销，以冲销应收账款。
- 核销应收单与收款单时可以采用手工核销的方法，也可以采用自动核销的方法。
- 如果存货采用先进先出法等可以随时结转销售成本的核算方法，则每次出库后，应该结转销售成本。

3. 第 4 笔业务的处理

本笔业务属于分期收款业务，本期签订分期收款销售合同，因此需要输入分期收款销售订单，生成分期收款发货单；同时开具分期收款发票并现结，确认第 1 次收入并制单，生成分期收款销售出库单。

操作步骤

① 执行"销售订货"|"销售订单"命令，单击"增加"按钮，进入增加销售订单窗口。

② 选择业务类型为"分期收款"，销售类型为"普通销售"，日期为"2014年1月20日"，并输入表头和表体的其他信息。输入完毕单击"保存"按钮，单击"审核"按钮，保存并确认分期收款销售订单。

③ 执行"销售发货"|"发货单"命令，单击"增加"按钮，系统显示"参照订单"窗口。选择业务类型为"分期收款"，单击"过滤"按钮，选择北京广种福缘公司的订单，同时选择存货。单击"确定"按钮，生成销售发货单，修改发货日期为"2014 年 1 月 28 日"，输入仓库为"成品库"。单击"保存"按钮，再单击"审核"按钮。

④ 启动库存管理系统，执行"出库业务"|"销售出库单"命令，可以查看到由销售发货单审核后自动产生的销售出库单。单击"审核"按钮，系统显示审核成功。

⑤ 在销售管理系统中，执行"销售开票"|"销售专用发票"命令，单击"增加"按钮，显示"发票参照发货单"窗口。选择"分期收款"，单击"过滤"按钮，选择客户为"北京广种福缘"，日期为"2014年1月28日"的发货单，并选中存货。单击"确定"按钮，生成销售发票，修改日期为"2014年1月31日"，发票号为ZY00000011。单击"保存"按钮，再单击"现结"按钮，系统显示"现结"窗口，输入结算信息，如图4-97所示。

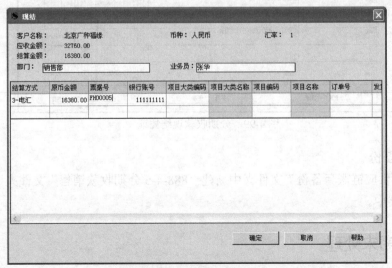

图 4-97 分期收款现结

⑥ 单击"确定"按钮，再单击"复核"按钮，如图 4-98 所示。

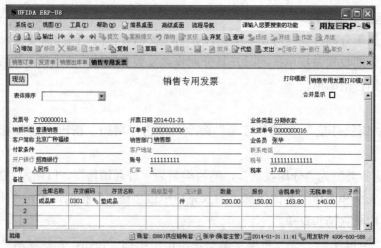

图4-98 分期收款专用发票

⑦ 启动应收款管理系统，执行"应收单据处理"|"应收单据审核"命令(包含已现结发票)，审核分期收款生成的专用发票。

⑧ 执行"制单处理"命令，选择"现结制单"，生成分期收款确认收入、收取款项的凭证，如图4-99所示。

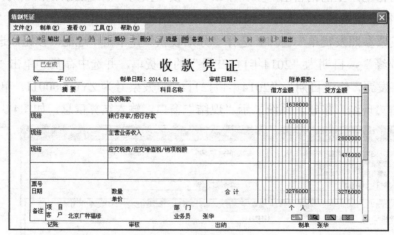

图4-99 分期收款现结凭证

4. 账套备份

在 C:\ "供应链账套备份"文件夹中新建"888-4-5 分期收款销售"文件夹，将账套输出至该文件夹中。

实验六 期末处理

【实验目的】

(1) 理解销售管理系统中单据记账、期末处理的作用；

(2) 掌握销售管理系统单据记账的流程；

(3) 掌握月末处理、月末凭证的生成与查询的方法以及账表查询的方法。

【实验准备】

1. 前期账套数据准备

已经完成第 4 章实验五的操作，或者引入光盘中的 888-4-5 账套备份数据。将系统日期修改为 2014 年 1 月 31 日，以操作员 0101(密码为 zh)的身份登录 888 账套的"企业应用平台"。

2. 理论知识准备

理解企业管理中期末记账、结账对企业经营的意义，掌握企业期末记账的方法。

【实验内容】

(1) 在存货核算系统中进行正常单据与发出商品记账；

(2) 进行期末处理；

① 在销售管理系统中，进行销售管理系统月末结账。

② 在库存管理系统中，进行库存管理系统月末结账。

③ 在存货核算系统中，对仓库进行期末处理。

(3) 进行账表查询及生成凭证；

① 在存货核算系统中设置存货科目。

② 在存货核算系统中设置存货对方科目。

③ 2014 年 1 月 31 日，查询收发存汇总表。

④ 2014 年 1 月 31 日，将所有销售出库业务生成凭证。

⑤ 2014 年 1 月 31 日，将所有其他出入库业务生成凭证。

(4) 备份账套。

【实验资料】

(1) 2014 年 1 月 31 日，对成品库进行期末处理。

(2) 在存货核算系统中设置存货科目，如表 4-2 所示。

表 4-2　存货科目

存货分类编码	存货分类名称	存货科目编码	存货科目名称	差异科目编码	差异科目名称	分期收款发出商品科目编码	分期收款发出商品科目名称
03	产成品	1405	库存商品	1404	材料成本差异	1405	库存商品

(3) 在存货核算系统中设置存货对方科目，如表 4-3 所示。

表 4-3　存货对方科目

收发类别编码	收发类别名称	对方科目编码	对方科目名称
102	销售出库	6401	主营业务成本

【实验方法与步骤】

企业的经理、投资者、债权人等决策者都需要关于企业经营状况的定期信息，我们通过月末结账，据以结算账目编制财务报告，核算财务状况和资金变动情况，以及企业的供应链管理所需要的各种相关数据报表等。在用友 ERP-U8 管理系统中，月末业务处理是自动完成的，企业完成当月所有工作后，系统将相关各个系统的单据封存，各种数据记入有关的账表中，完成会计期间的月末处理工作。

1. 单据记账和发出商品记账

单据记账是登记存货明细账、差异明细账/差价明细账、受托代销商品明细账和受托代销商品差价账，同时是用除全月平均法外的其他几种存货计价方法对存货进行出库成本的计算。

操作步骤

① 以"2014 年 1 月 31 日"的业务日期，登录存货核算系统，执行"业务核算"|"正常单据记账"命令，系统弹出如图 4-100 所示的对话框。

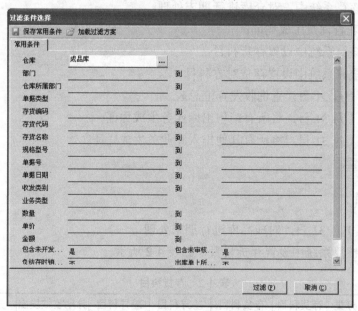

图 4-100　"过滤条件选择"对话框

② 选择成品库和所有的单据类型，"包含未审核单据"和"出库单上所填金额重新计算"选择"是"，单击"过滤"按钮，系统弹出如图 4-101 所示的窗口。

③ 单击"全选"按钮，再单击"记账"按钮。

图 4-101　"正常单据记账列表"窗口

 注意：

- 必须在存货核算系统中执行期初记账后，才能开始日常业务核算；未记账时，只允许进行单据录入、账表查询，不能进行业务核算。
- 存货核算系统必须执行正常单据记账后，才能确认销售出库的成本，并生成结转销售成本凭证。
- 记账后的单据在"正常单据记账"窗口中不再显示。
- 只有记账后的单据才能进行制单。
- 正常单据记账后，可以执行取消记账操作，恢复到记账前状态。
- 可以根据每笔业务单据执行记账操作，也可以月末执行一次记账操作。
- 可以根据每笔业务结转销售成本，生成结转凭证；也可以月末集中结转，合并生成结转凭证。
- 存货采用先进先出法、后进先出法等方法核算，可以随时结转成本。如果存货采用全月加权平均法，则只能在月末计算存货单位成本和结转销售成本。
- 记账时如果单据量特别大，可以分仓库、分收发类别分开进行记账。
- 在进行单据记账时，注意各单据的颜色，以分辨该单据是否能进行记账操作。

---

④ 执行"业务核算"|"发出商品记账"命令，系统弹出如图 4-102 所示的对话框，设置仓库为"成品库"，单据类型为"发货单"，单击"过滤"按钮。

⑤ 系统弹出如图 4-103 所示的窗口，单击"全选"按钮，再单击"记账"按钮。

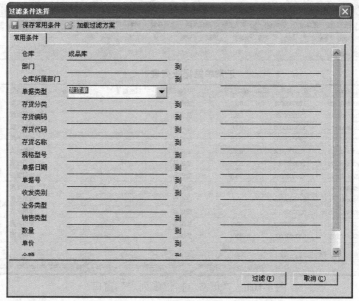

图 4-102   "过滤条件选择"对话框

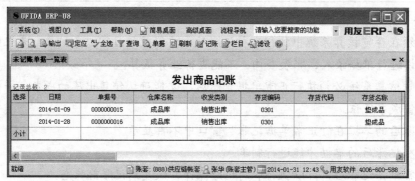

图 4-103   "发出商品记账"窗口

 注意：

- 对分期收款发出商品可采用发货单记账或发票记账。

- 分期收款发出商品使用发货单记账时，核算成本的方法即根据发货单中各存货或仓库、部门的计价方式，计算发货单的成本。计划价(售价)或全月平均计价方式的实际成本在期末处理时计算。发货单记账，减少库存商品，增加分期收款商品。

- 分期收款发出商品使用发票记账时，取发票对应的发货单的出库成本单价计算发票的销售成本。如果发货单是计划价或全月平均计价时，发票可记账，但必须在发货单期末处理后有实际单价时，才能回写发票金额。发票记账时，如果发票对应的发货单未记账，则发票不能记账。恢复记账时，发货单对应的发票必须全部恢复记账后，才能恢复发货单；恢复记账时所有单据一起恢复。

2. 期末处理

销售系统期末处理是在销售系统作结账处理后进行。它是计算按全月平均方式核算的存货的全月平均单价及其本会计月出库成本，计算按计划价/售价方式核算的存货的差异率/差价率及其本会计月的分摊差异/差价，并对已完成日常业务的仓库、部门、存货做处理标志。

本笔业务处理流程：

① 在销售管理系统中，进行销售管理系统月末结账；

② 在库存管理系统中，进行库存管理系统月末结账；

③ 在存货核算系统中，对仓库进行期末处理。

操作步骤

① 以 2014 年 1 月 31 日的业务日期，登录销售管理系统后，执行"月末结账"命令，进入销售结账窗口。单击"月末结账"按钮，最后 1 月份"是否结账"处显示"是"，如图 4-104 所示。单击"退出"按钮退出结账界面。

② 以 2014 年 1 月 31 日的业务日期，登录库存管理系统后，执行"月末结账"命令，进入库存结账窗口。单击"结账"按钮，最后 1 月份"已经结账"显示"是"，如图 4-105 所示。单击"退出"按钮退出结账界面。

图 4-104　销售月末结账

图 4-105　库存月末结账

③ 以 2014 年 1 月 31 日的业务日期，登录存货核算系统后，执行"业务核算"|"期末处理"命令，打开"期末处理"对话框，如图 4-106 所示。

④ 选择"成品库"，并选中"结存数量为零金额不为零生成出库调整单"复选框，单击"确定"按钮，系统根据成本核算方法计算并生成"仓库平均单价计算表"，如图 4-107 所示。

⑤ 单击"确定"按钮，系统提示仓库期末处理完毕。

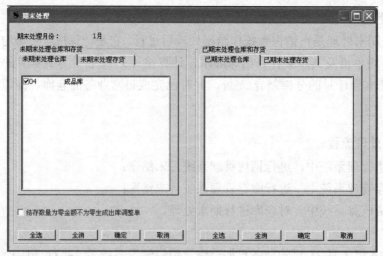

图 4-106　期末处理

图 4-107　生成成本计算表

3. 账表查询及生成凭证

账簿查询是检验本期经营状况、了解本期成本和经营业绩等，同时可以了解存货在库存中的存储状况，以及该存货的资金占用情况，以便分析公司的库存状况和资金的利用情况，并为后期库存提出规划和生产建议等。

生成凭证是将所有经济业务最终以会计凭证的形式体现，以保障把所有的业务都在会计账簿上体现，便于财务做报表，分析本期盈亏和经营状况等。

本笔业务处理流程：

① 设置存货核算系统的会计科目；

② 在存货核算系统中，查询收发存汇总表；

③ 在存货核算系统中，设置生成凭证查询条件；

④ 在存货核算系统中，设置业务单据合并生成凭证条件；

⑤ 在存货核算系统中，设置凭证科目，生成凭证。

(1) 设置存货核算系统的会计科目。

操作步骤

在存货核算系统中分别设置存货科目和存货对方科目。

(2) 查询收发存汇总表。

操作步骤

① 以2014年1月31日的业务日期，登录存货核算系统，执行"账表" | "汇总表" | "收发存汇总表"命令，如图4-108所示，设置报表查询条件。

图 4-108 收发存汇总表查询

② 如果是查询具体存货，可以在"存货分类"或"项目编码"中选择；如果选择查询具体仓库的信息，则在"汇总方式选择"选项卡中，设置好查询条件后单击"确定"按钮，结果如图 4-109 所示。

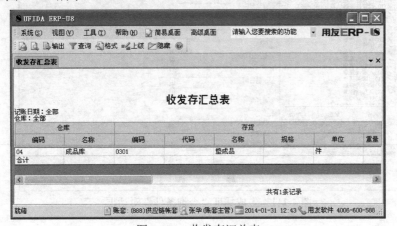

图 4-109 收发存汇总表

注意：

- 在查询时要注意结存数量和结存金额查询条件，并注意检查两个选项卡的查询条件，以免查询出的数字有偏差。

(3) 生成记账凭证。

操作步骤

① 以 2014 年 1 月 31 日作为业务日期登录存货核算系统，执行"财务核算"｜"生成凭证"命令，如图 4-110 所示，设置生成凭证查询条件。

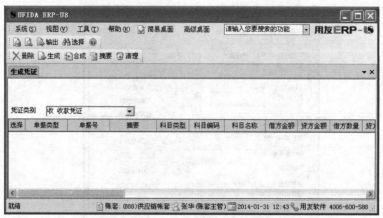

图 4-110 "生成凭证"窗口

② 将凭证类别改为"转账凭证"后，单击"选择"按钮，系统弹出生成凭证"查询条件"对话框，如图 4-111 所示。

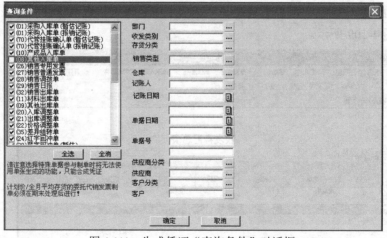

图 4-111 生成凭证"查询条件"对话框

③ 选择排除其他出入库单据的其他所有单据，单击"确定"按钮，系统弹出如图 4-112 所示的窗口。

④ 单击"全选"按钮，再单击"确定"按钮，系统弹出如图 4-113 所示的窗口。

⑤ 设置凭证会计科目，对于系统调整单或出入库调整单，先记入待处理流动资产损益，待确认处理后转出。设置完毕科目即可单击"生成"或"合成"按钮生成凭证；生成是指在生成凭证时，一笔业务对应一张凭证；合成是将所有选择号一样的单据生成一张凭证。单击"合成"按钮，生成一张转账凭证。

图 4-112　"未生成凭证单据一览表"窗口

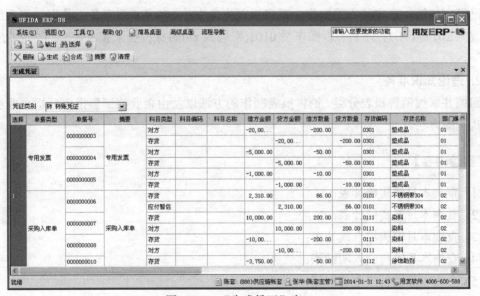

图 4-113　"生成凭证"窗口

注意:

- 开户银行编码必须唯一,最大长度为 3 个字符。
- 在选择单据从而生成凭证时,对于不同的选择号可以生成在不同的凭证上。
- 生成凭证可以按照不同的收发类别分开合并生成,以方便查阅。
- 如果有业务单据没有设置收发类别,此处可能有部分单据不能自动带出预设的会计科目。

4. 账套备份

在 C:\"供应链账套备份"文件夹中新建"888-4-6 账表查询及生成凭证"文件夹，将账套输出至该文件夹中。

实验七　销售账表统计分析

【实验目的】

(1) 理解各种销售报表在企业销售管理中的作用；
(2) 掌握各种销售报表的查询方法；
(3) 学会通过销售报表对企业的销售业务进行有效分析，并提出营销决策建议。

【实验准备】

1. 前期账套数据准备

已经完成第 4 章实验六的操作，或者引入光盘中的 888-4-6 账套备份数据。将系统日期修改为 2014 年 1 月 31 日，以操作员 0101(密码为 zh)的身份登录 888 账套的"企业应用平台"。

2. 理论知识准备

回顾并掌握销售报表分类、销售报表制作的方法以及由企业的销售报表分析企业经营管理状况的方法。

【实验内容】

(1) 查询本月销售统计表；
(2) 查询本月发货统计表；
(3) 查询本月销售综合统计表；
(4) 查询本月销售收入明细账；
(5) 查询本月销售成本明细账；
(6) 对本月销售结构进行分析；
(7) 销售毛利分析；
(8) 商品销售市场分析；
(9) 备份账套。

【实验方法与步骤】

销售管理系统通过"账表"菜单的各种账表提供多角度、多方位的综合查询和分析。销售管理系统可以查询和分析统计表、明细账、销售分析和综合分析。只有商业版的账套才能使用综合分析的功能，否则，综合分析菜单不可见。

1. 查询本月销售统计表

销售管理系统提供的销售统计表能够查询销售金额、折扣、成本、毛利等数据。其中存货成本数据来源于存货核算系统；销售金额、折扣来自销售管理系统的各种销售发票，包括蓝字发票、红字发票和销售日报等。

操作步骤

① 启动销售管理系统，执行“报表”|“统计表”|“销售统计表”命令，进入“条件过滤”窗口。

② 输入开票的开始日期和结束时间。

③ 在“分组汇总项”窗口中，在部门和业务员的“分组小计”中打“√”；在部门、业务员和客户的“分组汇总列”中打“√”，如图 4-114 所示。

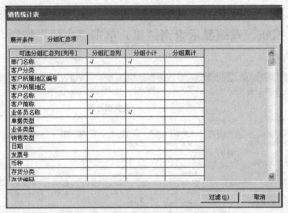

图 4-114 销售统计表查询设置

④ 单击“过滤”按钮，系统显示查询结果。单击“小计”按钮，按部门和业务员进行汇总，如图 4-115 所示。

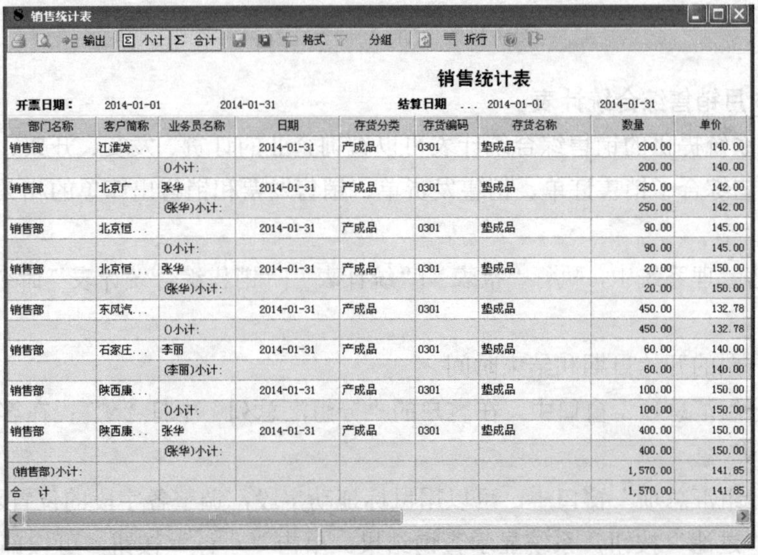

销售统计表

开票日期： 2014-01-01 2014-01-31 结算日期 ... 2014-01-01 2014-01-31

部门名称	客户简称	业务员名称	日期	存货分类	存货编码	存货名称	数量	单价
销售部	江淮发...		2014-01-31	产成品	0301	垫成品	200.00	140.00
		()小计:					200.00	140.00
销售部	北京广...	张华	2014-01-31	产成品	0301	垫成品	250.00	142.00
		(张华)小计:					250.00	142.00
销售部	北京恒...		2014-01-31	产成品	0301	垫成品	90.00	145.00
		()小计:					90.00	145.00
销售部	北京恒...	张华	2014-01-31	产成品	0301	垫成品	20.00	150.00
		(张华)小计:					20.00	150.00
销售部	东风汽...		2014-01-31	产成品	0301	垫成品	450.00	132.78
		()小计:					450.00	132.78
销售部	石家庄...	李丽	2014-01-31	产成品	0301	垫成品	60.00	140.00
		(李丽)小计:					60.00	140.00
销售部	陕西康...		2014-01-31	产成品	0301	垫成品	100.00	150.00
		()小计:					100.00	150.00
销售部	陕西康...	张华	2014-01-31	产成品	0301	垫成品	400.00	150.00
		(张华)小计:					400.00	150.00
(销售部)小计:							1,570.00	141.85
合 计							1,570.00	141.85

图 4-115 按部门和业务员进行统计查询

2. 查询本月发货统计表

销售管理系统提供的发货统计表可以统计存货的期初、发货、开票和结存等各项业务数据。其中根据发货单和退货单统计发货数量，根据销售发票、零售日报及其对应的红字发票统计结算数据。

操作步骤

① 在销售管理系统中，执行"报表"|"统计表"|"发货统计表"命令，进入"条件过滤"窗口。

② 输入开票的开始日期和结束时间。

③ 在"分组汇总项"窗口中，在业务员和客户的"分组汇总列"中打"√"；在业务员和客户的"分组小计"中打"√"。

④ 在"分组汇总项"窗口中，可以用鼠标拖动字段，调整各字段的位置。

⑤ 单击"过滤"按钮，系统显示查询结果。单击"小计"按钮，按客户和业务员进行汇总，如图 4-116 所示。

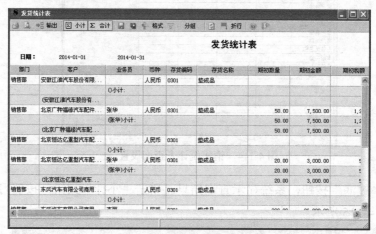

图 4-116　销售发货统计表

3. 查询本月销售综合统计表

销售管理系统提供的销售综合统计表可以查询企业的订货、发货、开票、出库和汇款等统计数据。它综合了销售订单、销售发货单、销售发票和销售出库单的相关信息。

操作步骤

① 在销售管理系统中，执行"报表"|"统计表"|"销售综合统计表"命令，进入"条件过滤"窗口。

② 输入开票的开始日期和结束时间。

③ 在"分组汇总项"窗口中，在客户的"分组汇总列"中打"√"；在客户的"分组小计"中打"√"。

④ 在"分组汇总项"窗口中，可以用鼠标拖动字段，调整各字段的位置。

⑤ 单击"过滤"按钮，系统显示查询结果。单击"小计"按钮，可按部门和业务员进行汇总，如图 4-117 所示。

图 4-117　销售综合统计表

4. 查询本月销售收入明细账

销售管理系统提供的销售收入明细账可以查询各类销售发票(包括销售调拨单、零售日报、红字发票)的明细数据。与销售收入统计表相比，销售收入明细账提供的销售发票的查询信息更为详尽，包括票号、日期、数量、单价、对应的凭证号等，可以兼顾会计和业务的不同需要。

操作步骤

① 执行"报表"|"明细表"|"销售收入明细账"命令，进入"条件过滤"窗口。

② 输入开始时间和结束时间。

③ 在"分组汇总项"窗口中，在存货名称和业务类型的"分组汇总列"与"分组小计"中打"√"。

④ 单击"过滤"按钮，系统自动显示查询结果。单击"小计"按钮，可以按存货、客户进行汇总，如图 4-118 所示。

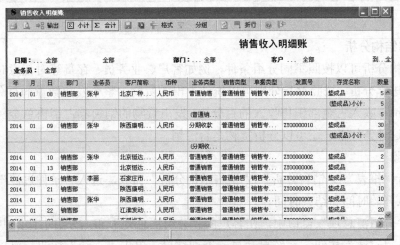

图 4-118　销售收入明细账

5. 查询本月销售成本明细账

销售管理系统提供的销售成本明细账可以查询各种销售存货的销售成本情况。销售出库单、出库调整单、销售发票提供销售成本明细账的数据来源。销售成本明细账比销售收入统计表提供的存货销售成本的信息更为详尽，可以兼顾会计和业务的不同需要。如果没有启用总账系统和存货核算系统，则无法查询销售成本明细账。

操作步骤

① 执行"报表"|"明细表"|"销售成本明细账"命令，进入"条件过滤"窗口。

② 输入开始时间和结束时间。

③ 在"分组汇总项"窗口中，在存货编号和客户的"分组汇总列"与"分组小计"中打"√"。

④ 单击"过滤"按钮，系统自动显示查询结果。单击"小计"按钮，可以按存货、客户进行汇总，如图 4-119 所示。

图 4-119　销售成本明细账

6. 销售结构分析

销售结构分析可以按照不同分组条件，例如客户、业务员、存货等对任意时间段的销售构成情况进行分析。按照存货分别可以统计发出的货物占整个发货数量的百分比、各类发出货物的销售收入占全部销售收入的百分比、发出货物的销售额占销售总金额的百分比等数据。在这种条件下，还可以分析货物是否滞销。

操作步骤

① 执行"报表"|"销售分析"|"销售结构分析"命令，进入"条件过滤"窗口。

② 输入开始时间和结束时间。

③ 在"分组汇总项"窗口中，在客户的"分组汇总列"和"分组小计"中打"√"。

④ 单击"过滤"按钮，系统自动显示查询结果。单击"小计"按钮，可以按存货、客户进行汇总，如图 4-120 所示。

图 4-120　销售结构分析表

7. 销售毛利分析

销售管理系统提供的销售毛利分析可以统计货物在不同期间的毛利变动及其影响原因。

操作步骤

① 执行"报表"|"销售分析"|"销售毛利分析"命令，进入"条件过滤"窗口。

② 在"分组汇总项"窗口中，在存货编码、客户的"分组汇总列"与"分组小计"中打"√"。

③ 单击"过滤"按钮，系统自动显示查询结果。单击"小计"按钮，可以按存货、客户进行汇总，如图 4-121 所示。

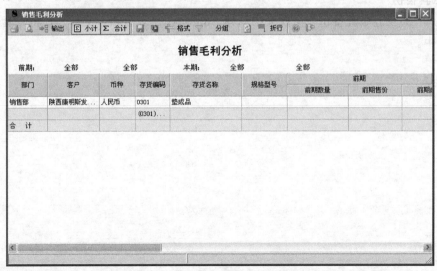

图 4-121　商品销售毛利分析表

8. 商品销售市场分析

销售管理系统的市场分析可以反映某一时间区间内部门或业务员所负责的客户或地

区的销售及其回款情况，还可以反映已发货未开票的比例情况等。

操作步骤

① 执行"报表" | "销售分析" | "市场分析"命令，进入"条件过滤"窗口。

② 输入开始时间和结束时间。

③ 在"分组汇总项"窗口中，在客户的"分组汇总列"中打"√"。

④ 单击"过滤"按钮，系统自动显示查询结果。单击"合计"按钮，可以按市场进行汇总，如图 4-122 所示。

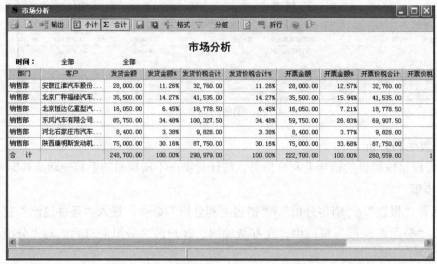

图 4-122　商品销售市场分析表

9. 账套备份

在 C:\"供应链账套备份"文件夹中新建"888-4-7 账表分析"文件夹，将账套输出至该文件夹中。

第 5 章

库 存 管 理

5.1 系统概述

库存管理是在物流过程中对商品数量的管理,它接收采购部门从供应商那里采购来的材料或商品,并且支配着生产的领料、销售的出库等。库存管理的目的是使库存物资在满足需求的前提下,成本尽可能控制在最小。

库存管理系统是用友 ERP-U8.72 供应链的重要子系统,库存管理系统可以单独使用,也可以与采购管理系统、销售管理系统、物料需求计划系统、存货核算系统集成使用,发挥更加强大的应用功能。

库存管理系统适用于各种类型的工商业企业,如制造业、医药、食品、批发、零售、批零兼营、集团应用和远程仓库等。系统能够实现工商企业库存管理方面的需求,覆盖目前工业和商业的大部分库存管理工作。

5.1.1 库存管理业务的操作流程

库存管理业务的操作流程相对来讲比较简单,它包括三个过程:

物资入库→物资保管保养→物资出库

(1) 物资入库。该过程一般经过接运、验收两个阶段。接运到的货物要做卸载、分类、点验、签发入库凭证、入库堆码、登记入账等一系列的工作。

(2) 物资保管保养。其最主要的工作就是维持储存物资的使用价值不变。对物资保养的基本要求是:保质保量、保安全、保急需、保养经常化。因此所做的工作主要包括配分和堆码苫垫、维护保养、检查、清点盘存。

(3) 物资出库。物资发货业务是根据业务部门开出的商品出库凭证，按其所列的编号、名称、规格等项目组织商品出库。物资出库的一般程序是：核单—记账—配货—复核—发货。

5.1.2　库存管理系统与其他子系统的关系

库存管理系统是供应链系统的一部分，与其他子系统有着密切的关系，其关系如图 5-1 所示。

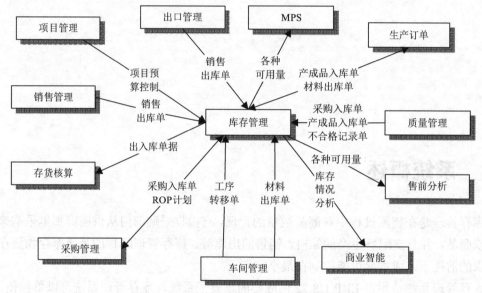

图 5-1　库存管理系统与其他系统关系图

(1) 库存管理系统可以参照采购管理系统的采购订单、采购到货单生成采购入库单，并将入库情况反馈到库存管理系统中。采购管理系统可以参照库存管理系统的采购入库单生成发票，并根据库存管理系统的采购入库单和采购管理系统的发票进行采购结算。

(2) 根据选项设置，库存管理系统参照销售管理系统的发货单、销售发票、销售调拨单、零售日报生成销售出库单；销售出库单也可以在销售管理系统生成后传递到库存管理系统中并进行审核。库存管理系统提供可用于销售的存货可用量。

(3) 库存管理系统可以填制所有出入库单，存货核算系统只能填写出入库单的单价、金额，其他项目不能修改。存货核算系统可以对出入库单记账、登记存货明细账、制单生成凭证，提供出入库成本。

(4) 库存管理系统可以参照生产订单生成产成品入库单、配比出库单、材料出库单。以上单据的执行情况反馈到生产订单系统，用户可以跟踪查询生产订单的执行情况。

(5) 库存管理系统可以为主生产计划和需求计划提供各种可用量信息。

5.1.3 库存管理的功能概述

库存管理系统的主要功能包括：

(1) 仓库的日常业务。用户进行出入库和库存管理的日常业务操作。

(2) 条形码管理。用户进行条形码规则设置、规则分配、条形码生成、条形码批量生单等操作。

(3) 序列号管理。设置序列号编号规则、序列号属性、指定序列号、维护序列号构成、进行期初合格品及不合格品序列号的维护、进行序列号状态的调整。

(4) 再订货点管理(ROP)。用户进行ROP选项设置、ROP采购计划运算及查询ROP相关报表。

(5) 其他业务处理。用户进行LP件的库存预留及释放、批次冻结、失效日期维护、在库品报检、远程应用、整理现存量等操作。

(6) 对账及月末结账。用户可以进行库存与存货数据核对，以及仓库与货位数据核对；每月底进行月末结账操作。

(7) 报表查询和分析。用户可以查询各类报表，包括库存账、批次账、货位账、统计表、储备分析报表。

5.2 应用实务

实验一 库存管理系统初始资料设置

【实验目的】

通过本实验使学生掌握在应用库存管理系统之前，必须进行的初始资料的设置。

(1) 设置库存管理系统参数；

(2) 录入期初数据；

(3) 备份账套。

【实验准备】

1. 前期账套数据准备

已经完成第 1～4 章的全部实验，或者从光盘中引入 888-4-7 账套备份数据。以"李燕"账套主管、编码 0201、密码 ly 的身份，业务日期为 2014 年 1 月 1 日，登录 888 账套的"企业应用平台"。

2. 理论知识准备

(1) 系统选项也称系统参数、业务处理控制参数，是指在企业业务处理过程中所使用的各种控制参数。系统参数的设置将决定用户使用系统的业务模式、业务流程、数据流向。

(2) 用户在进行选项设置之前，一定要详细了解选项参数对业务处理流程的影响，并结合企业的实际业务需要进行设置。

【实验内容】

(1) 库存管理系统参数设置；

(2) 录入期初数据；

(3) 账套备份。

【实验资料】

本实验要求准备的业务数据如表 5-1 所示。

表 5-1 库存系统期初数

仓库名称	存货编码和名称	数　量	单价/元	金额/元	期初差异	差价科目
原材料库	0101 不锈钢带 304	500	35	17 500		
原材料库	0102 不锈钢带 301	800	30	24 000		
原材料库	油脂	600	25	15 000		
原材料库	染料	450	50	22 500		
原材料库	涂饰助剂	500	75	37 500		
半成品库	冲压上板	2100	25	52 500		
半成品库	冲压中板	1880	21	39 480		
半成品库	冲压下板	2000	25	50 000		
半成品库	组装半成品	1800	80	144 000		
成品库	垫成品	10000	100	1 000 000		

【实验方法与步骤】

1. 库存管理系统参数设置

库存管理系统参数的设置，是指在处理库存日常业务之前，确定库存业务的范围、类型以及对各种库存业务的核算要求，这是库存管理系统初始化的一项重要工作。因为一旦库存管理开始处理日常业务，有的系统参数就不能修改，有的也不能重新设置。因此，在系统初始化时应该设置好相关的系统参数。

操作步骤

① 在库存管理系统中，执行"初始设置"|"选项"命令，打开"库存选项设置"对话框。

② 选中"通用设置"选项卡中的"有无组装拆卸业务"、"有无形态转换业务"、"有无委托代销业务"、"采购入库审核时改现存量"、"销售出库审核时改现存量"、

"产成品入库审核改现存量"、"材料出库审核时改现存量"和"其他出入库审核时改现存量"等相应复选框，如图5-2所示。

③ 打开"专用设置"选项卡，在"业务开关"的选项区域中选中"允许超生产订单入库"、"允许未领料的产成品入库"和"允许超采购到货单入库"复选框，在"自动带出单价的单据"选项区域选中"产成品入库单"、"材料出库单"、"其他出库单"和"调拨单"等相应复选框，如图5-3所示。

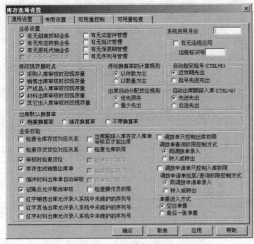

图5-2　库存系统通用设置

图5-3　库存系统专用设置

④ 打开"可用量检查"选项卡，默认不允许超可用量出库，选中"出入库检查可用量"复选框，如图5-4所示。

⑤ 单击"确定"按钮，保存库存系统的参数设置。

2. 录入期初数据

库存管理系统期初数据录入方法有两种：一是在库存管理系统直接录入；二是从存货核算系统中取数。

(1) 在库存管理系统中直接录入。

操作步骤

① 在库存管理系统中，执行"初始设置"|"期初结存"命令，进入"库存期初"窗口。

② 在"库存期初"窗口中将仓库选择为"材料库"。

③ 单击"修改"按钮，再单击"存货编码"栏中的参照按钮，选择"不锈钢带304"，在"单价"栏中输入35。

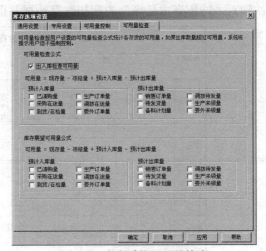

图5-4　库存系统可用量检查

④ 以此方法继续输入“材料库”的其他期初结存数据。单击“保存”按钮，保存录入存货信息，如图5-5所示。

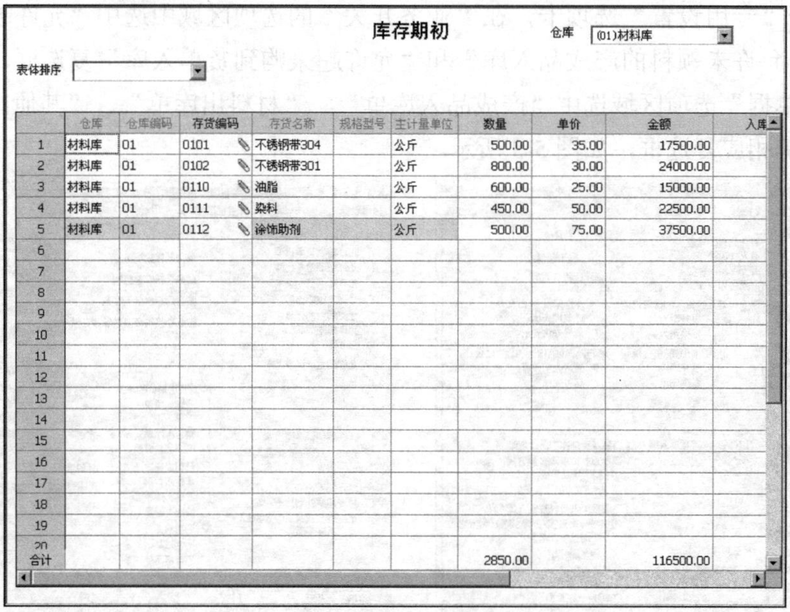

库存期初　仓库 (01)材料库

表体排序

	仓库	仓库编码	存货编码	存货名称	规格型号	主计量单位	数量	单价	金额	入库
1	材料库	01	0101	不锈钢带304		公斤	500.00	35.00	17500.00	
2	材料库	01	0102	不锈钢带301		公斤	800.00	30.00	24000.00	
3	材料库	01	0110	油脂		公斤	600.00	25.00	15000.00	
4	材料库	01	0111	染料		公斤	450.00	50.00	22500.00	
5	材料库	01	0112	涂饰助剂		公斤	500.00	75.00	37500.00	
6										
7										
8										
9										
10										
11										
12										
13										
14										
15										
16										
17										
18										
19										
20										
合计							2850.00		116500.00	

图5-5　库存期初余额录入

⑤ 在“库存期初”窗口中将仓库选择为“冲压半成品库”。单击“修改”按钮，依次输入“冲压半成品库”的期初结存数据并保存，如图5-6所示。

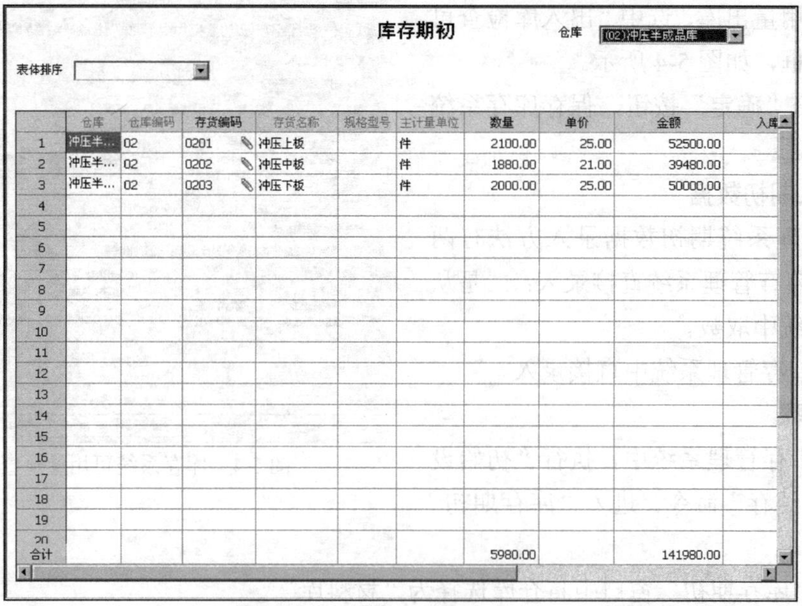

库存期初　仓库 (02)冲压半成品库

表体排序

	仓库	仓库编码	存货编码	存货名称	规格型号	主计量单位	数量	单价	金额	入库
1	冲压半...	02	0201	冲压上板		件	2100.00	25.00	52500.00	
2	冲压半...	02	0202	冲压中板		件	1880.00	21.00	39480.00	
3	冲压半...	02	0203	冲压下板		件	2000.00	25.00	50000.00	
4										
5										
6										
7										
8										
9										
10										
11										
12										
13										
14										
15										
16										
17										
18										
19										
20										
合计							5980.00		141980.00	

图5-6　冲压半成品库期初结存

⑥ 在“库存期初”窗口中将仓库选择为“流水线半成品库”。单击“修改”按钮，依次输入“流水线半成品库”的期初结存数据并保存，如图5-7所示。

图 5-7　流水线半成品库

⑦ 在"库存期初"窗口中将仓库选择为"成品库"。单击"修改"按钮，依次输入"成品库"的期初结存数据并保存，如图 5-8 所示。

图 5-8　成品库期初结存

⑧ 分别单击"审核"或"批审"按钮，确认每个仓库录入的库存信息，如图 5-9 所示。

图 5-9　批量审核

⑨ 在库存管理系统中，执行"报表"|"库存账"|"现存量查询"命令，可以查询期初库存现存量，如图5-10所示。

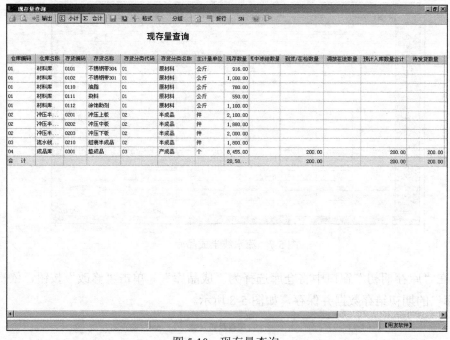

图 5-10　现存量查询

 注意：

- 库存期初结存数据必须按照仓库分别录入。
- 如果默认存货在库存系统的计量单位不是主计量单位，则需要录入该存货的单价和金额，由系统计算该存货数量。
- 退出存货期初数据录入功能时，系统对当前仓库的所有期初数据进行合法性检查，并提示不完整的数据项。
- 库存期初数据录入完成后，必须进行审核工作。期初结存数据的审核实际是期初记账的过程，表明该仓库期初数据录入工作的完结。
- 库存期初数据审核是分仓库分存货进行的，即针对一条存货记录进行审核。如果执行"批审"功能，则对选中仓库的所有存货执行审核，但并非审核所有仓库的存货。
- 审核后的库存期初数据不能修改、删除，但可以弃审后进行修改或删除。
- 如果有期初不合格品数据，也可以录入到期初数据中。执行"初始设置"|"期初数据"|"期初不合格品"命令，单击"增加"按钮进行录入，并单击"审核"按钮后退出。

(2) 从存货系统中取数。

当库存管理系统与存货核算系统集成使用时，库存管理系统可以从存货核算系统中读取存货核算系统与库存管理系统启用月份相同的会计期间的期初数。如果两个系统启用月份相同，则直接取存货的期初数；如果两个系统启用月份不同，即存货先启，库存后启，则期初数据需要将存货的期初数据和存货在库存系统启用之前的发生数进行汇总求出结存，才能作为存货的期初数据被库存系统读取。单击"对账"按钮，选择所有仓库，系统自动对库存管理系统与存货核算系统的存货数据进行核对，如图 5-11 所示。如果对账成功，单击"确定"按钮。

图 5-11 库存管理系统与存货核算系统期初对账

 注意：

- 产成品入库单可以手工增加，也可以参照生产订单系统中的生产订单(父项产品及产出品)生成。

---

3. 账套备份

在 C: \ "供应链账套备份"文件夹中新建"888-5-1 库存管理系统启用"文件夹，将账套输出至该文件夹中。

实验二 产成品入库与材料领用

对于工业企业，产成品入库单一般指产成品验收入库时所填制的入库单据。产成品入库单是工业企业入库单据的主要部分。产成品一般在入库时无法确定产品的总成本和单位成本，所以在填制产成品入库单时，一般只有数量，没有单价和金额。

【实验目的】

(1) 了解产成品入库单单据流程；
(2) 了解红字产成品入库单单据流程。

【实验准备】

1. 前期账套数据准备

已经完成第 1~4 章所有实验的内容，以及完成第 5 章实验一的内容，或者引入光盘中的 888-5-1 账套备份数据。以"李燕"账套主管、编码 0201、密码 ly 的身份，业务日期为

2014 年 1 月 31 日，登录 888 账套的"企业应用平台"。

2. 理论知识准备

入库业务包括企业外部采购物资形成的采购入库单，生产车间加工产品形成的产成品入库单，及盘点、调拨单、调整单、组装、拆卸等业务形成的其他入库业务。

出库业务包括销售出库形成的销售出库单、车间领用材料形成的材料出库单，以及盘点、调整、调拨、组装、拆卸等其他出库业务。

产成品入库单据流程如图 5-12 所示。

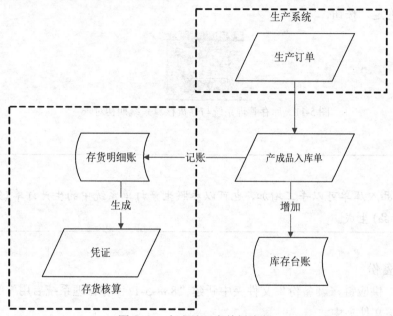

图 5-12   产成品入库单据流程

【实验内容】

(1) 半成品入库；

(2) 产成品入库；

(3) 成本分配；

(4) 原材料出库。

【实验资料】

(1) 2014 年 1 月 8 日，冲压车间向原材料库领用不锈钢带 304，50 公斤，油脂 100 公斤，染料 50 公斤，涂饰助剂 150 公斤，用于生产冲压中板。

(2) 2014 年 1 月 15 日，半成品仓库收到当月加工的冲压下板 50 件，作为半成品入库。

(3) 2014 年 1 月 29 日，产成品仓库收到当月加工的垫成品 50 件，作为产成品入库。

(4) 2014 年 1 月 30 日，随后收到财务部门提供的完工产成品和半成品成本，其中垫成品 5500 元，冲压下板 1500 元。立即做成本分配。

【实验方法与步骤】

1. 半成品入库(处理第 2 笔业务)

操作步骤

① 在库存管理系统中，执行"入库业务"|"产成品入库单"命令，进入"产成品入库单"窗口，如图 5-13 所示。

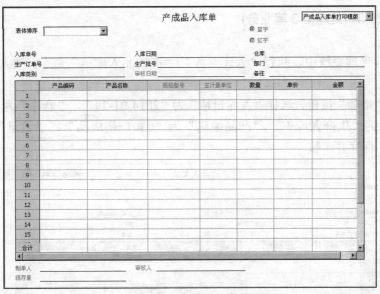

图 5-13　产成品入库单

② 单击"增加"按钮，选择"入库日期"为"2014-01-15"，"仓库"为"冲压半成品库"，"入库类别"为"生产入库"，"产品编码"为"0203 冲压下板"，"数量"为 50，如图 5-14 所示，保存并审核。

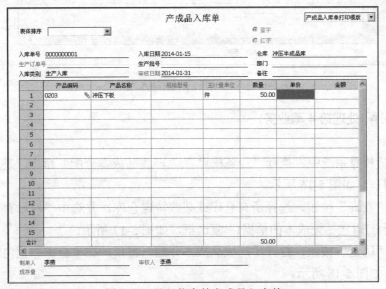

图 5-14　录入信息的产成品入库单

注意：

● 产成品入库单可以手工增加，也可以参照生产订单系统中的生产订单(父项产品及产出品)生成。

2. 产成品入库(处理第3笔业务)

操作步骤

① 在库存管理系统中，执行"入库业务"|"产成品入库单"命令，进入"产成品入库单"窗口。

② 单击"增加"按钮，选择"入库日期"为"2014-01-29"，"仓库"为"成品库"，"入库类别"为"生产入库"，"产品编码"为"0301 垫成品"，"数量"为50，如图5-15所示，保存并审核。

图5-15　录入信息的产成品入库单

3. 成本分配(处理第4笔业务)

操作步骤

① 在存货核算系统中，执行"业务核算"|"产成品成本分配"命令，进入"产成品成本分配"窗口，如图5-16所示。

② 单击"查询"按钮，选择所有仓库或某些特定仓库，并选中"对已有成本的产成品入库单重新分配(包括无成本的单据)"复选框，如图5-17所示。

③ 单击"确定"按钮，打开"产成品成本分配"窗口，在"金额"栏内输入相应产成品的成本，如图5-18所示。

图 5-16　产成品成本分配

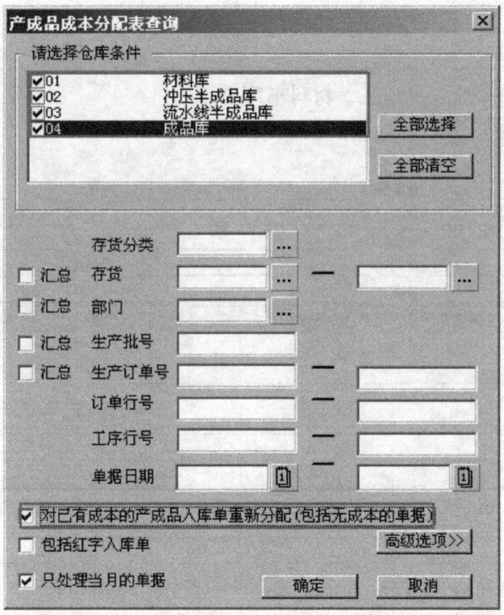

图 5-17　产成品成本分配表查询设置

产成品成本分配						
存货/分类编码	存货/分类名称	存货代码	规格型号	计量单位	数量	金额
	存货 合计				100.00	7,000.00
02	半成品小计				50.00	1,500.00
0203	冲压下板			件	50.00	1,500.00
03	产成品小计				50.00	5,500.00
0301	垫成品			件	50.00	5,500.00

图 5-18　输入成本

④ 单击"分配"按钮，系统显示"分配操作顺利完成！"提示信息，单击"确定"按钮，如图5-19所示。单击"退出"按钮退出。

图5-19　提示信息

 注意：

- 本系统可按产品的大类分配成本，其中包括红字入库单。
- 系统支持按存货、自由项、生产订单、生产批号和成本中心从成本管理中取产成品成本。

4. 原材料出库(处理第1笔业务)

操作步骤

① 在库存管理系统中，执行"出库业务"|"材料出库单"命令，进入"材料出库单"窗口，如图5-20所示。

图5-20　材料出库单

② 单击"增加"按钮，选择"出库日期"为2014-01-08，"仓库"为"材料库"，"出库类别"为"生产领用"，"材料编码"为"0101 不锈钢带领 304"，"数量"为50，依次录入各项信息，如图5-21所示，保存并审核。

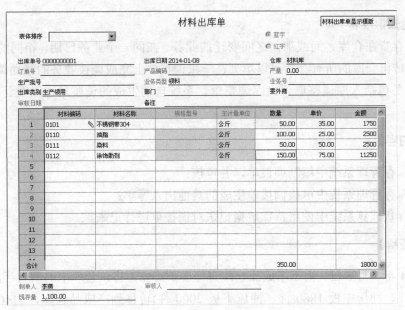

图 5-21　录入信息的材料出库单

注意：

- 对于工业企业，材料出库单是领用材料时所填制的出库单据，当从仓库中领用材料用于生产或委外加工时，就需要填制材料出库单。只有工业企业才有材料出库单，商业企业没有此单据。

5. 账套备份

在 C:\"供应链账套备份"文件夹中新建"888-5-2入库与领用业务"文件夹，将账套输出至该文件夹中。

实验三　调拨业务

【实验目的】

(1) 了解调拨业务流程；

(2) 了解调拨业务生成的下游单据，以及生成单据的时间和地点；

(3) 掌握应用库存管理系统完成调拨业务的方法。

【实验准备】

1. 前期账套数据准备

已经完成第 1~4 章所有实验的内容，以及完成第 5 章实验一和实验二的内容，或者引入光盘中的 888-5-2 账套备份数据。以"李燕"账套主管、编码 0201、密码 ly 的身份，业务日期为 2014 年 1 月 31 日，登录 888 账套的"企业应用平台"。

2. 理论知识准备

调拨指存货在仓库之间或部门之间变迁的业务。在同一个业务日期，相同的转入仓库并且相同的转出仓库的所有存货可以填列在一张调拨单上完成调拨业务的账面调动。

调整业务包括入库调整单、出库调整单、系统自动生成的调整单，以及计划价/售价调整单。

【实验内容】

(1) 在库存管理系统中填制调拨单，并审核；

(2) 在库存管理系统中审核调拨单生成的其他出入库单；

(3) 在存货核算系统中使用特殊单据记账对调拨单进行记账。

【实验资料】

(1) 2014 年 1 月 5 日，由于半成品仓库进行养护维修，将该仓库中的所有半成品(冲压上板 2150 件、冲压中板 1880 件、冲压下板 2000 件)转移到产成品仓库，由仓储部欧阳负责。

(2) 2014 年 1 月 20 日，半成品仓库维护完毕，将暂时转入产成品仓库的全部产品移回半成品仓库，由仓储部欧阳负责。

【实验方法与步骤】

1. 在库存管理系统中填制调拨单，并审核(处理第 1 笔业务)

操作步骤

① 在库存管理系统中，执行"调拨业务"|"调拨单"命令，进入"调拨单"窗口，如图 5-22 所示。

图 5-22　调拨单

② 单击“增加”按钮，进入新添调拨业务操作窗口。输入业务日期、转出仓库、转入仓库、出入库类别、存货等信息，如图 5-23 所示，保存并审核。

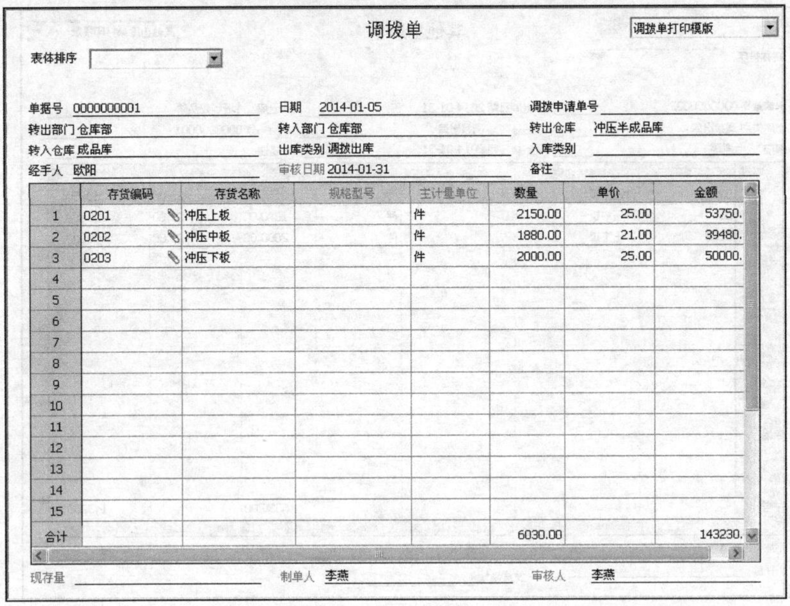
调拨单 调拨单打印模版

表体排序

单据号 0000000001 日期 2014-01-05 调拨申请单号
转出部门 仓库部 转入部门 仓库部 转出仓库 冲压半成品库
转入仓库 成品库 出库类别 调拨出库 入库类别
经手人 欧阳 审核日期 2014-01-31 备注

	存货编码	存货名称	规格型号	主计量单位	数量	单价	金额
1	0201	冲压上板		件	2150.00	25.00	53750.
2	0202	冲压中板		件	1880.00	21.00	39480.
3	0203	冲压下板		件	2000.00	25.00	50000.
4							
5							
6							
7							
8							
9							
10							
11							
12							
13							
14							
15							
合计					6030.00		143230.

现存量 制单人 李燕 审核人 李燕

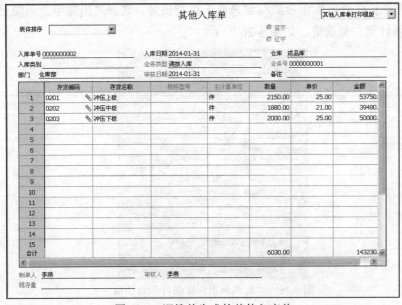

图 5-23 “调拨单”窗口

2. 在库存管理系统中审核调拨单生成的其他出入库单(处理第 1 笔业务)

操作步骤

① 在库存管理系统中，执行“入库业务”|“其他入库单”命令，单击➡按钮，浏览该张入库单并审核，如图 5-24 所示。

其他入库单 其他入库单打印模版

表体排序 蓝字 红字

入库单号 0000000002 入库日期 2014-01-31 仓库 成品库
入库类别 业务类型 调拨入库 业务号 0000000001
部门 仓库部 审核日期 2014-01-31 备注

	存货编码	存货名称	规格型号	主计量单位	数量	单价	金额
1	0201	冲压上板		件	2150.00	25.00	53750.
2	0202	冲压中板		件	1880.00	21.00	39480.
3	0203	冲压下板		件	2000.00	25.00	50000.
4							
5							
6							
7							
8							
9							
10							
11							
12							
13							
14							
15							
合计					6030.00		143230.

制单人 李燕 审核人 李燕
现存量

图 5-24 调拨单生成的其他入库单

② 在库存管理系统中,执行"出库业务"|"其他出库单"命令,单击 ➡️ 按钮,浏览该张出库单并审核,如图 5-25 所示。

图 5-25　调拨单生成的其他出库单

3. 在存货核算系统中使用特殊单据记账对调拨单进行记账(处理第 1 笔业务)
操作步骤

① 以 2014-01-31 的业务日期,在存货核算系统中,执行"业务核算"|"特殊单据记账"命令,打开"特殊单据记账条件"对话框。设置特殊单据记账查询条件,选择单据类型为"调拨单";此处出库单金额应该来自于存货核算,选择"出库单上系统已填写的金额记账时重新计算"复选框,如图 5-26 所示。

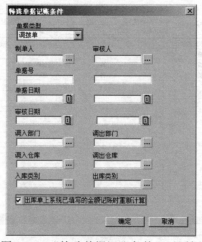

图 5-26　"特殊单据记账条件"对话框

② 单击"确定"按钮,显示有一张调拨单未记账,双击选择该张调拨单,如图 5-27 所示,再单击"记账"按钮,对该张调拨单记账。

特殊单据记账

记录总数: 1

选择	单据号	单据日期	转入仓库	转出仓库	转入部门	转出部门	经手人
Y	0000000001	2014-01-31	成品库	冲压半成品库	仓库部	仓库部	欧阳
小计							

图 5-27　特殊单据记账

注意:

- 在期初存货核算模块中设置存货按照仓库核算,那么此处转出仓库和转入仓库必须输入。
- 为了便于账表统计,选择出库类别和入库类别。
- 审核之后系统自动根据调出或调入,生成其他出库单和对应的其他入库单,并且对应的其他出入库单据处于审核后状态,不允许弃审和修改。如果调拨单被弃审,那么相应的其他出入库单自动被删除。

4. 处理第 2 笔业务

操作步骤

① 在库存管理系统中,执行"调拨业务"命令,进入"调拨单"窗口。

② 单击"增加"按钮,进入新添调拨业务操作界面。输入业务日期、转出仓库、转入仓库、出入库类别、存货等信息,如图 5-28 所示,保存并审核。

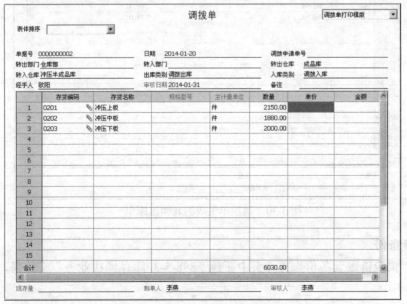

图 5-28　"调拨单"窗口

③ 在库存管理系统中，审核自动生成的其他入库单，如图 5-29 所示。

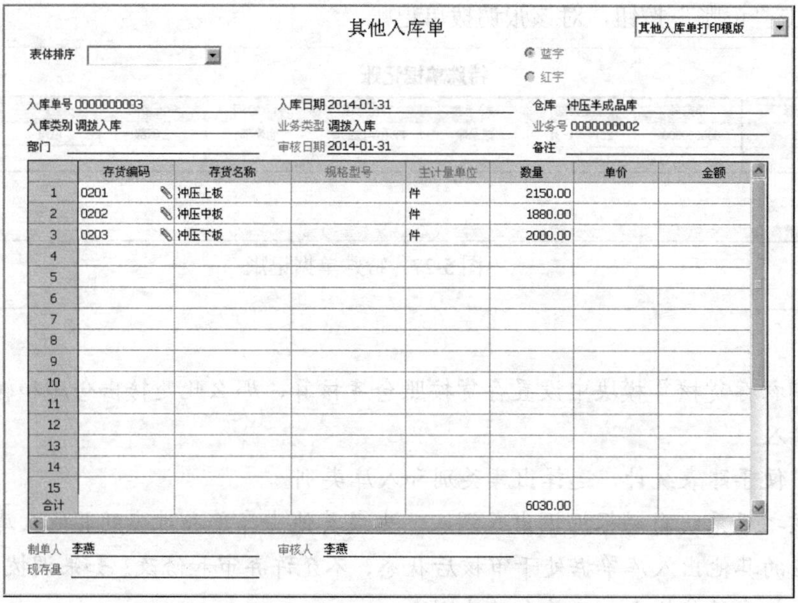

其他入库单　　其他入库单打印模版

表体排序　　◉ 蓝字　◉ 红字

入库单号 0000000003　入库日期 2014-01-31　仓库 冲压半成品库

入库类别 调拨入库　业务类型 调拨入库　业务号 0000000002

部门　审核日期 2014-01-31　备注

	存货编码	存货名称	规格型号	主计量单位	数量	单价	金额
1	0201	冲压上板		件	2150.00		
2	0202	冲压中板		件	1880.00		
3	0203	冲压下板		件	2000.00		
4							
5							
6							
7							
8							
9							
10							
11							
12							
13							
14							
15							
合计					6030.00		

制单人 李燕　审核人 李燕

现存量

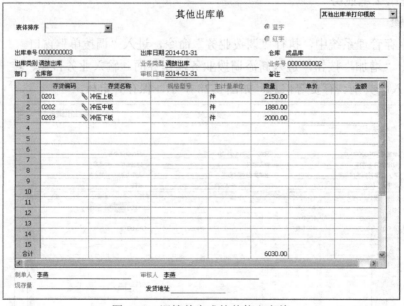

图 5-29　调拨单生成的其他入库单

④ 在库存管理系统中，审核自动生成的其他出库单，如图 5-30 所示。

其他出库单　　其他出库单打印模版

表体排序　　◉ 蓝字　◉ 红字

出库单号 0000000003　出库日期 2014-01-31　仓库 成品库

出库类别 调拨出库　业务类型 调拨出库　业务号 0000000002

部门 仓库部　审核日期 2014-01-31　备注

	存货编码	存货名称	规格型号	主计量单位	数量	单价	金额
1	0201	冲压上板		件	2150.00		
2	0202	冲压中板		件	1880.00		
3	0203	冲压下板		件	2000.00		
4							
5							
6							
7							
8							
9							
10							
11							
12							
13							
14							
15							
合计					6030.00		

制单人 李燕　审核人 李燕

现存量　发货地址

图 5-30　调拨单生成的其他出库单

5. 账套备份

在 C:\“供应链账套备份”文件夹中新建“888-5-3 库存调拨业务”文件夹，将账套输出至该文件夹中。

实验四　盘点业务

为了保证企业库存资产的安全和完整，做到账实相符，企业必须对存货进行定期或不定期的清查，查明存货盘盈、盘亏、损毁的数量以及造成的原因，并据以编制存货盘点报告表，按规定程序报有关部门审批。

【实验目的】

(1) 掌握对库存模块中的盘点单的修改，在表体中增加账面件数、盘点件数和盘亏件数；
(2) 了解盘点的业务流程、盘点单生成的单据和生成单据的时点。

【实验准备】

1. 前期账套数据准备

已经完成第 1~4 章所有实验的内容，以及完成第 5 章前三个实验的内容，或者引入光盘中的 888-5-3 账套备份数据。以"李燕"账套主管、编码 0201、密码 ly 的身份，业务日期为 2014 年 1 月 31 日，登录 888 账套的"企业应用平台"。

2. 理论知识准备

盘点是指将仓库中存货的实物数量和账面数量进行核对。根据记录的所有业务得到账面数量，在手工录入仓库中，实际库存数量即盘点数量，系统根据它们之间的差异，通过填制盘点单，判断盘亏或盘盈，再自动生成其他出入库单。

【实验内容】

(1) 在库存管理系统中填制、审核盘点单；
(2) 在库存管理系统中做盘盈或盘亏，系统自动生成其他出入库单，审核其他出入库单；
(3) 在存货核算系统中对系统生成的其他出入库单进行记账。

【实验资料】

2014 年 1 月 31 日，仓储部欧阳对原材料库中的所有存货进行盘点。仓库实际数量如表 5-2 所示。

表 5-2　原材料库中的实际数量

仓库名称	存货名称	主计量单位	换算率	分类名称	现存数量
原材料库	不锈钢带 304	公斤		原材料	850
原材料库	不锈钢带 301	公斤		原材料	1000
原材料库	油脂	公斤		原材料	710
原材料库	染料	公斤		原材料	510
原材料库	涂饰助剂	公斤		原材料	940

【实验方法与步骤】

1. 在库存管理系统中进行盘点业务

操作步骤

① 在库存管理系统中，执行"盘点业务"命令，进入"盘点单"窗口。

② 单击"增加"按钮，进入新添盘点业务操作界面。输入业务日期为"2014-01-31"，选择盘点仓库为"材料库"，出入库类别分别为"盘亏出库"和"盘盈入库"，并填写经手人等信息，如图5-31所示。

图 5-31 新添盘点业务

③ 单击"盘库"按钮，系统提示如图5-32所示，表示将表体中的内容清空。

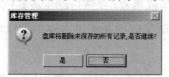

图 5-32 系统提示

④ 单击"是"按钮，打开"盘点处理"对话框，如图5-33所示。选中"按仓库盘点"和"账面为零时是否盘点"复选框。

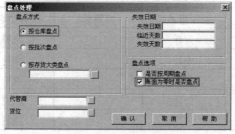

图 5-33 "盘点处理"对话框

⑤ 系统自动将该仓库的所有存货和所有存货在该仓库中的账面数量逐一列出，再逐一录入盘点库存中实际的“盘点数量”(盘点数量如表 5-1 所示)，如图 5-34 所示，保存并审核。

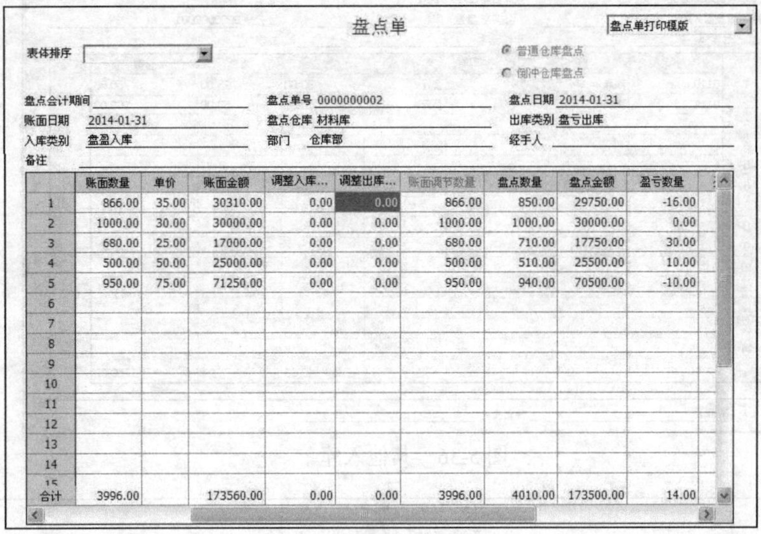

盘点单

盘点单打印模版

表体排序

普通仓库盘点　倒冲仓库盘点

盘点会计期间　　盘点单号 0000000002　　盘点日期 2014-01-31

账面日期 2014-01-31　　盘点仓库 材料库　　出库类别 盘亏出库

入库类别 盘盈入库　　部门 仓库部　　经手人

备注

	账面数量	单价	账面金额	调整入库...	调整出库...	账面调节数量	盘点数量	盘点金额	盈亏数量
1	866.00	35.00	30310.00	0.00	0.00	866.00	850.00	29750.00	-16.00
2	1000.00	30.00	30000.00	0.00	0.00	1000.00	1000.00	30000.00	0.00
3	680.00	25.00	17000.00	0.00	0.00	680.00	710.00	17750.00	30.00
4	500.00	50.00	25000.00	0.00	0.00	500.00	510.00	25500.00	10.00
5	950.00	75.00	71250.00	0.00	0.00	950.00	940.00	70500.00	-10.00
6									
7									
8									
9									
10									
11									
12									
13									
14									
合计	3996.00		173560.00	0.00	0.00	3996.00	4010.00	173500.00	14.00

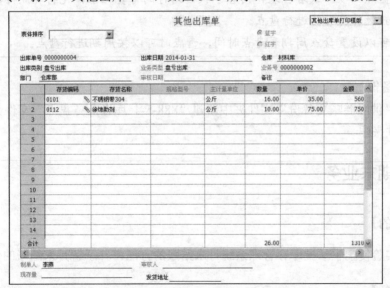

图 5-34　调整后的盘点单

⑥ 在盘点单上如果有盘亏的存货，则在库存管理系统中，执行“出库业务”|“其他出库单”命令，打开“其他出库单”，如图 5-35 所示，单击“审核”按钮。

其他出库单

其他出库单打印模版

表体排序

蓝字　红字

出库单号 0000000004　　出库日期 2014-01-31　　仓库 材料库

出库类别 盘亏出库　　业务类型 盘亏出库　　业务号 0000000002

部门 仓库部　　审核日期　　备注

	存货编码	存货名称	规格型号	主计量单位	数量	单价	金额
1	0101	不锈钢带304		公斤	16.00	35.00	560
2	0112	涂饰助剂		公斤	10.00	75.00	750
3							
4							
5							
6							
7							
8							
9							
10							
11							
12							
13							
14							
合计					26.00		1310

制单人 李燕　　审核人

现存量　　发货地址

图 5-35　其他出库单

⑦ 经过确认，对原材料仓库盘盈的 30 公斤的油脂和 10 公斤的染料分别以单价 25 元和 50 元入账。以“2014 年 1 月 31 日”的业务日期登录存货核算系统，执行“日常业务”|“其他入库单”命令；打开“其他入库单”窗口之后，单击“修改”按钮，分别在“单价栏”中输入 25 元和 50 元，再单击“审核”按钮，如图 5-36 所示。

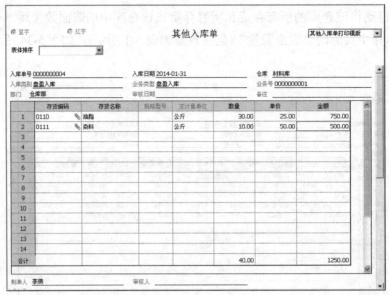

图 5-36 其他入库单

 注意:

- 必须先选择仓库才能选择存货。
- 盘点时在日常业务中允许零出库(即允许账面负结存),盘库时选择"账面为零时是否盘点"项。或者在表体内容中找出结存的存货记录,先将其删掉,待后期账面为正数时再对其进行盘点。
- 存货可以设置盘点周期和盘点时间,盘点时可以按周期进行盘点。

2. 账套备份

在 C: \ "供应链账套备份"文件夹中新建"888-5-4 库存业务盘点"文件夹,将账套输出至该文件夹中。

实验五 期末业务

【实验目的】

通过本实验使学生掌握库存管理系统月末结账的方法,并了解月末结账的作用。

【实验准备】

1. 前期账套数据准备

已经完成第 1~4 章所有实验的内容,以及完成第 5 章前四个实验的内容,或者引入光盘中的 888-5-4 账套备份数据。以"李燕"账套主管、编码 0201、密码 ly 的身份,业务日期为 2014 年 1 月 31 日,登录 888 账套的"企业应用平台"。

2. 理论知识准备

月末结账是将每月的出入库单据逐月封存，并将当月的出入库数据记入有关账表中。

【实验内容】

在库存管理系统中，进行库存管理系统的月末结账。

【实验方法与步骤】

1. 在库存管理系统中，进行库存管理系统的月末结账

操作步骤

① 以2014-01-31的业务日期，登录库存管理系统后，执行“月末结账”命令，进入“结账处理”对话框，并选择会计月份为1月份，如图5-37所示。

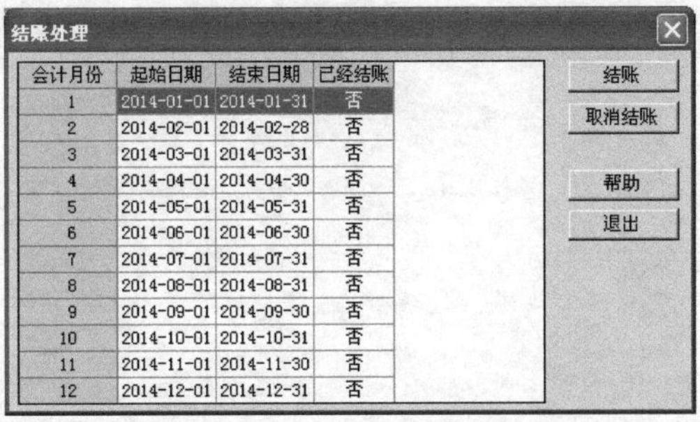

会计月份	起始日期	结束日期	已经结账
1	2014-01-01	2014-01-31	否
2	2014-02-01	2014-02-28	否
3	2014-03-01	2014-03-31	否
4	2014-04-01	2014-04-30	否
5	2014-05-01	2014-05-31	否
6	2014-06-01	2014-06-30	否
7	2014-07-01	2014-07-31	否
8	2014-08-01	2014-08-31	否
9	2014-09-01	2014-09-30	否
10	2014-10-01	2014-10-31	否
11	2014-11-01	2014-11-30	否
12	2014-12-01	2014-12-31	否

图5-37 月末结账月份选择

② 单击“结账”按钮，1月份“已经结账”处显示“是”，如图5-38所示。单击“退出”按钮退出结账界面。

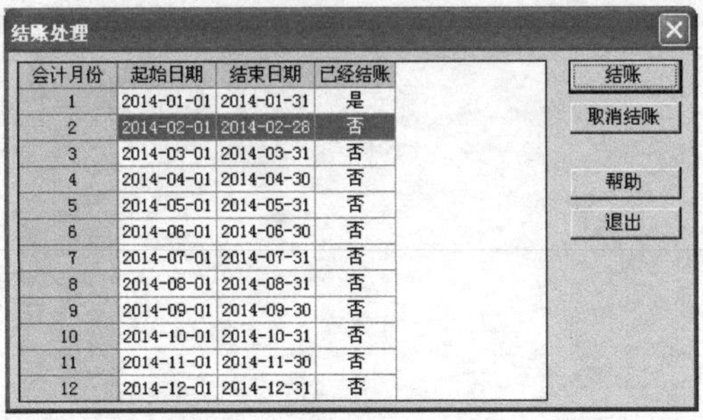

会计月份	起始日期	结束日期	已经结账
1	2014-01-01	2014-01-31	是
2	2014-02-01	2014-02-28	否
3	2014-03-01	2014-03-31	否
4	2014-04-01	2014-04-30	否
5	2014-05-01	2014-05-31	否
6	2014-06-01	2014-06-30	否
7	2014-07-01	2014-07-31	否
8	2014-08-01	2014-08-31	否
9	2014-09-01	2014-09-30	否
10	2014-10-01	2014-10-31	否
11	2014-11-01	2014-11-30	否
12	2014-12-01	2014-12-31	否

图5-38 “结账处理”对话框

注意：

- 结账前用户应检查本会计月工作是否已全部完成，只有在当前会计月所有工作全部完成的前提下，才能进行月末结账，否则会遗漏某些业务。
- 不允许跳月结账，只能从未结账的第一个月逐月结账；不允许跳月取消月末结账，只能从最后一个月逐月取消。

- 上月未结账，本月单据可以正常操作，不影响日常业务的处理，但本月不能结账。
- 月末结账后将不能再做已结账月份的业务，只能做未结账月的日常业务。
- 月末结账之前一定要进行数据备份，否则数据一旦发生错误，将造成无法挽回的后果。
- 如果用户认为目前的现存量与单据不一致，可通过"整理现存量"功能将现存量调整正确。
- 本功能与系统中所有功能的操作互斥，即在操作本功能前，应确定其他功能均已退出；在网络环境下，要确定本系统所有的网络用户退出了所有的功能。

2. 账套备份

在 C:\"供应链账套备份"文件夹中新建"888-5-5 库存业务期末处理"文件夹，将账套输出至该文件夹中。

第**6**章

存货核算

6.1 系统概述

存货是指企业在生产经营过程中为销售或生产耗用而储存的各种资产，包括商品、产成品、半成品、在产品和各种材料、燃料、包装物、低值易耗品等。

存货核算是从资金的角度管理存货的出入库业务，主要用于核算企业的入库成本、出库成本、结余成本，反映和监督存货的收发、领退和保管情况，反映和监督存货资金的占用情况。

存货核算系统是用友 ERP-U8.72 供应链系统中的重要子系统，存货核算管理系统的目的就是要将业务发生过程中涉及资金、资产的部分进行财务核算，并制作成会计凭证，反映到企业的会计报表中。在用友 ERP-U8.72 供应链系统的存货核算系统中可分为工业版存货核算与商业版存货核算。

6.1.1 存货核算管理业务的操作流程

存货核算管理业务的基本操作流程是：

单据记账→期末处理→生成凭证→月末结账

(1) 单据记账。进行单据录入操作。

(2) 期末处理。进行单据记账/期末处理，计算成本。

(3) 生成凭证。对已记账单据生成凭证，传递给总账。

(4) 月末结账。对存货数据进行统计分析、账表查询。

6.1.2 存货核算管理系统与其他系统的关系

存货核算管理系统是供应链系统的一部分,与其他供应链子系统有着密切的关系,其关系如图 6-1 所示。

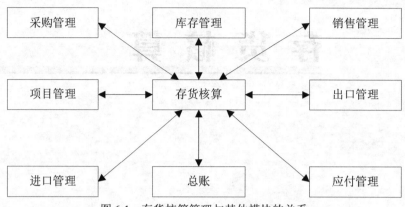

图 6-1 存货核算管理与其他模块的关系

(1) 本系统生成的各种单据、凭证,可用于账务处理系统生成总账。

(2) 本系统生成的各种单据及账簿,可用于成本管理系统进行存货成本核算;成本管理系统计算出的存货成本,可作为本系统的产成品入库单价。

(3) 本系统可对采购入库单进行记账核算,对采购暂估入库单进行结算成本处理。

(4) 本系统可对销售出库单进行记账核算。

(5) 本系统可对销售系统生成的销售发票、发货单进行记账核算。

(6) 本系统可对库存系统生成的各种单据进行记账核算。

6.1.3 存货核算管理的功能概述

存货核算的功能包括:添加或修正存货暂估价格;对存货价格、价值进行调整;对业务单据进行记账处理;对记账单据按照存货计价方法进行计算,为成本计算提供数据等。具体包括以下几方面:

(1) 存货核算管理系统可按仓库进行核算,也可按部门(即多个仓库)进行核算,还可按存货进行核算。

(2) 提供 6 种计价方式,满足不同存货管理之需要。本系统支持工业和商业各 6 种计价方式:全月平均、移动平均、先进先出、后进先出、个别计价、计划价核算/售价核算。

(3) 为不同的业务类型提供成本核算功能。本系统可对数量、金额均具备的出入库存货进行核算,也可对只有数量但无金额的存货如赠品、附属物等存货进行核算。

(4) 可以进行出入库成本调整，处理各种异常，对没有入库成本的产成品分配成本。

(5) 方便的计划价/售价调整功能。可调整预定的售价或计划单价，系统自动计算调整后的进销差价或差异。

(6) 功能强大的查询统计功能。系统提供按仓库、存货或收发类别等多种口径统计，具有强大丰富的综合统计查询功能，可灵活输出各类报表。

(7) 提供灵活的权限控制，账表查询、打印、输出权限可以分开。

6.2 应用实务

实验一 存货核算系统初始资料设置

【实验目的】

(1) 设置存货核算系统参数；

(2) 录入期初数据并进行期初记账；

(3) 备份账套。

【实验准备】

1. 前期账套数据准备

已经完成第1～5章的全部实验，或者从光盘中引入888-5-5账套备份数据。以"李燕"账套主管、编码0201、密码ly的身份，业务日期为2014年1月31日，登录888账套的"企业应用平台"。

2. 理论知识准备

期初数据记账是针对所有期初数据进行记账操作。因此用户在进行期初数据记账前，必须确认所有期初数据全部录入完毕并且正确无误时，再进行期初记账。

【实验内容】

(1) 存货核算系统参数设置；

(2) 录入期初数据；

(3) 采购期初记账。

【实验资料】

本实验要求准备的业务数据如表6-1所示。

表6-1　存货系统期初数据

仓库名称	存货编码和名称	数量	单价/元	金额/元	期初差异	差价科目
原材料库	0101 不锈钢带304	500	35	17 500		
原材料库	0102 不锈钢带301	800	30	24 000		
原材料库	油脂	600	25	15 000		
原材料库	染料	450	50	22 500		
原材料库	涂饰助剂	500	75	37 500		
半成品库	冲压上板	2100	25	25 000		
半成品库	冲压中板	1880	21	18 480		
半成品库	冲压下板	2000	25	25 000		
半成品库	组装半成品	1800	80	64 000		
成品库	垫成品	19600	100	1 960 000		

【实验方法与步骤】

1. 存货核算系统参数设置

存货核算系统参数的设置,是指在处理存货日常业务之前,确定存货业务的核算方式、核算要求,这是存货核算系统初始化的一项重要工作。因为一旦存货核算系统开始处理日常业务,有的系统参数就不能修改,有的也不能重新设置。因此,在系统初始化时应该设置好相关的系统参数。

操作步骤

① 打开"业务工作"选项卡,执行"供应链"|"存货核算"命令,打开存货核算系统。

② 在存货核算系统中,执行"初始设置"|"选项"|"选项录入"命令,打开"选项录入"对话框。

③ 在"核算方式"选项卡中设置核算参数。核算方式:按仓库核算;暂估方式:单到回冲;销售成本核算方式:销售发票;零成本出库按参考成本价核算,如图6-2所示。

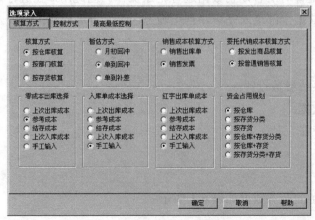

图6-2　存货核算方式参数设置

④ 打开"控制方式"选项卡，选中"结算单价与暂估单价不一致是否调整出库成本"复选框，如图6-3所示。其他选项由系统默认。

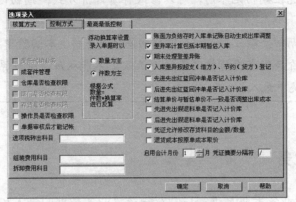

图6-3 存货控制方式参数设置

⑤ 单击"确定"按钮，保存存货核算系统参数的设置。

2. 存货核算系统期初数据录入

操作步骤

① 在存货核算系统中，执行"初始设置"|"期初数据"|"期初余额"命令，打开"期初余额"窗口。

② 仓库选择"材料库"。

③ 单击"增加"按钮，再单击"存货编码"栏中的参照按钮，选择"不锈钢带304"，在"数量"栏中输入500，在"单价"栏中输入35。

④ 以此方法继续输入材料库、冲压半成品库、流水线半成品库的其他期初结存数据，如图6-4所示。

期初余额

仓库 01 材料库			计价方式: 全月平均法		存货分类 01 - 原材				排列方式	
存货编码	存货名称	规格型号	计量单位	数量	单价	金额	计划价	计划金额	存货科...	存货科目
0101	不锈钢..		公斤	500.00	35.00	17500.00				
0102	不锈钢		公斤	800.00	30.00	24000.00				
0110	油脂		公斤	600.00	25.00	15000.00				
0111	染料		公斤	450.00	50.00	22500.00				
0112	涂馆助剂		公斤	500.00	75.00	37500.00				
合计:				2,850.00		116,500.00				

图6-4 存货核算系统期初取数

⑤ 单击"记账"按钮，系统自动保存所有仓库的期初结存数据，如图6-5所示。如果对账成功，单击"确定"按钮。

⑥ 单击"退出"按钮退出。

图6-5 存货期初记账

注意:

- 存货核算系统在期初记账前,可以修改存货计价方式;期初记账后,不能修改计价方式。
- 先录入存货期初余额,再录入存货期初差异或差价。本实验中没有存货期初差异。
- 存货期初差价只能在存货核算系统中录入,不能从库存管理系统取数,也不能在库存管理系统中录入。

实验二　日常业务

存货系统的日常业务主要是进行日常存货核算业务数据的录入和成本核算。在与采购、销售、库存等系统集成使用时,本系统主要完成从系统传过来的不同业务类型下的各种存货的出入库单据、调整单据的查询及单据部分项目的修改、成本计算。在单独使用本系统时,完成各种出入库单据的增加、修改、查询及出入库单据的调整、成本计算。

【实验目的】

(1) 暂估入库单价格的检查方法和暂估价的录入方法;
(2) 了解仓库中存货价格调整方法或者单据中存货价格调整方法。

【实验准备】

1. 前期账套数据准备

已经完成第 1～5 章的全部实验和第 6 章实验一的操作,或者从光盘中引入 888-5-5 账套备份的数据。以"李燕"账套主管、编码 0201、密码 ly 的身份,业务日期为 2014 年 1 月 31 日,登录 888 账套的"企业应用平台"。

2. 理论知识准备

(1) 采购业务核算:系统对采购业务的入库核算以采购入库单为依据,通过采购系统对采购入库单与采购发票进行结算,确定外购存货的成本。按实际成本核算时,系统取采购入库单上的单价作为采购入库商品的入库成本。

(2) 普通销售业务核算:系统对销售业务的出库成本核算是通过存货计价方式核算出存货的出库成本,取销售发票或销售出库单数量,确认出库成本。

(3) 生产领用材料出库核算:系统通过材料出库单进行材料出库成本的核算。

(4) 产成品入库核算:通过产成品成本分配功能,取得产成品入库成本,进行核算。

(5) 系统对盘点、调拨、组装、拆卸、形态转换等业务进行成本核算,以其生成的其他出入库单为依据,进行出入库成本的核算。

【实验内容】

(1) 检查存货价格；

(2) 调整存货成本。

【实验资料】

(1) 2014 年 1 月 31 日，检查是否有存货无价格的入库单，并给这些单据录入价格。

(2) 2014 年 1 月 31 日，经核查材料库中油脂材料价格偏低，经过调研和批准将其由 25 元调整为 30 元，由于该存货在该仓库中存储数量为 710 公斤，即将总金额从现在的 17 750 元，调整为 21 300 元。

(3) 2014 年 1 月 31 日，经核查成品库中垫成品价格偏低，经过调研和批准将其由 100 元调整为 110 元，由于该存货在该仓库中存储数量为 2010 件，即将总金额从现在的 201 000 元，调整为 221 100 元。

【实验方法与步骤】

1. 检查存货价格(处理第 1 笔业务)

检查所有采购入库单或部分其他入库单上存货是否有价格，对于录入的暂估价格是否更真实，可以在存货核算模块的暂估成本录入窗口中完成，并且系统还提供上次出入库成本、售价成本、参考成本、结存成本作为暂估成本的录入参照。

操作步骤

① 在存货核算系统中，执行"业务核算"|"暂估成本录入"命令，设置暂估成本录入查询条件。

② 选择仓库，其他查询条件如果不输入，默认为所有单据。如果是有暂估价的单据，要查询所有单据，必须选中"包括已有暂估金额的单据"复选框，如图 6-6 所示。

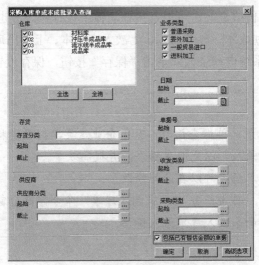

图 6-6　采购入库单录入查询

③ 单击"确定"按钮，系统提示如图 6-7 所示。再单击"确定"按钮，结果显示如图 6-8 所示。

图 6-7　系统提示

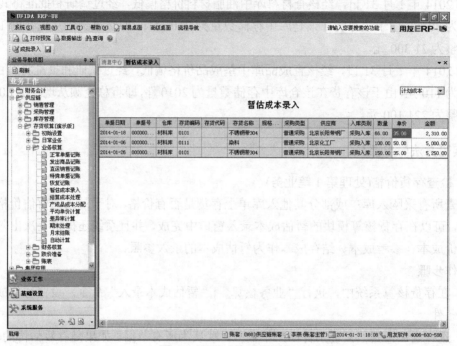

图 6-8　暂估成本成批录入

④ 如果需要修改单价或金额，可以直接在表体中进行修改，也可以通过图 6-8 右上角的下拉列表框选择计划成本、参考成本、上次入库成本、上次出库成本或结存成本，再单击"录入"按钮进行系统自动录入。单击"保存"按钮，保存设置的单价。

 注意：

- 在进行暂估成本录入单据查询时，如果企业这类单据数量特别大，建议设置查询条件，分批进行录入，以免造成错误，并提高效率。
- 对于有暂估价的单据也可以在此处修改。
- 也可以通过执行"日常业务"|"采购入库单"命令修改金额。
- 将所有没有价格的采购入库单录入价格。

---

2. 调整存货成本(处理第 2 笔业务)

对于账面上存货的成本，如果价格、价值错误或远远偏离市值，系统使用出入库调整单进行调整。

操作步骤

① 在存货核算系统中，执行"日常业务"|"入库调整单"命令，进入"入库调整单"窗口，如图 6-9 所示。

图 6-9　入库调整单

② 单击"增加"按钮，选择仓库为"材料库"，收发类别为"其他入库"，存货为"油脂"，调整金额为 3 550 元，如图 6-10 所示。

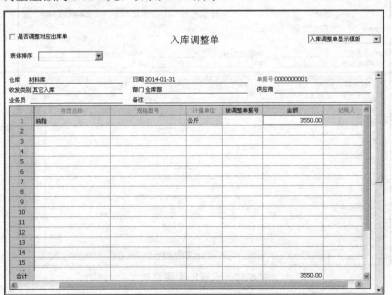

图 6-10　设置入库调整单

③ 单击"保存"按钮，再单击"记账"按钮，使增加的金额入账。

3. 调整存货成本(处理第 3 笔业务)

操作步骤

① 在存货核算系统中，执行"日常业务"|"出库调整单"命令，进入"出库调整单"窗口，如图 6-11 所示。

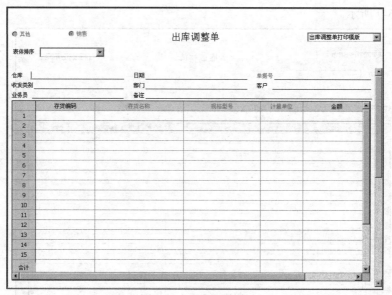

图 6-11 出库调整单

② 单击"增加"按钮，选择仓库为"成品库"，收发类别为"其他出库"，存货为"垫成品"，调整金额为 20 100 元，如图 6-12 所示。

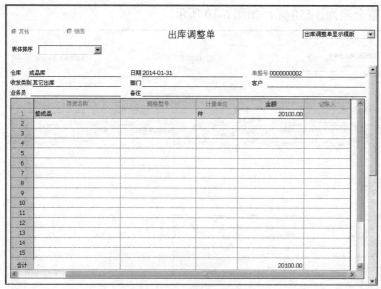

图 6-12 设置出库调整单

③ 单击"保存"按钮，再单击"记账"按钮，使增加的金额入账。

 注意：

- 在入库调整单中，如果不输入被调整单据号，则视作调整该仓库下的所有存货，金额记入仓库下存货的总金额。
- 如果是要调整某一张采购入库单，先记下该采购入库单的单据号，并填列到入库调整单中的"被调整单据号"中，此时"金额"栏的金额对应入库单上该存货的金额。
- 要调整采购入库单，则该采购入库单必须是在采购管理系统中做了采购结算的采购入库单。
- 存货系统的业务核算主要功能是对单据进行出入库成本的计算、结算成本的处理、产成品成本的分配。这三种核算功能的应用都已经在前面的采购管理、销售管理和库存管理中进行了详细的解释，这里就不赘述了。

---

4. 账套备份

在 C: \ "供应链账套备份"文件夹中新建"888-6-1 存货核算调整业务"文件夹，将账套输出至该文件夹中。

实验三　期末处理

【实验目的】

(1) 掌握存货核算系统的期末处理方式；
(2) 了解期末处理的作用。

【实验准备】

1. 前期账套数据准备

已经完成第 1~5 章所有实验的内容，以及完成第 6 章前两个实验的内容，或者引入光盘中的 888-6-1 账套备份数据。以"李燕"账套主管、编码 0201、密码 ly 的身份，业务日期为 2014 年 1 月 31 日，登录 888 账套的"企业应用平台"。

2. 理论知识准备

月末结账是将每月的出入库单据逐月封存，并将当月的出入库数据记入有关账表中。

【实验内容】

在存货核算系统中，对仓库进行期末处理。

【实验方法与步骤】

1. 在存货核算系统中，对仓库进行期末处理

操作步骤

① 以 2014-01-31 的业务日期，登录存货核算系统后，执行"业务核算"|"期末处理"命令，打开"期末处理"对话框。

② 在对话框左侧选择所有仓库，并选中"结存数量为零金额不为零生成出库调整单"复选框，如图 6-13 所示。

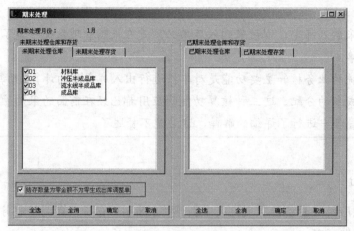

图 6-13　期末处理

③ 单击"确定"按钮，系统根据成本核算方法计算并生成"仓库平均单价计算表"，如图 6-14 所示。

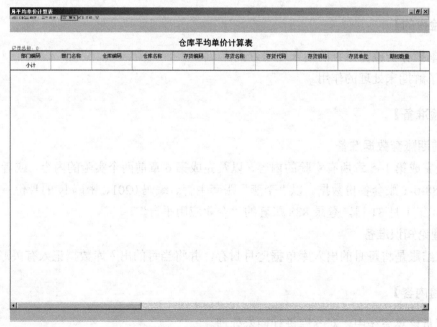

图 6-14　仓库平均单价计算表

④ 单击"确定"按钮，系统打开"结存数量为零金额不为零存货一览表"窗口，如图 6-15 所示。

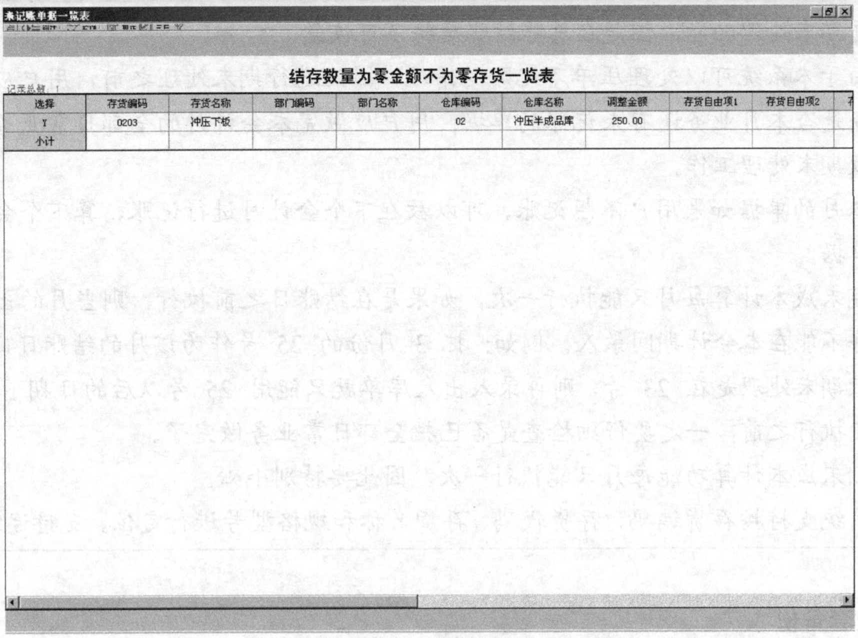

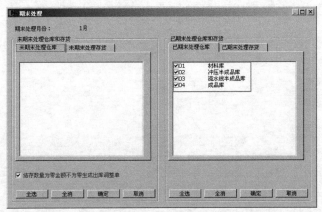

图 6-15　结存数量为零金额不为零存货一览表

⑤ 单击"确认"按钮，系统提示仓库期末处理完毕，如图 6-16 所示。

图 6-16　提示信息

⑥ 在"期末处理"对话框右侧选择所有仓库，单击"确定"按钮可以取消期末处理，系统提示恢复期末处理，如图 6-17 所示。

图 6-17　恢复期末处理

注意：

- 如果使用采购和销售系统，应在采购和销售系统作结账处理后进行。系统提供恢复期末处理功能，但是在总账结账后将不可恢复。

- 由于本系统可以处理压单不记账的情况，因此进行期末处理之前，用户应仔细检查是否本月业务还有未记账的单据；用户应做完本会计月的全部日常业务后，再做期末处理工作。

- 本月的单据如果用户不想记账，可以放在下个会计月进行记账，算下个会计月的单据。

- 期末成本计算每月只能执行一次，如果是在结账日之前执行，则当月的出入库单将不能在本会计期间录入。例如：把 3 月份的 25 号作为该月的结账日，如果执行期末处理是在 23 号，则再录入出入库单就只能用 25 号以后的日期了。因此，在执行之前，一定要仔细检查是否已把全部日常业务做完了。

- 期末成本计算功能每月只能执行一次，因此要特别小心。

- 系统支持按存货编码、存货代码、存货名称和规格型号进行定位，支持连续定位。

2. 账套备份

在 C:\ "供应链账套备份" 文件夹中新建 "888-6-2 存货业务期末处理" 文件夹，将账套输出至该文件夹中。

附 录

综 合 实 验

实验一　系统管理与基础设置

【实验目的与要求】

掌握企业在进行期初建账时，如何进行核算体系的建立和各项基础档案的设置。

【实验内容】

1. 核算体系的建立

(1) 启动系统管理，以 Admin 的身份进行注册。

(2) 增设两位操作员(权限→操作员)。

● 111 吴明远(口令 1)

角色：账套主管

● 222 王月(口令 2)

角色：采购主管、销售主管、仓库主管、存货核算员

(3) 建立账套信息(账套→建立)。

① 账套信息：账套号 999，账套名称为"北京中良贸易有限公司"，启用日期为"2014年 1 月"。

② 单位信息：单位名称为"北京中良贸易有限公司"，单位简称为"中良"，税号

为 110108200811088。

③ 核算类型：企业类型为"商业"，行业性质为"2007 年新会计制度科目"并预置科目，账套主管为"吴明远"。

④ 基础信息：存货、客户和供应商均分类，有外币核算。

⑤ 编码方案：

- 科目编码级次：4-2-2-2
- 部门编码级次：2-2
- 客户分类编码级次：2-2
- 供应商分类编码级次：2-2
- 存货分类编码级次：2-3
- 收发类别编码级次：1-2
- 结算方式编码级次：2

 说明：

- 设置编码方案主要是为以后的分级核算、统计和管理打下基础。

⑥ 数据精度：该企业对存货数量、存货单价、开票单价、件数、换算率等小数位数约定为两位。

 说明：

- 设置数据精度主要是为了核算更精确。

⑦ 分配操作员权限(权限→权限)。

操作员王月：拥有"共用目录设置"、"应收"、"应付"、"采购管理"、"销售管理"、"库存管理"、"存货核算"中的所有权限。

2. 各系统的启用

(1) 启动企业门户，以账套主管身份进行注册。

(2) 启用"采购管理"、"销售管理"、"库存管理"、"存货核算"、"应收"、"应付"、"总账"系统，启用日期为"2014 年 1 月 1 日"(进入基础信息，双击基本信息，再双击系统启用)。

3. 定义各项基础档案

可通过企业门户中的基础信息，选择"基础档案"，来增设下列档案。

(1) 定义部门职员档案，如附表 1 所示。

附表1　部门职员档案

一级部门编码和名称	二级部门编码和名称	人员类别	职员编码和姓名	性别	是否业务员
01 公司总部	0101 经理办公室	在职人员	001 吴明远	男	是
	0102 行政办公室	在职人员	003 王宏	男	是
02 财务部	无	在职人员	002 王月	女	是
03 销售部	0301 批发部	在职人员	004 林清远	男	是
	0302 门市部	在职人员	005 何盛昌	男	是
04 采购部	无	在职人员	006 徐敏利	女	是
05 仓储部	无	在职人员	007 张红	女	是
06 运输部	无	在职人员	008 王易	男	是

(2) 客户和供应商分类资料，如附表2所示。

附表2　客户和供应商分类资料

类 别 名 称	一级分类编码和名称	二级分类编码和名称
供应商	01 服装商	0101 批发商
		0102 代销商
	02 手表商	0201 批发商
		0202 代销商
客户	01 经销商	0101 北京市经销商
	02 批发商	0201 广东省批发商
		0202 山东省批发商
	03 子公司	0301 上海子公司
	04 零散客户	0401 零散客户

(3) 付款条件，如附表3所示。

附表3　付款条件

付款条件编码	信用天数	优惠天数1	优惠率1	优惠天数2	优惠率2	优惠天数3	优惠率3
01	30	10	4	20	2	30	0
02	60	20	2	40	1	60	0

(4) 定义客户档案，如附表4所示。

附表4 客户档案

客户编码	客户简称	所属分类	税 号	开户银行	账 号	信用额度/万元	付款条件
001	北京王府井	0101	010111177788	建行	11007788	200	01
002	广州东山	0201	020222666888	工行	21338899	500	02
003	烟台大山	0202	09998883388	中行	123456789	500	02
004	上海昌运	0301	02155559999	建行	22117788	800	
005	零散客户	0401					

(5) 定义供应商档案,如附表5所示。

附表5 供应商档案

供应商编码	供应商简称	所属分类	税 号	开户银行	账号
001	上海永昌	0101	02133221188	工行	21118899
002	北京大地	0102	02155889966	建行	02106688
003	上海钻石	0201	01055998877	建行	11055899
004	奥尔马	0202	01022331199	中行	01008899

(6) 定义计量单位、存货分类和存货档案。

① 计量单位。

● 01:自然单位,无换算率。包括件、条、套、只、对、盒、箱、次。

● 02:换算1组,固定换算率。1盒=10只,1箱=40盒。

● 03:换算2组,固定换算率。1包=20件/条,1大包=10包。

② 存货分类和存货档案,如附表6所示。

附表6 存货分类和存货档案

存货分类		存货编码及名称	计量单位组	计量单位	税率	属性
一级	二级					
		001 永昌女装	换算2组	件或条	17%	外购、销售
		002 永昌女裤	换算2组	件或条	17%	外购、销售
		003 永昌女套装	自然单位	套	17%	外购、销售
01 商品	01001 服装	004 永昌男装	换算2组	件或条	17%	外购、销售
		005 永昌男裤	换算2组	件或条	17%	外购、销售
		006 永昌男套装	自然单位	套	17%	外购、销售
		007 大地女风衣	换算2组	件或条	17%	外购、销售
		008 大地男风衣	换算2组	件或条	17%	外购、销售

(续表)

存货分类		存货编码及名称	计量单位组	计量单位	税率	属性
一级	二级					
01 商品	01002 手表	009 奥尔马女表	换算1组	只	17%	外购、销售、代销
		010 奥尔马男表	换算1组	只	17%	外购、销售、代销
		011 奥尔马情侣表	自然单位	对	17%	外购、销售、代销
		012 钻石女表	换算1组	只	17%	外购、销售
		013 钻石男表	换算1组	只	17%	外购、销售
		014 钻石情侣表	自然单位	对	17%	外购、销售
02 劳务	02001 劳务费	015 运输费	自然单位	次	7%	外购、销售

(7) 定义结算方式。

01 现金支票；02 转账支票；03 商业承兑汇票；04 银行承兑汇票；05 电汇。

(8) 定义本企业开户银行。

编码：01；银行账号：110001016688；开户银行：中国工商银行北京分行。

(9) 定义仓库档案。

● 01：永昌服装仓，采用先进先出法。

● 02：大地服装仓，采用全月平均法。

● 03：手表仓，采用售价法。

(10) 定义收发类别，如附表 7 所示。

附表 7　收发类别

一级编码和名称	二级编码和名称	一级编码和名称	二级编码和名称
1 入库	101 采购入库	2 出库	201 销售出库
	102 采购退货		202 销售退货
	103 盘盈入库		203 盘亏出库
	104 调拨入库		204 调拨出库
	105 其他入库		205 其他出库

(11) 定义采购类型和销售类型，如附表 8 所示。

附表 8　采购类型和销售类型

采购类型		销售类型	
名　　称	入库类别	名　　称	出库类别
01 厂商采购	采购入库	01 批发销售	销售出库
02 代销商进货	采购入库	02 经销商批发	销售出库

(续表)

采 购 类 型		销 售 类 型	
名　　称	入 库 类 别	名　　称	出 库 类 别
03 采购退回	采购退货	03 销售退回	销售退货
		04 门市零售	销售出库

(12) 定义费用项目，如附表 9 所示。

附表 9　费用项目

费用项目编码	费用项目名称
01	运输费
02	装卸费
03	包装费
04	业务招待费

(13) 定义发运方式，如附表 10 所示。

附表 10　发运方式

发运方式编码	发运方式名称
01	公路运输
02	铁路运输
03	水运
04	邮寄

(14) 设置会计科目。

修改会计科目"应收账款"、"应收票据"和"预收账款"辅助核算为"客户往来"，受控于"应收系统"；修改会计科目"应付票据"和"预付账款"辅助核算为"供应商往来"，受控于"应付系统"；增加"220201 应付货款"科目，设置为"供应商往来"，增加"220202 暂估应付款"科目。

(15) 设置凭证类别，如附表 11 所示。

附表 11　凭证类别

类 别 字	类 别 名 称	限 制 类 型	限 制 科 目
收	收款凭证	借方必有	1001,1002
付	付款凭证	贷方必有	1001,1002
转	转账凭证	凭证必无	1001,1002

实验二　期初余额录入

【实验目的与要求】

　　掌握企业在将来的业务处理时，能够由系统自动生成有关的凭证；在进行期初建账时，应如何设置相关业务的入账科目，以及如何把原来手工做账时，所涉及的各业务的期末余额录入至系统中。

【实验内容】

1. 设置基础科目

　　(1) 根据收发类别确定各存货的对方科目(在存货系统中进入科目设置，选择对方科目)，如附表 12 所示。

附表 12　确定各存货的对方科目

收发类别	对 应 科 目	暂 估 科 目
采购入库	采购(1401)	采购(1401)
盘盈入库	待处理财产损溢(1901)	
销售出库	主营业务成本(6401)	

　　(2) 设置应收系统中的常用科目(在应收系统中，进入初始设置)。

　　① 基本科目设置：应收为 1122，预收科目为 2203，销售收入科目为 6001，应交增值税科目为 22210104。

　　② 结算方式科目设置：现金结算对应 1001，现金支票、转账支票、电汇结算方式科目为 1002。

　　(3) 设置应付系统中的常用科目(在应付系统中，进入初始设置)。

　　① 基本科目设置：应付科目为 2202，预付科目为 1123，采购科目为 1401，应交增值税科目为 22210101，银行承兑科目 2201，商业承兑科目 2201。

　　② 结算方式科目设置：现金结算对应 1001，现金支票、转账支票、电汇结算方式科目为 1002。

2. 期初余额的整理录入

　　(1) 录入总账系统各科目的期初余额，如附表 13 所示。

附表13　总账系统期初余额　　　　　单位：元

资产			负债和所有者权益		
科　　目	方向	金　　额	科　　目	方向	金　　额
库存现金	借	8 000	短期借款	贷	200 000
银行存款	借	380 000	暂估应付款	贷	155 000
库存商品	借	1 019 500	长期借款	贷	500 000
商品进销差价	贷	-2 600	实收资本	贷	1 200 000
受托代销商品	借	41 500	盈余公积	贷	207 600
发出商品	借	272 000	未分配利润	贷	220 000
固定资产	借	880 000			
累计折旧	贷	121 000			
合计	借	2 482 600	合计	贷	2 482 600

(2) 期初暂估单和受托代销期初数的录入。

期初暂估单：

- 2013 年 12 月 18 日，永昌女套装 100 套，单价 350 元，入永昌服装仓，购自永昌服装厂。
- 2013 年 12 月 8 日，永昌男套装 150 套，单价 800 元，入永昌服装仓，购自永昌服装厂。

受托代销期初数：

- 2013 年 12 月 10 日，奥尔马女表 20 只，单价 800 元，入手表仓，奥尔马表厂委托代销。
- 2013 年 12 月 28 日，奥尔马男表 30 只，单价 850 元，入手表仓，奥尔马表厂委托代销。

操作向导

启动采购系统，录入采购入库单，进行期初记账。

(3) 期初发货单的录入。

期初发货单：

- 2013 年 12 月 8 日，永昌女套装 500 套，单价 500 元，永昌服装仓；广州市东山百货公司，销售部门为批发部，销售类型为批发销售。
- 2013 年 12 月 10 日，钻石女表 100 只，单价 220 元，手表仓；烟台市大山百货公司，销售部门为批发部，销售类型为批发销售。

分期收款发出商品期初数：

- 2013 年 12 月 15 日，给上海子公司(上海昌运贸易公司)发出永昌男套装 400 套，单价 1 500 元，属于永昌服装仓，销售部门为批发部，销售类型为批发销售。

操作向导

启动销售系统，录入并审核期初发货单。

(4) 进入存货核算系统，录入各仓库期初余额，如附表 14 所示。

附表 14　库存系统和存货系统期初数

仓库名称	存货编码和名称	数　量	单价/元	金额/元	期初差异	差价科目
永昌服装仓	001　永昌女装	100	200	20 000	—	
永昌服装仓	004　永昌男衣	200	300	60 000	—	
永昌服装仓	002　永昌女裤	100	160	16 000	—	
永昌服装仓	005　永昌男裤	200	200	40 000	—	
永昌服装仓	003　永昌女套装	50	350	17 500	—	
永昌服装仓	006　永昌男套装	30	800	24 000	—	
大地服装仓	007　大地女风衣	300	120	36 000	—	
大地服装仓	008　大地男风衣	500	150	75 000	—	
手表仓	009　奥尔马女表	50	800	40 000	—	
手表仓	010　奥尔马男表	60	850	51 000	—	
手表仓	012　钻石女表	100	120	12 000	1200	1407 商品进销差价
手表仓	013　钻石男表	200	140	28 000	1400	1407 商品进销差价

注: 存货期初差异计入"商品进销差价"账户。

操作向导

① 启动存货系统，录入期初余额。

② 进行期初记账。

③ 进行对账。

(5) 进入库存管理系统，录入各仓库期初库存，如附表 14 所示。

操作向导

① 启动库存系统，录入并审核期初库存(可通过取数功能录入)。

② 与存货系统进行对账。

实验三　采购业务

【实验目的与要求】

掌握企业在日常业务中如何通过软件来处理采购入库业务和相关账表查询。

【实验内容】

业务一

(1) 2014年1月8日,向上海永昌服装厂提出采购请求,请求采购永昌男衣50包(10 000件),报价280元/件(56 000/包);男裤50包(10 000条),报价180元/条(36 000元/包);男套装200套,报价单价760元。

(2) 2014年1月8日,上海永昌服装厂同意采购请求,但要求修改采购价格。经协商,本公司同意对方提出的订购价格:永昌男衣单价300(60 000元/包),男裤单价200(40 000元/包),男套装单价800元。并正式签订订货合同,要求本月10日到货。

(3) 2014年1月10日,收到上海永昌服装厂发来的男士服装和专用发票,发票号码ZY00098。该批服装系本月初采购。发票载明永昌男衣50包,单价300元;男裤50包,单价200元;男套装200套,单价800元。经检验质量全部合格,办理入库(永昌服装仓)手续。财务部门确认该笔存货成本和应付款项,尚未付款。

(4) 2014年1月25日,向北京大地服装厂订购大地男风衣1000件,单价150元;订购大地女风衣500件,单价120元,要求本月30日到货。

(5) 2014年1月30日,收到北京大地服装厂的专用发票,发票号码ZY00168。发票写明大地男风衣1000件,单价150元;女风衣500件,单价120元,增值税税率17%。全部验收入库,尚未支付款项。

操作向导

① 在采购系统中,填制并审核请购单。

② 在采购系统中,生成并审核采购订单。

③ 在采购系统中,生成到货单。

④ 启动库存系统,生成并审核采购入库单。

⑤ 在采购系统中,生成采购发票,并进行结算。

⑥ 在采购系统中,进行采购结算(自动结算)。

⑦ 在应付系统中,审核采购发票。

⑧ 在存货系统中,进行入库单记账,确认采购成本。

⑨ 在存货系统中,生成入库凭证。

⑩ 账表查询。

● 在采购系统中,查询订单执行情况统计表。

● 在采购系统中,查询到货明细表。

● 在采购系统中,查询入库统计表。

● 在采购系统中,查询采购明细表。

● 在库存系统中,查询库存台账。

● 在存货系统中,查询收发存汇总表。

业务二

2014 年 1 月 10 日，收到上海永昌服装厂提供上月已经验收入库的 100 套女套装的专用发票，发票号码 ZY00088。发票写明永昌女套装 100 套，单价 380 元，增值税税率 17%。本公司验收入库后立即支付货款和税款(现金支票 XJ0001)。

操作向导

① 在采购系统中，填制采购发票(可拷贝采购入库单)。

② 在采购系统中，执行采购结算。

③ 在存货系统中，执行结算成本处理。

④ 在存货系统中，生成凭证(红冲单，蓝冲单)。

⑤ 在采购系统中，查询暂估入库余额表。在采购系统中，填制并审核请购单。

业务三

(1) 2014 年 1 月 14 日，向上海钻石手表厂订购钻石女表 2000 只，单价 120 元。要求本月 20 日到货。

(2) 2014 年 1 月 18 日，向上海钻石手表厂订购钻石男表 1000 只，单价 140 元。要求本月 25 日到货。

(3) 2014 年 1 月 19 日，收到上海钻石手表厂根据 1 月 14 日订购手表的订单，发来的钻石女表和专用发票，发票号码 ZY00112。发票上写明钻石女表 2000 只，单价 120 元，增值税税率 17%。同时附有一张运杂费发票，发票写明运杂费 2 000 元(不能抵扣进项税)，订货合同约定运杂费由本公司承担。经检验，手表质量合格(入手表仓)，财务部门确认采购成本和该笔应付款项。

(4) 2014 年 1 月 23 日，收到上海钻石表厂根据 1 月 18 日订购手表的订单，发来的钻石男表和专用发票，发票号码 ZY00188，合同约定运费由对方承担。专用发票上写明男表 1000 只，单价 140 元，增值税税率 17%。在验收入库(手表仓)时发现损坏 5 只，属于合理损耗。本公司确认后立即付款 50%(电汇 DH00887666)。

操作向导

① 启动库存系统，填制并审核采购入库单。

② 在采购系统中，填制采购专用发票。

③ 在采购系统中，填制运费发票。

④ 在采购系统中，执行采购结算(手工结算)。

业务四

2014 年 1 月 8 日，代奥尔马表厂代销奥尔马女表 20 只，奥尔马男表 30 只，结算并收到普通发票，发票号为 PT00055，结算单价分别为 750 元和 700 元。

操作向导

① 在采购系统中，录入代销订货单、到货单、入库单。

② 在采购系统中，进行受托代销结算。

③ 在应付款系统中，进行应付单据审核。

业务五

(1) 2014 年 1 月 20 日，向上海钻石手表厂订购钻石女表 200 只，单价 115 元。本月 25 日全部到货，办理入库手续。

(2) 2014 年 1 月 28 日，发现本月 25 日入库的上海钻石女表 100 只存在质量问题，要求该批女表全部退回。与上海钻石表厂协商，对方同意全部退货。对方已经按 200 只开具专用发票，发票已于 27 日收到(发票号 ZY00258)，但尚未结算。

(3) 2014 年 1 月 30 日，本月 20 日向上海永昌服装厂订购的 800 套女套装，单价为 340 元，30 日全部到货并办理了验收入库手续。31 日，发现 10 套女套装有质量问题，经协商，对方同意退货。当日收到对方开具的专用发票，发票号 ZY00518。

(4) 2014 年 1 月 31 日，发现本月 30 日入库的 20 件大地男风衣、15 件大地女风衣存在质量问题，要求退货。经与北京大地服装厂协商，对方同意退货。该批服装已于 30 日办理采购结算。

操作向导

① 在采购系统中，录入采购订单、采购到货单和采购入库单。

② 根据采购入库单生成采购发票。

③ 在采购系统中，根据采购到货单、采购订单生成红字退货单。

④ 在库存管理系统中，审核填制红色采购入库单。

⑤ 在采购系统中，填制红字专用采购发票。

⑥ 在采购系统中，手工结算。

业务六

2014 年 1 月 31 日，本月 20 日向上海永昌服装厂订购 300 套永昌男套装，单价 800 元，男套装已于本月 26 日收到并验收入库，但发票至今未收到。

操作向导

① 在库存系统中，填制并审核采购入库单。

② 在存货系统中，录入暂估入库成本。

③ 在存货系统中，执行正常单据记账。

④ 在存货系统中，生成凭证(暂估记账)。

实验四　销售业务

【实验目的与要求】

掌握企业在日常业务中如何通过软件来处理销售出库业务和相关账表查询。

【实验内容】

业务一

(1) 2014 年 1 月 8 日,收到广州市东山百货公司上年 12 月 8 日购买永昌女套装的价税款 292 500 元(电汇 DH02001899),本公司于本月 4 日开具销售专用发票(ZY000108),确认出库成本。

(2) 2014 年 1 月 10 日,给烟台市大山百货公司开具上年 12 月 10 日销售钻石女表的销售专用发票(ZY000165),款项尚未收到。

(3) 2014 年 1 月 10 日,北京王府井百货公司打算订购钻石女表 1000 只,出价 180 元/只。要求本月 15 日发货,本公司报价为 210 元。12 日,本公司与北京王府井百货公司协商,对方同意钻石女表销售单价为 200 元,但订货数量减为 800 只。本公司确认后于 1 月 13 日发货(手表仓),本公司以现金代垫运费 500 元。次日开具销售专用发票,发票号为 ZY000122,货款尚未收到。

(4) 2014 年 1 月 15 日,广州市东山百货公司有意向本公司订购永昌男衣 800 件、永昌男裤 800 条,本公司报价分别为 400 元和 280 元。16 日,广州市东山百货公司同意我公司的报价,并决定追加订货,男衣追加 200 件,男裤追加 200 条,需要分批开具销售发票。本公司同意对方的订货要求。

(5) 2014 年 1 月 18 日,按销售订单发货(永昌服装仓)给广州市东山百货公司分别发出男衣和男裤各 200 件(条),本公司支付运杂费 200 元(现金支票 XJ01000588)。次日开具两张销售专用发票,发票号分别为 ZY000278 和 ZY000279。对方电汇(DH0077889)款项 93 600 元已经收到,系付 200 件男衣的价税款。200 条男裤款项暂欠。确认出库成本。

(6) 2014 年 1 月 20 日,烟台市大山百货公司向本公司订购永昌男套装 200 套进行询价,本公司报价 900 元,对方初步同意。本公司根据报价单已经生成销售订单。2014 年 1 月 23 日,烟台市大山百货公司提出价格过高,只能接受 850 元/套,本公司不同意。对方撤销对本公司永昌男套装的订购。

操作向导

① 在销售系统中,填制并审核报价单。

② 在销售系统中，填制并审核销售订单。

③ 在销售系统中，填制并审核销售发货单。

④ 在销售系统中，根据发货单填制并复核销售发票。

⑤ 在应收系统中，审核销售发票并生成销售收入凭证。

⑥ 在库存系统中，审核销售出库单。

⑦ 在存货系统中，执行出库单记账。

⑧ 在存货系统中，生成结转销售成本的凭证。

⑨ 账表查询。

● 在销售系统中，查询销售订单执行情况统计表。

● 在销售系统中，查询发货统计表。

● 在销售系统中，查询销售统计表。

● 在存货系统中，查询出库汇总表(存货系统)。

业务二

(1) 2014年1月13日，北京王府井百货公司派采购员到本公司订购钻石男表1000只，本公司报价190元。经协商，双方认定的价格为180元，本公司开具销售专用发票(ZY000299)，收到对方的转账支票(ZZ0011278)。采购员当日提货(手表仓)。

(2) 2014年1月23日，烟台市大山百货公司采购员到本公司采购钻石女表800只，本公司报价220元。双方协商价格为210元，本公司立即开具销售专用发票(ZY000378)，于25日和28日分两批发货(手表仓)，每次发货400只。对方答应收到货物后，全额支付本次款项和前欠款项。

(3) 2014年1月25日，广州市东山百货公司有意向本公司订购永昌女套装800套。本公司报价500元，经双方协商，最后以450元成交。26日收到对方的电汇(DH001899)，本公司当即开具销售专用发票(ZY000466)。

(4) 2014年1月27日，给广州东山百货公司发货(永昌服装仓)，确认永昌女套装出库成本。

(5) 2014年1月28日，广州东山百货公司向本公司订购奥尔马男表500只、女表500只。本公司报价为：奥尔马男表1050元，奥尔马女表950元。双方协商订购价为男表1000元，女表900元。本公司于29日开具销售专用发票(ZY000578)，对方于当日提表500只，男表尚未提货。

操作向导

① 在销售管理系统中，取消"普通销售必有订单"和"销售生成出库单"。

② 在销售管理系统中，开具销售专用发票。

③ 在销售管理系统中，生成销售发货单。

④ 在库存管理系统中，生成销售出库单。

⑤ 在应收款管理系统中，审核应收单、制单并传递至总账系统。

业务三

(1) 2014 年 1 月 15 日,给上海昌运贸易公司销售奥尔马男表 360 只,订单价格为 1 020 元,已经提货。1 月 25 日,对方因为质量问题全部退货(收到,入手表仓)。本公司同意退货。该批手表于 1 月 15 日发货,尚未开具发票。

(2) 2014 年 1 月 30 日,广州市东山百货公司提出退回奥尔马男表 500 只(28 日已经开票、生成发货单,但尚未出库)。

(3) 2014 年 1 月 30 日,广州市东山百货公司因质量问题要求退回永昌女套装 10 套。该服装已于本月 26 日开具销售专用发票并收款,27 日发货并结转销售成本(单位成本 350 元)。

(4) 2014 年 1 月 31 日,北京王府井百货公司要求退货,退回钻石男表 10 只(入手表仓),该男表已于本月 13 日开具销售发票并收款。本公司同意退货,同时办理退款手续(开出一张现金支票 XJ010)。

操作向导

① 在销售管理系统中,填制并审核退货单。

② 在销售管理系统中,生成并复核红字专用销售发票。

③ 在库存管理系统中,生成并审核红字销售出库单。

④ 在应收款管理系统中,审核红字应收单并制单。

⑤ 在存货核算系统中,记账并生成冲销结转成本凭证。

业务四

(1) 2014 年 1 月 15 日,广州市东山百货公司向本公司订购永昌男、女套装各 500 套,报价分别为 1 100 元和 580 元,本公司接受广州市东山百货公司的订货。

(2) 2014 年 1 月 15 日,本公司向上海永昌服装厂订购永昌男、女套装各 500 套,单价分别为 800 元和 370 元。要求本月 20 日将货物直接发给广州市东山百货公司。

(3) 2014 年 1 月 20 日,本公司收到上海永昌服装厂的专用发票,发票号为 ZY00178。发票写明男、女套装各 500 套,单价分别为 800 元和 370 元,增值税税率为 17%,货物已经发给广州市东山百货公司。本公司尚未支付货款。

(4) 2014 年 1 月 21 日,本公司给广州市东山百货公司开具销售专用发票(发票号 ZY006688),发票写明男、女套装各 500 套,单价分别为 1 100 元和 580 元,增值税税率为 17%,款项尚未收到。

操作向导

① 在销售管理系统中,进行销售选项设置。

② 在销售管理系统中,输入销售订单。

③ 在采购管理系统中,输入采购订单,生成采购专用发票。

④ 在销售管理系统中,开具直运销售发票。

⑤ 在应付款管理系统中，审核直运采购发票并制单。

⑥ 在应收款管理系统中，审核直运销售发票并制单。

⑦ 在存货核算系统中，进行直运采购发票、直运销售发票记账。

⑧ 在存货核算系统中，结转直运采购成本和直运销售成本。

业务五

(1) 2014 年 1 月 5 日，上海昌运贸易公司向本公司订购 600 件大地女风衣，600 件大地男风衣，本公司报价分别为 185 元和 265 元。经双方协商，以 180 元和 260 元成交，双方签订销售合同。双方约定，一次发货，分三期收款。

(2) 2014 年 1 月 7 日，本公司根据销售合同发出大地风衣各 600 件，开具销售专用发票(ZY002689)，确认价税款。

(3) 2014 年 1 月 27 日，收到上海昌运贸易公司电汇(DH0215555)，系支付大地风衣第一期款项。

(4) 2014年1月25日，上海昌运贸易公司向本公司订购200套永昌男套装，本公司报价 1 050元。经双方协商，以 1 000元成交，双方签订销售合同，合同约定分两次收款。28日，本公司给上海昌运贸易公司发出男套装200套，本公司开具销售专用发票(ZY010999)，并结转销售成本。31日收到上海昌运贸易公司的电汇(DH0216666)，系支付第一期分期收款业务的款项。

操作向导

① 在销售管理系统中，设置销售选项"分期收款必有订单"。

② 在销售管理系统中，填制并审核分期收款订单。

③ 在销售管理系统中，生成分期收款发货单。

④ 在销售管理系统中，生成分期收款发票。

⑤ 在应收款管理系统中，确认分期收款销售收入。

⑥ 在库存管理系统中，生成分期收款出库单。

⑦ 在存货核算系统中，发票记账并结转成本。

业务六

(1) 2014 年 1 月 10 日，门市部累计向零散客户销售永昌服装仓永昌女装 20 件，单价 380 元；永昌女裤 15 条，单价 230 元；永昌男衣 30 件，单价 450 元(永昌服装仓)。全部为赊销。

(2) 2014 年 1 月 20 日，门市部累计向零散客户销售永昌服装仓的永昌女套装 25 套，单价 450 元；永昌男套装 30 套，单价 1 000 元。全部为赊销。

(3) 2014 年 1 月 31 日，门市部累计向零散客户销售手表仓中的钻石女表 45 只，单价 180 元；钻石男表 35 只单价 190 元；奥尔马女表 20 只，单价 1 050 元；奥尔马男表 20 只，单价 1 100。全部为现销(现金支票 XJ112255)，款项全额收讫。

操作向导

① 在销售管理系统中，填制并复核零售日报。

② 在销售管理系统中，根据复核后的零售日报自动生成发货单。

③ 在库存管理系统中，根据复核后的零售日报生成销售出库单。

④ 在存货核算系统中，进行销售出库单的审核、记账，结转销售成本。

⑤ 在应收款管理系统中，将审核后的零售日报作为销售发票，审核后形成应收款并制单。

实验五 库存管理

【实验目的与要求】

掌握企业在日常业务中如何通过软件来处理各种其他业务和相关账表查询。

【实验内容】

业务一

(1) 2014 年 1 月 8 日，由于手表仓进行养护维修，将该仓库中的所有钻石女表 455 只和钻石男表 450 只转移到大地服装仓，由仓储部张红负责。

(2) 2014 年 1 月 13 日，由于大地服装仓漏水，将 150 件大地女风衣转移到永昌服装仓，以方便维修，由仓储部张红负责。

操作向导

① 在库存管理系统中，填制调拨单并审核。

② 在库存管理系统中，审核调拨单生成的其他出入库单。

③ 在存货核算系统中，使用特殊单据记账对调拨单进行记账。

业务二

2014 年 1 月 31 日，仓储部张红对永昌服装仓中的所有存货进行盘点。仓库中的实际数量如附表 15 所示。

附表 15　仓库中的实际数量

仓库名称	存货名称	主计量单位	辅计量单位	换算率/%	分类名称	现存数量
永昌服装仓	永昌女装	件或条	包	20	服装	70
永昌服装仓	永昌女裤	件或条	包	20	服装	85
永昌服装仓	永昌女套装	套			服装	25

(续表)

仓库名称	存货名称	主计量单位	辅计量单位	换算率/%	分类名称	现存数量
永昌服装仓	永昌男衣	件或条	包	20	服装	28
永昌服装仓	永昌男裤	件或条	包	20	服装	50
永昌服装仓	永昌男套装	套			服装	290
永昌服装仓	大地女风衣	件或条	包	20	服装	0

操作向导

① 在库存管理系统中，填制盘点单。

② 在库存管理系统中，审核盘点单。

③ 在库存管理系统中根据盘盈或盘亏，系统自动生成其他出入库单，审核其他出入库单。

④ 在存货核算系统中对系统生成的其他出入库单进行记账。

业务三

(1) 2014 年 1 月 31 日，经查由于仓库养护，造成永昌服装仓中 50 条永昌女裤破损，无法使用。经过领导批示该批存货布料还可以改做拖布，确认残值 100 元。

(2) 2014 年 1 月 31 日，经查由于仓储部张红对仓库中货物的保管不当，造成手表仓中 1 块钻石男表严重损坏，无法使用。经领导批示，损失由张红承担。

操作向导

① 在库存管理系统中，填制并审核其他出库单。

② 在存货核算系统中，执行正常单据记账。

实验六　出入库成本管理

【实验目的与要求】

掌握企业在日常业务中如何通过软件进行各出入库成本的计算和月底如何做好月末结账工作。

【实验内容】

业务一　单据记账

(1) 将上述各出入库业务中所涉及的入库单、出库单进行记账。

(2) 调拨单进行记账(如果实验五中的调拨单未记账，则需要进行此项操作)。

操作向导

在存货系统中，执行"业务核算"｜"特殊单据记账"命令。

(3) 正常单据记账：将采购、销售业务所涉及的入库单和出库单进行记账。

操作向导

在存货系统中，执行"业务核算"｜"正常单据记账"命令。

业务二　财务核算

(1) 根据上述业务中所涉及的采购入库单编制相应凭证。

操作向导

在存货系统中，执行"财务核算"｜"生成凭证"命令，选择"采购入库单(报销)"生成相应凭证。

(2) 查询凭证。

操作向导

在存货系统中，执行"财务核算"｜"凭证列表"命令。

业务三　月末结账

(1) 采购系统的月末结账。

操作向导

在采购系统中，执行"月末结账"命令。

(2) 销售系统的月末结账。

操作向导

在销售系统中，执行"月末结账"命令。

(3) 库存系统的月末结账。

操作向导

在库存系统中，执行"月末结账"命令。

(4) 存货系统的月末处理。

① 各仓库的期末处理。

操作向导

在存货系统中，执行"业务核算"｜"期末处理"命令。

② 生成结转销售成本的凭证(如果计价方式为"全月平均")。

操作向导

在存货系统中，执行"财务核算"｜"生成凭证"命令，选择"销售出库单"。

③ 存货系统的月末结账。

操作向导

在存货系统中，执行"业务核算"｜"月末结账"命令。

实验七　往来业务

【实验目的与要求】

掌握企业在日常业务中如何通过软件来处理各种往来业务和相关账表查询。

【实验内容】

1. 客户往来款的处理

业务一　应收款的确认

将前述销售业务中所涉及的销售发票进行审核，财务部门据此结转各项收入。

操作向导

① 在应收系统中，执行"应收单据处理"｜"应收单据审核"命令。

② 根据发票生成凭证。在应收系统中，执行"制单处理"命令，选择"发票制单"(生成凭证时可做合并制单)。

③ 账表查询。根据信用期限进行单据报警查询，根据信用额度进行信用报警查询。

业务二　收款结算

(1) 收到预收款。

2014年1月5日收到北京王府井百货公司汇票(HP0216546)方式支付的预付货款30 000元，财务部门据此生成相应凭证。

操作向导

① 录入收款单。在应收系统中，执行"收款单据处理"｜"收款单据录入"命令(注意：款项类型为"预收款")。

② 审核收款单。在应收系统中，执行"收款单据处理"｜"收款单据审核"命令。

③ 根据收款单生成凭证。在应收系统中，执行"制单处理"命令，选择"结算制单"。

(2) 收到应收货款。

2014 年 1 月 26 日收到烟台大山百货公司以支票方式支付的货款 22 000 元，用于冲减其所欠的第一笔货款。

操作向导

① 录入收款单。在应收系统中，执行"收款单据处理"｜"收款单据录入"命令(注意：款项类型为"应收款")。

② 审核收款单。在应收系统中，执行"收款单据处理"｜"收款单据审核"命令。

③ 核销应收款。在应收系统中，执行"核销"｜"手工核销"命令。

(3) 收到代垫费用。

2014 年 1 月 21 日收到北京王府井百货公司的 500 元现金，用于归还其所欠的代垫运费。

操作向导

① 录入收款单。在应收系统中，执行"收款单据处理"｜"收款单据录入"命令(注意：款项类型为"应收款")。

② 审核收款单。在应收系统中，执行"收款单据处理"｜"收款单据审核"命令。

③ 核销应收款。在应收系统中，执行"核销"｜"自动核销"命令。

(4) 查询业务明细账。

(5) 查询收款预测。

业务三 转账处理

(1) 预收冲应收。

2014 年 1 月 26 日将收到的北京王府井百货公司 30 000 元的预收款冲减其应收账款。

操作向导

在应收系统中，执行"转账"｜"预收冲应收"命令。

(2) 红票对冲。

将广州东山百货公司的一张红字发票与其一张蓝字销售发票进行对冲。

操作向导

在应收系统中，执行"转账"｜"红票对冲"｜"手工对冲"命令。

业务四 坏账处理

(1) 坏账发生。

2014 年 1 月 30 日收到通知：烟台大山百货公司破产，其所欠款项将无法收回，做坏账处理。

操作向导

在应收系统中,执行"转账"|"坏账处理"|"坏账发生"命令。

(2) 坏账收回。

2014 年 1 月 31 日收回烟台大山百货公司已做坏账的货款 168 000 元现金,做坏账收回处理。

操作向导

① 录入并审核收款单。在应收系统中,执行"收款单据处理"|"收款单据录入"命令(注意:款项类型为"应收款")。

② 坏账收回处理。在应收系统中,执行"转账"|"坏账处理"|"坏账收回"命令。

(3) 计提本年度的坏账准备。

操作向导

在应收系统中,执行"转账"|"坏账处理"|"计提坏账准备"命令。

业务五 财务核算

将上述业务中未生成凭证的单据生成相应的凭证,然后查询凭证。

操作向导

在应收系统中,执行"制单处理"命令。

① 发票制单。

② 结算制单。

③ 转账制单。

④ 现结制单。

⑤ 坏账处理制单。

⑥ 查询凭证。

2. 供应商往来款的处理

业务一 应付款的确认

将上述采购业务中所涉及的采购发票进行审核。财务部门据此结转各项成本。

操作向导

① 在应付系统中,执行"应付单据处理"|"应付单据审核"命令。

② 根据发票生成凭证。在应付系统中,执行"制单处理"命令,选择"发票制单"(生成凭证时可做合并制单)。

业务二　付款结算

(1) 2014 年 1 月 26 日以支票方式支付给北京大地货款 24 565 200 元。

操作向导

① 录入付款单。在应付系统中，执行"付款单据处理"｜"付款单据录入"命令(注意：款项类型为"应付款")。

② 审核付款单。在应付系统中，执行"付款单据处理"｜"付款单据审核"命令。

③ 核销应付款。在应付系统中，执行"核销"｜"手工核销"命令。

(2) 查询业务明细账。

(3) 查询付款预测。

业务三　转账处理

红票对冲：将北京大地公司的一张红字发票与其一张蓝字销售发票进行对冲。

操作向导

在应付系统中，执行"转账"｜"红票对冲"｜"手工对冲"命令。

业务四　财务核算

将上述业务中未生成凭证的单据生成相应的凭证。

操作向导

在应付系统中，执行"制单处理"命令。

① 发票制单。

② 结算单制单。

③ 现结制单。